평신도 눈높이의 성경 통독 가이드

맛있는 1189, 행복한 298

김 정 권 지음

프롤로그 정 준 모 목사

평신도 눈높이의 성경 통독 가이드

맛있는 1189, 행복한 298

도서출판 목양

17162 경기도 용인시 처인구 학촌로53번길 19
070-7561-5247

http://www.mokyangbook.com
e-mail: jkkim3705@hanmail.net

이 책은 성경을 통독 하는 분들에게 성경의 흐름을 소개하는 것이 목적이다. 이 책의 내용은 성경을 전문으로 연구하는 내용이기보다는 일반 독자가 성경을 읽으면서 그 내용에 쉽게 다가가도록 성경의 배경을 안내한다.

성경 통독을 위한 성경본문은 별도 CD로 제작되었다. CD로 제시되는 내용은 성경 본문과 간단한 메모, 지명이나 각 가지 단위, 성경의 요약 같은 것을 각주 형식으로 성경 독자의 접근이 쉽도록 본문에 근접해서 다루었다.

244+xii 175×250

1. 통독성경 2. 성전 3. 팔레스타인의 지리 4. 이스라엘의 역사
5. 고대 팔레스타인의 도로

김 정 권

분류번호 KDC: 233 2016
DDC: 220 2016
ISBN: 979-11-86018-34-7 (03230)

표지 디자인: 계명대학교 미술대학 남 금 우 교수

이 책을 어려운 가운데서도
잘 이겨낸 사랑하는 아내에게
그리고
진리를 사모하는
성경 독자 여러분에게 드립니다.

차 례

지도와 그림 차례

서 문

사람의 일생은 다양한 상황에 접하며 산다. 어려운 일을 당할 때, 평탄할 때 변함없이 살아갈 수 있을까? 좀 일이 잘될 때 사람의 심정은 자만(自慢)하고 해이해진다. 조그만 어려움이 다가올 때 위축(萎縮)되고 좌절할 수 있다. 외적 조건에 따라서 항상 변하는 것이 사람일 것이다. 이때 믿음은 우리에게 어떤 의미가 있는 것일까?

육년 전 나에게는 어려운 일이 연속적으로 찾아왔다. 집안의 우환은 매우 급했고 어찌할 바를 모르고 우왕좌왕하고 무엇부터 처리해야 할지를 몰랐다. 병원에 출입을 계속 해야 했고 영과 육신이 아울러 피로하였다. 그 위에 섬기는 교회에서 적지 않은 소란이 일어났다.

나는 하나님이 분명 나에게 무슨 메시지를 주시고 계신다고 믿었다. 나는 이 상황을 어떻게 받아드려야 하는가? 육년 전 어려운 상황에서 하나님의 메시지를 구하기로 하였다. 그래서 성경을 창세기부터 읽기 시작하였다. 분명 이를 통해서 하나님이 나에게 메시지를 주실 것으로 믿었다.

창세기를 읽으며 묵상하고 읽기를 끝내고 출애굽기 읽기를 시작할 때 창세기에 대해 남는 것이 별로 없다는 것을 깨달았다. 그래서 출애굽기 읽기를 하면서 간단한 메모를 시작하였다. 이렇게 시작한 메모는 성경을 읽어가면서 조금씩 발전했다. 시편 읽기를 끝냈을 때 거의 메모 형태가 설정되었다.

이 메모는 누구를 위한 것이 아니었다. 나 자신이 더 말씀에 가까이 다가가기 위한 자구책이었다. 읽으며 묵상하고 메모하는 과정은 무척 은혜의 시간이었으며 더 많이 생각하고 기도하는 계기를 갖게 되었다. 처음 4년은 매일 5시간 정도의 성경 읽기에 몰입할 수 있었다. 이렇게 할 수 있었던 것은 성령의 인도하심이었을 것이다.

나의 메모는 처음 나 자신을 위한 것이었고 다음 둘째 해에는 내 가족 특히 자녀들이 읽으면 좋겠다는 생각이 들어 메모 내용을 자녀들에게 주는 메시지 형식으로 써나갔다. 2012년 3년 차에 접어들면서 믿음의 형제자매와 나누어도 좋겠다고 생각하였다.

하루하루 성령의 인도하심으로 기쁨과 환희의 시간을 보내고 말씀 읽고 정리하는 일이 나의 일과가 되었다. 처음 4년 동안 이 은혜의 시간은 사람을 바라보지 않고, 사람과 의논하지 않고, 사람과의 이해관계를 모두 내어버리는 시간이었다. 타자의 행위는 나에게 아무 의미가 없었다. 오로지 나와 하나님과의 관계였음을 확인하였다.

성경 읽기는 사년으로 끝내려 하였다. 그러나 성령께서 더 읽고 정리하게 하셨다. 만일 믿음의 형제자매 중 한사람이라도 더 진리에 다가선다면 하나님이 기뻐하실 것이다. 성경 읽기야 계속하겠지만, 몰입하는 것은 이 사년으로 끝낼 작정이었다. 그러나 은혜의 시간을 끝낼 수가 없었다. 5년차, 6년차에 성경 읽고 정리하는 일은 계속되었다. 가장 행복한 시간이었기 때문이다.

구약성경 929장, 신약성경 260장 모두 1,189장을 하루 4장씩 읽으면 298일에 읽을 수 있다. 구약은 233일, 신약은 65일에 읽는다. 이 말씀은 나에게 가장 맛있는 양식이었으며 말씀을 읽는 시간이 가장 행복한 시간이 엇다.

내가 사용한 성경은 대한성서공회가 간행한 "성경전서 개역한글판", "성경전서 개역개정판"과 "King James Version(old version)" 이다. 창세기부터 각 성경마다 특성을 간단히 기술하고 한 장을 몇 단락으로 나누어 요약, 정리, 성경적 의미, 맥락, 주해 등을 제시하는 형식으로 하였다. 이 분량이 약11,000면이 된다. 이 내용은 CD로 제작하였다. 이 자료를 이용해서 성경을 통독하면 어느 정도 쉽게 성경 내용에 접근될 것이다.

이 CD 자료에 쉽게 접근하도록 가이드로 "맛있는 1189, 행복한 298"을 간행하게 되었다. 이 책은 성경을 통독하는 분들의 이해를 돕기 위하여 성경의 개관이나, 맥락, 그 배경, 성경 본문에 나오는 지명, 각종 단위에 관한 주해를 본문에 근접하여 제시하였다.

나는 성경학자도 아니고, 성경을 전문으로 연구하는 사람도 아니다. 평신도로서 성경 독자라 하면 좋을 것이다. 성경 독자가 성경을 이해하는데 어려움은 무엇이었을까?

이 어려움을 독자의 눈높이에서 이해해 보았다.

첫째, 전체 성경의 함의와 각 성경이 지니는 맥락의 이해가 어려웠다.

둘째, 성경에 나오는 지명과 인명을 이해하기 어려웠다.

셋째, 성경에 많이 사용되는 단위 즉 무게, 길이, 넓이, 부피, 화폐 등 도무지 감이 잡히지 않는 것들이다.

넷째, 성경은 분명 역사적 사건들의 기록인데 그 역사적 맥락을 이해하기가 무척 어렵다.

성경 독자의 눈높이에서 성경 읽기 가이드에 필요한 내용을 나는 다음과 같이 생각했다.

첫째, 연극을 한다면 무대, 배우, 시나리오가 있을 것이다. 무대는 팔레스타인을 위시한 이집트, 메소포타미아, 시리아, 터키 등에 관한 정보가 필요하고, 배우는 아담으로부터, 아브라함, 이삭, 이스라엘 등 그 지도자들의 신앙과 치리, 특성을 알아야할 것이다. 시나리오는 하나님이 섭리하시는 예정과 역사의 주관하심을 이해해야한다고 보았다. 이에 따라서

둘째, 성경이 기록된 지역, 사람, 그곳의 정치 문화적 배경의 이해가 필요하다는 생각을 했다. 무엇보다도 지리적 조건, 지형, 기후, 이에 따른 농업 그리고 절기, 절기에 드리는 제사 등에 대해 간단한 이해가 필요할 것이다.

셋째, 역사는 공간과 시간 그리고 그 가운데 사람의 활동으로 전개된다.

따라서 성경의 역사를 연대기에 맞추어 보는 것이 필요하다.

넷째, 구약의 왕국시대와 예수님 당시의 도로를 이해할 필요가 있다. 도로는 사람의 이동, 전쟁, 무역, 생활상을 이해하는데 기본이 될 것이다.

이런 문제를 간단하게라도 CD 성경 본문에 근접하여 제시하고 성경 읽기에 지침이 될 내용을 책으로 엮어서 성경 독자가 자료로 삼았으면 좋겠다는 생각을 하였다. 나와 같은 어려움을 겪었든 분들이 이 책을 통해 성경에 조금이라도 다가서게 되었으면 한다.

특히 이 개정판을 낼 때 정준모 목사님이 성경통독의 당위성을 설명하는 프롤로그를 써 주시고 전체 윤곽을 검토해 주신 점 감사를 드린다.

2016년 5월 1일

창녕 우거에서 김 정 권 지

읽어두기

이 책을 읽는 독자와 성경을 통독하는 분들은 다음 사항들을 미리 읽어 두기 바란다.

첫째, 이 책은 성경을 통독하는 분을 위해 성경의 배경을 이해하는데 초점이 있다. 성경 본문은 CD에 PDF 파일로 제작되었고 각자의 PC나 Galaxy note와 같은 전자 도구를 이용해서 읽을 수 있다.

둘째, 신구약 성경 1,189장을 하루에 4장 읽으면 298일에 일독을 한다. 개인 사정에 따라서 가감해도 무방하다. 그러나 통독성경 일차(日次) 제시는 4장씩 CD에 해두었고 4장 앞에 일차(日次)가 청색으로 제시되어 있다.

셋째, 성경통독은 우리 신앙생활에 무척 유익하지만, 자신의 메모를 남기면 심령에 다가오는 영감이 클 것이다.

넷째, 이 책의 기술은 논문이 아니고 평신도 성경 독자가 성경에 쉽게 접근하도록 도움을 주는 자료를 제공한다. 따라서 논쟁이나 비판은 하지 않는다.

다섯째, 이 책에 지도를 사용하였다. 성경의 무대가 된 땅 즉 팔레스타인과 서아시아지역 그리고 유럽의 지리와 성경과의 관계를 이해하기 위한 것이다. 이 지도는 정확한 지도가 아니다. 상대적 위치나 공간 개념을 이해하기 위한 것이다. 따라서 정확한 지리 이해는 전문지도 서적을 이용하기 바란다.

우리나라에서 성경지명의 번역이 혼란스러울 정도로 다양하다. 그래서 지명은 이미 간행(刊行)된 책 중에서 이용중 역(2009)을 가능한 원용 하였다. 성경 지명은 시대 차에서 오는 지명 변경과 외래어로 된 지명을 번역하는 사람에 따라서 다양하다. 성경 독자는 이점을 이해해 두어야 한다.

CD로 제작된 통독성경에 관한 읽어두기

여섯째, 성경 통독을 시작하기 전에 CD에 폴더로 제시되어있는 "1. 통독성경 CD 가이드"를 먼저 읽어 두기 바란다. 이를 통해서 통독성경의 구성, 장, 장 제목, 장 요절, 메모, 적용과 기도, 주해와 성경 본문 제시방법 등을 이해할 수 있을 것이다.

통독성경 CD에는 "성경전서 개역한글판", "성경전서 개역개정판", "King James Version(김정권, 2016)"이 수록되어있고, 읽기는 구약성경 929장을 하루 4장씩 읽으면 233일, 신약성경 260장을 하루 4장씩 읽으면 65일에 읽게 된다. 신구약 성경 1,189장을 298일에 읽게 된다.

일곱째, 각 성경 마다. 이해에 도움이 될 자료를 서두 부분 앞에 제시했고, 연대가 필요한 것은 이를 제시하였다. 어떤 내용은 성경마다 반복적으로 제시했으나 이는 손쉽게 각 성경 내용에 접근하기 위한 것이다. 각 성경마다 필요한 부분에는 연대를 누가(累加) 해서 제시하였다.

여덟째, 성경의 단락별 메모는 성경의 맥락, 요의, 개관, 관계, 통계 등을 가능한 간단히 제시하였다.

아홉째, 성경에 나오는 지명은 가능한 본문에 근접해서 주해를 제시했다. 그러나 대강의 이해를 위한 것이기 때문에 상세한 정보는 전문 도서를 이용하기 바란다.

열째, 성경에 나오는 단위 즉 넓이, 무게, 부피, 화폐 등에 관한 주해도 본문에 근접해서 제시하였다.

열한째, 메모, 주해 등은 모두 성경 본문에 쉽게 접근하기 위한 도구이다. 근본적인 것은 성경 본문을 통해 진리를 이해하고 깨닫고 심령의 변화를 입어 새 생명을 얻는 것이며 이런 삶을 통하여 하나님께 영광 돌리는 것이다.

평신도 눈높이의 성경 통독 가이드

맛있는 1189, 행복한 298

진리 • 깨달음 • 변화 • 새 생명

프롤로그

■ 성경에 대한 일반적 이해

1. 성경은 왜 하나님의 말씀인가?

성경은 성령의 감동으로 기록되었다. 하나님께서 성경을 기록하게 하실 때에 인간 저자들을 사용하시되 모든 사상, 문체, 그리고 언어의 선택까지 철저히 하나님께서 영감을 주셔서 정확무오하게 기록하게 하셨다. 그러기에 성경은 이 세상에 존재하는 어떤 책과 구별된 하나님의 말씀이다. 성경은 성경 일부가 아닌 성경 전체를, 성경 가르침이나 사상만이 아닌 성경 원본의 모든 언어를 축자적으로 영감 되었기에 완전한 하나님의 말씀이다.

2. 성경은 왜 나에게 중요한 책인가?

하나님 말씀인 성경이 왜 나에게 중요한 책인가? 내가 왜 성경을 알고 믿어야 하는가? 성경이 나에게 어떤 의미가 있는가?

첫째, 하나님 말씀은 절대 흠이 없기 때문이다. 성경은 하나님 말씀이기에 절대 흠이 없으며, 믿음과 실천을 위한 유일한 원리가 되기 때문이다.

둘째, 하나님 말씀은 틀림없기 때문이다. 하나님 말씀은 무흠할 뿐 아니라 하나님 말씀은 무오하다. 성경의 모든 내용은 참되고 믿을 수밖에 없다. 어떤 거짓과 오류가 없기 때문이다.

셋째, 하나님 말씀은 절대 권위가 있기 때문이다. 모든 성경은 모두 하나님의 영감으로 기록된 것으로 모든 성경, 모든 내용, 모든 구절, 모든 낱말이 권위가 있다.

넷째, 하나님 말씀은 효력이 있다. 성경에 약속된 모든 내용은 반드시 이루어진다. 성경은 하나님의 약속의 말씀이며, 그 말씀에 반드시 성취되는 능력이 있기 때문이다.

3. 성경은 어떻게 구성되어 있는가?

성경은 하나님 말씀이다. 성경은 예수 그리스도를 증거 하는 거룩한 책이다. 구약은 구원 자되신 메시아가 오실 것을 약속한 책이다. 신약은 구원자 메시야가 오신 것을 증거 한 책이다. 구약은 유대인들의 역사와 족장들 이야기, 가나안 땅 정복 이야기, 열 왕들에 관한 이야기와 예언자들의 선포와 말씀, 그리고 하나님께 대한 찬양과 신앙고백, 지혜 문서들로 구성되어 있다. 신약은 메시아로 오신 예수 그리스도의 지상생활과 그 분이 하신 말씀, 초기 기독교 복음 전파의 역사, 바울과 여러 사도들의 서신서 그리고 계시록으로 구성되어 있다.

4. 성경은 왜 66권만 정경으로 보는가?

종교적 문서에는 정경(正經), 외경(外經), 위경(僞經)으로 구별되어 진다. 성경은 66권의 책을 정경(正經)으로 본다. 정경은 "장대" 또는 "자"라는 뜻을 가진 헬라어 '카논'(cannon)에서 유래되었다. 이것은 영감이 된 하나님의 말씀으로 채택된 책을 의미한다. 외경은 정경에 포함되지 못하고 감추어진 책을 말한다. 외경은 헬라어로 '아포크리파'(apocrypha)라고 하는데 그 뜻은 "멀리 감추어버린"뜻이다. 가톨릭에서는 7권의 구약 외경을 인정하고 있다. 위경은 정경과 외경에 들지 않는 문서들에 대한 일반적인 명칭으로, 거짓으로 지어낸 책을 말한다. 위경(僞經)은 헬라어로 '수데피그라파'(pseudepigrapha)라고 하는데 그 뜻은 "가짜 표제" 또는 "위조기록"뜻이다. 정경 결정은 이처럼 수많은 종교적인 문서에서 어느 책이 영감이 된 하나님의 말씀이냐를 채택하는 것이었다. 정경 결정이 필요했던 것은 수많은 이단 사상으로부터 기독교의 진리를 수호하고, 신앙의 바른 표준을 세우며, 교회의 일치를 위해서였다. 정경 결정에는 몇 가지 원리가 있었는데 구약은 선지자, 신약은 사도가 저작했거나 사도성이 있는 것이어야 했으며, 신구약 공히 보편성과 영감 성을 가지고 있어야 했다. 정경이 최종적으로 결정되기까지는 많은 파란곡절이 있었고 장구한 시간 속에서 하나님의 은혜로 결정되었다. 구약 정경은 39권, 신약 정경 27권 총 66권으로 결정되었다.

5. 성경은 인류 역사에 어떤 영향을 끼쳤는가?

성경만큼 인류 역사에 영향을 끼친 책은 없다. 성경만큼 인류 역사의 교육, 문화, 정치, 경제에 지대한 영향을 끼쳤다. 성경은 가장 많은 언어로 번역되었고, 가장 많은 부수가 출판되었다. 지금까지 인류 역사상 가장 많이 독서되어지고 묵상되어지고 연구되어진 책이 성경이다.

6. 성경은 어떤 놀라운 특징들이 있는가?

시편 19편에 성경 자체가 성경의 놀라운 특징을 증거하고 있다.

첫째, 성경은 완전하다. 성경은 사람을 변화시킬 수 있는 완전한 하나님의 말씀이다. 성경은 인류를 위해 죽으셨다고 다시 살아나신 예수 그리스도의 권능을 통해 인생을 완전히 변화시킬 수 있다.

둘째, 성경은 확실하다. 성경은 절대적이고 신뢰할 수 있고 믿을 수 있는 확실한 하나님의 말씀이다. 성경은 인생의 모든 문제, 삶의 영역과 문제를 다루고, 거기에 진정하고 확실한 해답을 준다.

셋째, 성경은 정직하다. 성경은 바른 행보를 설계하며 바른 길로 걷게 해 준다. 성경은 삶의 목적과 의미, 참된 기쁨과 행복을 올바르게 보여준다.

넷째, 성경은 순결하다. 성경은 순결하여 눈을 밝게 해준다. 성경은 지성을 초월하여 옳고 그름을 분별하는 지혜와 능력을 준다. 성경은 인생의 삶의 문제에 대한 분명한 해답을 준다.

다섯째, 성경은 정결하다. 성경은 죄를 지적하나 죄악에 오염되지 않았다. 성경은 정결하기에 시대를 초월하여 항상 생명의 말씀이요 언제나 변함없는 진리가 된다.

여섯째, 성경은 진실하다. 성경은 언제나, 어디서나 누구에게나 항상 진실하다. 하나님, 인간, 생명, 죽음, 천국, 지옥, 의의, 불의 등등 모든 원리와 가치에 대하여 항상 진실하다.

7. 성경은 왜 인생에게 중요한 책이 되는가?

성경은 죄인이 된 인간에게 구원의 길을 알려준다. 성경은 하나님의 사람으로 세워지는 능력의 말씀이다. 성경은 살아있는 하나님의 말씀이요, 살리는 하나님의 말씀이다. 성경은 인간의 내면의 본성을 변화시킬 수 있는 유일한 능력의 책이다. 성경은 또한 신앙생활의 유일한 표준이 되며 척도가 된다. 성경은 순례의 길을 걸어가는 인생에게 내비게이션이다. 성경은 하나님이 어떤 분이시며 그 분을 어떻게 섬길 것인가에 대한 안내 지침서이다.

8. 성경에 대하여 항상 가져야할 신앙적 자세는 어떠해야 하는가?

첫째, 항상 성경 말씀을 사모해야 한다. 벧전2장 2절에 “가난아이들 같이 순전하고 신령한 젖을 사모하라 이는 이로 말미암아 너희로 구원 에 이르도록 자라게 하려 함이라”

둘째, 항상 성경 말씀을 들어야 한다. 계2:7 “귀 있는 자는 성령이 교회들에게 하시는 말씀을 들을지어다.”

셋째, 항상 성경 말씀을 읽어야 한다. 신17:19 “평생에 자기 옆에 두고 읽어서 그 하나님 여호와 경외하기를 배우며 이 율법의 모든 말과 이 규례를 지켜 행하고”

넷째, 항상 성경 말씀을 공부해야 한다. 행17:11 “베뢰아 사람은 데살로니가에 있는 사람보다 더 신사적이어서 간절한 마음으로 말씀을 받고 이것이 그러한가 하여 날마다 성경을 상고...”

다섯째, 항상 성경 말씀을 암송한다. 시119:11 “내가 주께 범죄치 아니하려 하여 주의 말씀을 내 마음에 두었나이다.”

여섯째, 성경 말씀을 묵상하라. 시1:1, 2 “복 있는 사람은 악인의 꾀를 좇지 아니하며 죄의 길에 서지 아니하며 오만한 자의 자리에 앉지 아니하고 오직 여호와의 율법을 즐거워하여 그 율법을 주야로 묵상하는 자로다.”

일곱째, 항상 성경말씀을 지키며, 순종의 생활을 하라. 시119:105-106 “주의 말씀은 내 발에 등이요 내 길에 빛이니 이다. 주의 의로운 규례를 지키기로 맹세하고 굳게 정하였나이다.”

여덟째, 항상 성경 말씀을 전파하라. 막16:15 “또 가라사대 너희는 온 천하에 다니며 만민에게 복음을 전파하라.”

9. 성경을 어떻게 매일 묵상하는가?

첫째, 하나님 말씀을 듣기 위하여 준비한다. 성경을 읽기 전에 성령님의 도우심을 간구해야 한다.

둘째, 하나님께서 내게 말씀하시는 바를 주의 깊게 천천히 읽는다.

셋째, 읽은 말씀을 깊이 묵상한다. 본문의 전체적인 내용을 간략하게 요약해 보아야 한다. 하나님(성부, 성자, 성령) 에 대하여 무엇을 말하는지 살펴보아야 한다. 내게 주시는 교훈이나 약속, 경고, 명령, 본보기가 무엇인지 생각한다. 특히 내 개인, 환경, 인간관계, 내가 속한 세계에 어떻게 적용할까 생각해 보아야 한다.

넷째, 묵상한 말씀을 생활에 적용하고 하나님께 기도해야 한다. 깨달은 말씀을 토대로 찬양을 드리고 자신과 다른 사람들을 위해 구체적으로 기도한다. 기도제목들을 묵상일지에 기록한다.

다섯째, 깨닫고 적용한 말씀을 다른 사람들과 나누며 서로 격려한다.

10. 성경을 왜 통독을 해야 하는가?

성경을 이해하기 위해서는 크게 두 가지 방법이 있다. 그 하나는 망원경식으로 전체를 보는 방법과 또 다른 하나는 현미경식으로 세밀하게 보는 방법이다. 성경묵상을 현미경식 접근 방법이라면 성경통독은 망원경식 접근방법이라고 할 수 있다.

성경을 묵상하고, 해석하고, 적용하는 것 보다 더 우선순위가 되어야 할 것이 성경을 읽는 것이다. 나무를 제대로 이해하기 위해서는 나무만을 보아서는 아니 된다. 먼저 숲 전체를 보고난 다음 나무를 보아야 그 나무를 온전히 이해할 수 있다. 그러므로 성경을 읽는 일, 성경을 통독하는 일이 성경을 묵상하고, 해석하고 적용하는 것보다 선행되어야 한다.

성경을 통독하는 것은 문자 그대로 “통째로” 읽는다는 것이다. 성경을 처음부터 끝까지 지속적으로 읽는다는 것이다. 가령 책을 읽은 때, 여기, 저기 읽거나, 오늘 조금, 며칠 후 조금 읽는다면 그 책 전체를 이해하거나 소화해 내기가 어렵다. 1189장으로 이루어진 성경을 한권의 책으로 볼 때, 한꺼번에 혹은 지속적으로 읽어갈 때, 성경 저자 즉 하나님의 마음을 이해하는데 가장 효과적일 것이다.

성경을 간헐적으로 조금씩, 일관성 없이 여기, 저기 읽는 것이 은혜의 가랑비와 이슬비를 맞는 것이라면 통독은 은혜의 장대비, 소낙비 등 집중폭우를 만나 큰 은혜의 강물에 흠뻑 젖는 것과 같다고 할 수 있다. 가랑비와 이슬비는 조그만 더워져도 말라버리나 집중폭우로 저장된 말씀의 저수지는 은혜의 전천우가 될 수 있기 때문이다.

성경을 집중적으로, 지속적으로 통독하는 그 시간 자체가 성경을 기록하게 하신 하나님께 대한 전적 헌신이며, 성경 저자에게 영감을 불어넣으신 성령님과 깊은 교제를 하는 것이며, 성경의 주인공 되신 예수 그리스도 구속 역사의 시작과 끝을 통전 적으로 이해할 수 있기 때문이다.

창세기 1장 1절에 "태초에 하나님이 천지를 창조하시니라"로부터 시작해서 요한 계시록 22장 21절에 "아멘 주 예수여, 오시옵소서."로 끝나는 인류 구원역사의 대장정을 읽고 사람의 사정에 따라서 불과 12일간 통톡 할 수도 있고, 50여시간의 속독으로 마칠 수도 있다. 그러나 하루 4장씩 298일간 규칙적으로 읽어서 성경 전체를 탐독할 수 있다. 이것은 은혜중에 은혜요, 기적중의 기적이다.

11. 성경을 어떻게 통독을 하는가?

성공적인 성경 통독을 위해서는 첫째, 성경을 규칙적으로 꾸준히 체계적으로 읽는 것이 제일 중요하다. 예로, 구약성경 일정 분량과 신약성경의 일정 분량을 매일 규칙적으로 읽되 여기 저기 띄엄띄엄 읽지 말고, 처음부터 끝까지 계속해서 지속적으로 읽어야 한다. 왜냐하면 대부분의 성경은 역사적으로 기록되어 있기에 처음부터 체계적으로 읽어야 흐름을 알 수 있기 때문이다. 또한 구약은 예언이요 신약은 그 예언에 대한 성취이기 때문이다. 성경의 역사적 사건이 구약과 신약에 나오고 그 사건에 대한 해석과 의미가 역사서 다음에 나오기 때문이다. 또한 예언서는 신구약 성경 뒷부분에 나오기 때문에 역사서 보다 뒤에 읽는 것이 옳다고 본다.

둘째, 성공적 성경 통독을 위해서 "성경 통독을 위한 계획표"를 만들어 실천하는 것이 중요하다. 먼저 성경 통독을 얼마나 할 것인지를 생각해야 한다. 1년에 1독을 할 것인지, 10독을 할 것인지를 실천 가능한 범위 안에서 결정해야 한다. 일 년에 일독을 하려면 하루에 4장정도 읽으면 된다. 이를 위해 하루에 적어도 1시간 이상 투자를 해야 가능하다. 만약 10독이 목표라면 적어도 34장을 읽어야 한다.

셋째, 성공적인 성경 통독을 위하여, 본서와 "통독성경 CD"에 나온 가이드에 따라 성경을 읽으면 성경 1,189장은 맛있는 음료가 될 것이고 하루에 4장씩을 읽으면 298일이 걸리고 성경을 통독하는 날이 행복할 것이다.

더욱이 본서에 소개된 성경 전체 개요, 제목, 저자, 기록 연대, 기록 목적 및 특징을 숙지하고 통독하면 성경 이해가 쉽게 되고 흥미를 더하게 될 것이다. 특히, 본서와 통독성경 CD(김정권, 2016)에 소개된 주해, 단락 메모, 각주, 단락별 적용과 기도를 통하여 성경을 보다 깊이 체계적으로 이해하게 되고 영적 큰 유익을 얻게 될 것이다. 꾸준히, 지속적으로 그리고 체계적으로 본서의 안내를 따라 성경을 통독을 할 때, 성경의 세계를 탐구하는 신령한 영적 광부가 되며 이로써 진리의 보고를 얻게 된다. 신령한 깨달음에 감격하게 될 것이며, 주님의 모습을 닮아가는 변화가 일어날 것이며, 새 생명의 환희를 찬미하게 될 것이다.

성경 개관 알기

■ 성경이란?

우리는 오늘날 쓰고 있는 성경을 어떻게 이해하고 성경을 읽어갈까? 아주 기본이 되는 열 가지 개념을 이해해 두는 것이 좋을 것 같다.

첫째, 성경은 하나님이 영감을 주셔서 기록하도록 하신 것이다(딤후3:16, 17; 벧후1:20, 21).

둘째, 성경은 66권으로 구성되어있다. 이 성경은 40명 이상의 왕들과 선지자, 지도자와 예수님의 제자들이 기록했다. 기록 시기는 대체로 1,500년 B.C. 에서 100년 A.D. 사이에 기록되었다. 구약성경은 39권(929장)이며, 1,500 B.C. 에서 400 B.C. 사이에 기록되었고, 신약은 27권(260장) 이며, 45 A.D.–100 A.D. 사이에 기록되었다.

셋째, 구약성경은 히브리어(Hebrew)와 아람어(Aram)로 쓰였고, 신약성경은 희랍어(헬라어; Greek)로 쓰였다.

넷째, 각 성경은 영감을 받은 신령한 지도자들 즉 랍비들과 교회지도자들의 모임에서 선택하고 배열하였다.

다섯째, 인쇄술이 개발되기 전에 성경은 손으로 필사(筆寫)했다. 성경은 매우 정교하게 필사했으며, 필사 자들은 오류를 없애기 위하여 단어와 편지를 분석하는 복잡한 방법을 개발했었다.

여섯째, 좀 더 부피가 작고 가벼워져서 가지고 다닐 수 있는 성경은 라틴어로 1,455 A.D. 처음 인쇄되었다(Guttenberg Press 1,455, Latin Bible).

일곱째, 오늘날 우리가 사용하는 성경은 성경 원본에 가장 가까운 것이며 1,500 A.D. 이전까지 필사본 성경은 수천 권이 만들어졌었고, 헬라어(Greek) 신약 필사본은 5,900

권 이상이 현재에도 남아있다. 성경의 내용은 시저(Caeser), 플라톤(Plato), 아리스토텔레스(Aristotle)의 작품보다 훨씬 잘 보존되어 활용되고 있다.

여덟째, 사해사본(死海寫本; the Dead Sea Scrolls)의 발견은 구약성서의 연대를 명확히 하였다. 뿐만이 원본 성경의 낱자의 오류가 있으나 성경 기본 원리에 영향을 미치지 못한다는 확증을 얻었다.

아홉째, 성경은 전 세계로 확산하였는데 하나님의 말씀을 사모하는 학자들에 의해 번역되었으나 아직도 자기 언어 성경을 갖지 못한 족속이 2,000이 넘는다.

열째, 성경은 200 A.D. 까지 7개 언어로 번역되었고, 500 A.D. 까지 13개 언어로, 900 A.D. 까지 17개 언어로, 1,400 A.D. 까지 28개 언어로, 1,800 A.D. 까지 57개 언어로, 1,900 A.D. 까지는 537개 언어로, 1,980 A.D. 에 이르러서는 1,100개 언어로 번역되어 전 세계에서 사용되고 있다.

■ 우리말 성경의 역사

우리나라는 하나님의 축복이 풍성한 나라이다. 선교사가 우리나라에 도래하기 전에 1882 A.D. 스코틀랜드 연합장로교회에서 파송한 중국선교사 로스(Ross, J)와 초기 우리나라 기독교인들에 의해 쪽 복음이 간행되어서 선교사가 도래하기 전에 성경을 먼저 접한 나라이다. 광복 때까지 어려움이 많았지만 성서번역과 간행이 활발히 이루어진 나라이다. 성경을 통독하면서 우리나라 성경역사를 이해하여 두는 것도 무척 도움이 될 것이다.

1. 성경 중역 시대(1872 A.D.–1887 A.D.)

성경 번역은 구약 같으면 히브리어(Hebrew), 신약 같으면 헬라어(Greek)에서 바로 한글로 옮겨야하지만 성경 중역(重譯)이란 이미 한번 번역된 성경 즉 중국어성경이나 영어성경을 한글로 번역한 경우이다. 한국 사람이 번역한 것은 주로 중국어 성경을 번역했고, 구미 선교사가 번역한 것은 주로 영어 성경을 번역하였다. 이시기의 번역 역사를 간단히 살펴보면 다음과 같다.

* 1872 A.D. 스코틀랜드 연합장로교회 중국선교사 로스(Ross, J) 상해 도착
* 1882 A.D. 로스와 한국 성경 번역자들(이응찬, 백홍준, 서상윤, 이성하 등)과 매킨타이어(Macintyre, J) 등이 쪽 복음 누가복음과 요한복음을 번역 출간한다. 최초의 한국어 성경이다.
* 1887 A.D. 로스와 한국 번역자들이 최초의 한글 신약전서(예수성교전서)를 심양에서 출간한다.

2. 공인번역 낱권시대(1887 A.D.–1900 A.D.)

공인번역(公認飜譯) 낱권시대는 외국의 성서공회들이 한국 지부를 두면서 1887년부터 상임성서위원회를 두게 되고 상임성서위원들이 번역한 성서가 출간되는 시기이다. 그러나 신약전서나 구약전서를 간행하지는 못하였고 낱권성서를 간행한 시기이다. 이 때의 성서 간행 역사를 간단히 살펴보도록 한다.

* 1887 A.D. 상임 "성서위원회" 조직된다.
* 1891 A.D. 로스 번역 성경의 개정을 포기하고 주한 선교사들이 주도한 새 번역이 추진되다. 이 때 순수한글 번역으로 출간된 성경은 1892년에 아펜젤러(Appenzeller, H. G.)가 "마태복음젼", 게일(Gale,, J. S.)이 "사도행젼"을 출간하고, 1893년에 펜윅((Fenwick, M. C.)이 요한복음(요한이 기록한 대로 복음)을 출간하고, 번자회(飜者會)가 1895년에 "마태복음", "사도행전", "마가복음", "요한복음" 등 출간하고 1897년에 "갈라디아서"와 "야고보서"("바울이 갈라디아 인에게 한 편지"와 "야곱의 공번된 편지") 합본을 출간했다.
* 1893 A.D. 상임 "성서위원회"가 상임 "성서실행위원회"로 개편 조직된다.
  이 해에 번역의 효율성을 높이기 위해서 전임(專任) 번역자회(飜譯者會)가 구성된다. 위원은 언더우드(Underwood,), 게일(Gale, J. S.), 스크랜톤(Scranton, M. F. B.), 아펜젤러(Appenzeller, H. G.), 트롤로프(Trollope, M. N.) 등이고 언더우드가 회장이 되었다.
* 1896 A.D. 영국성서공회 한국지부 설치되다.
* 1898 A.D. 피터스(Peters, E. F.))에 의해 한국 최초의 구약 단행본 "시편 촬요(撮要)"가 출간된다.

3. 성경전서 구역 시대(1900 A.D.–1911 A.D.)

성경전서 구역(舊譯) 시대는 우리말 성경의 신구약전서를 간행하는 괄목할만한 발전을 한때라 할 수 있다. 1900년 성경번역자회는 "신약전서"를 출간하고 이를 다시 1904년과 1906년에 수정판을 간행한다. 1911년에는 성경번역자회가 번역한 구약전서를 1906년 간행한 신약전서와 합쳐서 "성경전서"를 간행하게 된다. 이 책들의 표지는 아래 그림에서 보아두기 바란다.

1906년 개정된 신약전서

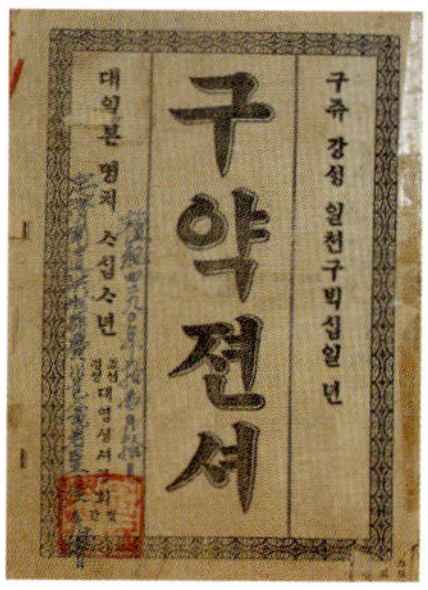

1911년판 구약전서

1911년판 성경전서

* 1900 A.D. 성경 번역자회(飜譯者會)에서 두 번째 신약전서인 "신약젼서"를 출간된다.
* 1906 A.D. "新約 全書 국한문" 2만 부 출간되고 1906년 판 공인 역 "신약젼셔" 2만 부 출간된다.
* 1911 A.D. 최초의 구약전서인 "구약 젼셔"가 일본에서 2만 부 출간되고 동시에 최초의 신구약 합본인 "성경젼셔"가 출간된다.

4. 성경전서 개역 시대(1911 A.D.–1945 A.D.)

성경전서 개역(改譯) 시대는 구역성경을 수정 하는 시기로 볼 수 있다. 1911년 성서위원회의 "번역자회"가 "개역자회(改譯者會)"로 개편되고 구역(舊譯) 성경을 개정하게 된다. 1938년 성경개역 판이 출간된다. 1926년에는 "선한문(鮮韓文) 관주(貫珠) 성경전서(聖經全書)"가 간행되는 등 여러 종류의 국한문 성경전서가 간행되는 때이다. 이 때의 성경 역사를 간단히 살펴두기로 한다.

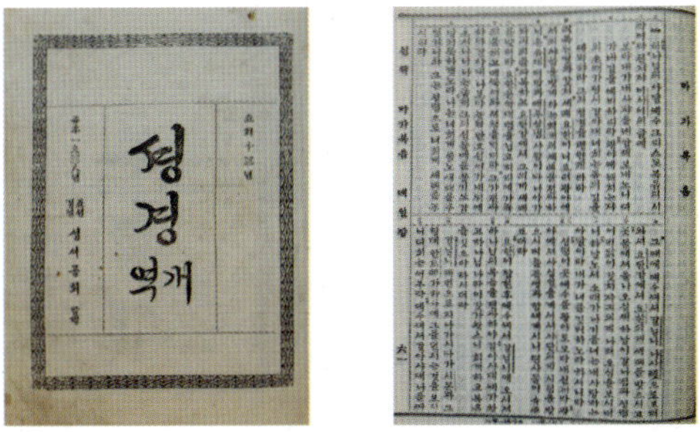

1938년 간행 개역 성경전서 속표지와 본문

* 1911 A.D. 성경 번역자회(飜譯者會)를 성경 개역자회(改譯者會)로 고치고 구역 성경의 개정작업이 시작된다.
* 1913 A.D. 로제타 홀(Rosetta Sherwood Hall)이 점자 요한복음을 출간한다. 이 점자성경은 New York Point(4점식)로 제작되었다.
* 1922 A.D. 최초 영한병용 "영한대조 누가복음(영한(英韓對照 路可福音)"을 출간하다.
* 1926 A.D. 국한문성경전서인 "鮮漢文貫珠聖經全書"(선한문관주성경전서)가 출간된다.
* 1930 A.D. 관주 성경전서가 출간된다.
* 1936 A.D. 개역 구약전서가 출간된다.
* 1937 A.D. 개역 신약전서가 출간된다.
* 1938 A.D. 개역 신약전서와 신 구약전서가 출간된다.

5. 한글맞춤법에 의한 성경전서 시대(1945 A.D.–현재)

우리나라 광복 후 한글맞춤법통일안에 의해 성경개정이 이루어지며 새로운 번역 성경인 "신약전서 새 번역", "공동번역성서", "성경전서 표준 새 번역"이 간행되고, 이미 번역해서 오래 사용한 번역을 개정한"성경전서 개정 개역 판", "공동번역 개정판 성서"와 " 성경전서 표준 새 번역" 등 다양한 성경이 번역되는 시기이다. 이 시기에 간행된 성경을 보기로 한다.

* 1948 A.D. 광복 후 "성서위원회"(위원 24인)가 구성되었다.
* 1957 A.D. 부레일식(Braille 6점 점자) "점자 성경전서(24권)" 출간된다.
* 1961 A.D. "성경전서 개역 한글판" 출간되다.
* 1967 A.D. "신약전서 새 번역"이 간행된다.
* 1977 A.D. "공동번역성서" 간행되고 1999년 개정판이 간행되었다.
* 1993 A.D. "성경전서 표준 새 번역"이 간행되고 2001년, 2004년 개정된다.
* 1998 A.D. "성경전서 개역 개정판" 출간되다.
* 2005 A.D. "대한성서공회 CD-Rom 성경 2.0" 출시한다.[1)]

■ 신구약 성경의 구분과 개관

구약 성경

1. 모세의 율법서(5권)

* 각 성경제목 다음에 ① 저자, ② 중요내용, ③ 저작연대, ④ 저작 장소를 기술한다.

창 세 기: ① 모세 ② 창조 ③ 1,450 B.C.– 1,400 B.C. ④ 이집트와 가나안
출애굽기: ① 모세 ② 노예생활에서 해방 ③ 1,445 B.C.–1,400 B.C. ④ 이집트와 가나안
레 위 기: ① 모세 ② 율법과 제사 ③ 1,445 B.C.–1,400 B.C. ④ 이집트와 가나안
민 수 기: ① 모세 ② 인구조사와 역사 ③ 1,445 B.C.–1,400 B.C. ④ 가나안 접경에서
신 명 기: ① 모세 ② 모세 유언(遺言)의 설교 ③ 1,401 B.C.–1,400 B.C. ④ 모압 평지

1) "우리말 성경의 역사"는 대한성서공회의 자료에서 주로 발췌하여 사용하였고 사진 자료는 대한성서공회의 허락을 얻고 제공받아 실었다.

2. 가나안 개척기 역사서(3권)

＊각 성경제목 다음에 ① 저자, ② 중요내용, ③ 저작연대, ④ 저작 장소를 기술한다.

여호수아: ① 여호수아 ② 가나안 정복사 ③ 1,405 B.C.–1,383 B.C.
④ 가나안
사 사 기: ① 불명(사무엘 ?) ② 왕국 이전의 역사 ③ 1086 B.C.–1004 B.C.
④ 가나안
룻 기: ① 불명(사무엘 ?) ② 믿음이 있는 외국인의 역사
③ 1046 B.C.–1,035 B.C. ④ 가나안

3. 왕국 시대 역사서(6권)

＊각 성경제목 다음에 ① 저자, ② 중요내용, ③ 저작연대, ④ 저작 장소를 기술한다.

사무엘상: ① 불명 ② 사건들의 역사 ③ 1,050 B.C.–750 B.C.
④ 이스라엘과 유다
사무엘하: ① 불명 ② 사건들의 역사 ③ 1,050 B.C.–750 B.C.
④ 이스라엘과 유다
열왕기상: ① 불명 ② 왕들의 평가 ③ 590 B.C.–550 B.C.
④ 바빌로니아 포수 중
열왕기하: ① 불명 ② 왕들의 평가 ③ 590 B.C.–550 B.C.
④ 바빌로니아 포수 중
역 대 상: ① 에스라 ② 다윗 왕의 치세 ③ 450 B.C.–425 B.C. ④ 유다
역 대 하: ① 에스라 ② 유다 왕들의 행적 ③ 450 B.C.–425 B.C. ④ 유다

4. 포로 귀환 시기 역사서(3권)

＊각 성경제목 다음에 ① 저자, ② 중요내용, ③ 저작연대, ④ 저작 장소를 기술한다.

에 스 라: ① 에스라 ② 재건의 역사 ③ 457 B.C.–444 B.C. ④ 유다
느헤미야: ① 느헤미야 ② 재건의 역사 ③ 445 B.C.–430 B.C. ④ 유다
에 스 더: ① 불명 ② 구속에 관한 이야기 ③ 464 B.C.–435 B.C.
④ 페르시아

5. 지 혜 서(5권)

* 각 성경제목 다음에 ① 저자, ② 중요내용, ③ 저작연대, ④ 저작 장소를 기술한다.

욥 기: ① 불명 ② 인내에 관한 이야기 ③ 불명 ④ 메소포타미아(Uz)
시 편: ① 다윗, 모세, 아삽, 솔로몬, 에탄, 고라의 자손 ② 문학과 찬양 송
③ 1,410 B.C.–430 B.C. ④ 고대 이스라엘
잠 언: ① 솔로몬과 몇 사람 ② 지혜 ③ 950 B.C.–700 B.C. ④ 이스라엘
전 도 서: ① 솔로몬 ② 지혜 ③ 935 B.C. ④ 예루살렘
아 가 서: ① 솔로몬 ② 연애 시 ③ 965 B.C. ④ 예루살렘

6. 대 선지서(5권)

* 각 성경제목 다음에 ① 저자, ② 중요내용, ③ 저작연대, ④ 저작 장소를 기술한다.

이 사 야: ① 이사야 ② 예언과 심판 ③ 740 B.C.–680 B.C. ④ 유다
예레미야: ① 예레미야 ② 예언과 심판 ③ 626 B.C.–580 B.C. ④ 유다
예레미야 애가: ① 예레미야 ② 비탄 시 ③ 586 B.C.–584 B.C. ④ 바빌로니아
에 스 겔: ① 에스겔 ② 예언과 경고 ③ 587 B.C.–565 B.C. ④ 바빌로니아
다 니 엘: ① 다니엘 ② 예언과 계시 ③ 605 B.C.–530 B.C. ④ 바빌로니아

7. 소 선지서(12권)

* 각 성경제목 다음에 ① 저자, ② 중요내용, ③ 저작연대, ④ 저작 장소를 기술한다.

호세아: ① 호세아 ② 예언과 경고 ③ 755 B.C.–710 B.C. ④ 이스라엘
요 엘: ① 요엘 ② 예언과 심판 ③ 불분명 ④ 유다
아모스: ① 아모스 ② 예언과 심판 ③ 760 B.C.–750 B.C. ④ 이스라엘
오바댜: ① 오바댜 ② 예언 ③ 586 B.C. ④ 유다
요 나: ① 요나 ② 예언과 심판 ③ 783 B.C.–753 B.C. ④ 니느웨
미 가: ① 미가 ② 예언과 심판 ③ 739 B.C.–686 B.C. ④ 이스라엘과 유다
나 훔: ① 나훔 ② 예언과 심판 ③ 664 B.C.–612 B.C. ④ 유다와 니느웨
하박국: ① 하박국 ② 예언과 심판 ③ 609 B.C.–597 B.C. ④ 유다
스바냐: ① 스바냐 ② 예언과 심판 ③ 640 B.C.–628 B.C. ④ 유다
학 개: ① 학개 ② 예언과 미래에 대한 소망 ③ 520 B.C. ④ 유다
스가랴: ① 스가랴 ② 예언과 소망 ③ 520 B.C.–519 B.C. ④ 유다
말라기: ① 말라기 ② 예언과 심판 ③ 430 B.C.–400 B.C. ④ 유다

신약 성경

1. 복 음 서

* 각 성경제목 다음에 ① 저자, ② 중요내용, ③ 저작연대, ④ 저작 장소를 기술한다.

마태복음: ① 마태 ② 복음 ③ 60 A.D. ④ 유다
마가복음: ① 마가 ② 복음 ③ 58 A.D. ④ 로마
누가복음: ① 누가 ② 복음 ③ 60 A.D.–62 A.D. ④ 카이사레아
요한복음: ① 요한 ② 복음 ③ 85 A.D.–95 A.D. ④ 소아시아

2. 사도행전

* 각 성경제목 다음에 ① 저자, ② 중요내용, ③ 저작연대, ④ 저작 장소를 기술한다.

사도행전: ① 누가 ② 초대교회의 역사 ③ 60 A.D.–62 A.D.
④ 카이사레아와 로마

3. 바울 서신

* 각 성경제목 다음에 ① 저자, ② 중요내용, ③ 저작연대, ④ 저작 장소를 기술한다.

로 마 서: ① 바울 ② 로마 성도에게 보내는 편지 ③ 57 A.D. ④ 고린도
고린도전서: ① 바울 ② 고린도 교인에게 보내는 편지 ③ 56 A.D. ④ 에베소
고린도후서: ① 바울 ② 고린도 교인에게 보내는 편지 ③ 56 A.D. ④ 빌립보
갈라디아서: ① 바울 ② 갈라디아 성도에게 보내는 편지 ③ 50 A.D.–55 A.D.
④ 소아시아
에 베 소 서: ① 바울 ② 에베소 성도에게 보내는 편지 ③ 60 A.D.–64 A.D.
④ 로마 감옥
빌 립 보 서: ① 바울 ② 빌립보 성도에게 보내는 편지 ③ 60 A.D.–64 A.D.
④ 로마 감옥
골 로 새 서: ① 바울 ② 골로새 성도에게 보내는 편지 ③ 60 A.D.–64 A.D.
④ 로마 감옥
데살로니가전서: ① 바울 ② 데살로니카 성도에게 보내는 편지
③ 49 A.D.–54 A.D. ④ 고린도
데살로니가후서: ① 바울 ② 데살로니카 성도에게 보내는 편지
③ 50 A.D.–54 A.D. ④ 로마
디모데전서: ① 바울 ② 디모데에게 보낸 편지 ③ 64 A.D. ④ 로마
디모데후서: ① 바울 ② 디모데에게 보낸 편지 ③ 65 A.D.–67 A.D.
④ 로마 감옥

디 도 서: ① 바울 ② 디도에게 보낸 편지 ③ 64 A.D. ④ 로마

빌 레 몬 서: ① 바울 ② 빌레몬에게 보낸 편지 ③ 60 A.D. ④ 로마 감옥

4. 기타 서신

* 각 성경제목 다음에 ① 저자, ② 중요내용, ③ 저작연대, ④ 저작 장소를 기술한다.

히브리서: ① 불명(바울 ?) ② 히브리 성도에게 보낸 편지 ③ 60 A.D.−69 A.D. ④ 불명

야고보서: ① 야고보 ② 유대인 중 성도에게 보낸 편지 ③ 48 A.D. ④ 예루살렘

베드로전서: ① 베드로 ② 모든 성도에게 보낸 편지 ③ 64 A.D.−65 A.D. ④ 로마

베드로후서: ① 베드로 ② 모든 성도에게 보낸 편지 ③ 64 A.D.−70 A.D. ④ 로마

요한 1서: ① 요한 ② 모든 성도에게 보낸 편지 ③ 85 A.D.−95 A.D. ④ 에베소

요한 2서: ① 요한 ② 택함을 입은 부인에게 보낸 편지 ③ 85 A.D.−95 A.D. ④ 에베소

요한 3서: ① 요한 ② 가이오에게 보낸 편지 ③ 85 A.D.−95 A.D. ④ 에베소

유 다 서: ① 유다 ② 모든 성도에게 보낸 편지 ③ 60 A.D.−95 A.D. ④ 불명

5. 계 시 서

* 각 성경제목 다음에 ① 저자, ② 중요내용, ③ 저작연대, ④ 저작 장소를 기술한다.

요한계시록: ① 요한 ② 초대 일곱 교회에 보낸 편지 ③ 96 A.D. 또는 69 A.D. ④ 밧모 섬

■ 신구약 성경의 유명인사 100명 <가나다 순>

구약의 유명인사 60인

1. 갈렙(Caleb) 가데스 바네아에서 가나안 땅 정탐을 위해 파송한 12명 정탐꾼 중 여호수아와 더불어 약속의 땅 가나안에 들어가는 일을 믿음으로 보고 하였고 여호수아의 동반자이었다. (민14:6-9)

2. 고레스(Cyrus) 페르시아 왕으로 유대인의 이스라엘 포로귀환과 성전 재건축 조서를 내렸다. (대하 36:22, 23)

3. 기드온(Gideon) 이스라엘의 제6대 사사이며 300명의 용사로 적인 미디안을 무찔렀다. (사6:12-14; 7:22; 8:10-12)

4. 나만(Naaman) 엘리사에게 와서 나병을 고친 시리아(아람) 군대 장관이다. (왕하5:14; 눅4:27)

5. 나오미(Naomi) 룻의 시어머니이며 다윗 왕의 고조모이다. (룻1:3-6; 4:18-22)

6. 노아(Noah) 하나님의 명령으로 방주를 만들었으며 그의 가족(처, 세 아들 부부)을 구원했다. (창6:9; 8:19)

7. 느부갓네살(Nebuchadnezzar) 신바빌로니아 제국의 창설자이며 왕으로 3차에 걸쳐서 예루살렘을 공격하고 포로를 잡아갔다. 다니엘과 그 3 친구를 뽑아서 썼다. 유다를 멸망시킨 사람이다. (단3장-4장)

8. 느헤미야(Nehemiah) 제3차 바빌로니아 포로가 페르시아에서 예루살렘으로 귀환할 때 인도한 지도자이다. 예루살렘 귀환 후에는 예루살렘 성벽을 수축하였다. (느7:1)

9. 다니엘(Daniel) 바빌로니아의 느부갓네살 왕과 다리오 왕 때 총리를 지냈으며

벨사살 왕의 만찬 잔치에서 벽에 손으로 쓰인 글을 해석하였다. (단2:48; 6:1-3; 5:25-28)

10. 다윗(David) 이스라엘의 위대한 왕이며 솔로몬의 아버지이고, 시편의 반 이상을 저작했다. (시78:70-72; 삼하12:24; 23:1, 2)

11. 드보라(Deborah) 바락의 도움을 받아 가나안 인을 정복한 선지자이며 사사이다. (사4:4, 8, 9)

12. 라합(Rahab) 여리고 성에서 이스라엘 정탐꾼 두 사람을 구해주었고, 후에 예수 그리스도의 족보에 든 여리고 기생이다. (수2:6; 마1:5)

13. 라헬(Rachel) 야곱이 사랑한 아내이며 요셉과 벤야민의 어머니이다. (창28:18; 30:23, 24; 35:16-20)

14. 레아(Leah) 야곱의 첫 부인으로 유다와 레위를 포함한 여섯 아들과 딸 디나를 낳았다. (창30:21; 35:23)

15. 룻(Ruth) 나오미의 며느리이고, 보아스의 아내이며, 모압 여인으로 다윗 왕의 증조모가 된 여인이다. (룻1:14-17; 4:21, 22; 마1:5, 16)

16. 리브가(Rebekah) 이삭의 아내이고 야곱과 에서의 어머니이다. (창26:67; 25:24-26)

17. 멜기세덱(Melchizedek) 아브라함을 축복한 살렘의 왕이며, 제사장이고 그의 대제사장직은 후의 예수 그리스도의 대 제사장직과 맥을 같이한다. (창14:18-20; 시110:4)

18. 모르드게(Mordecai) 에스더 왕비의 4촌 오빠이며 이스라엘을 하만의 손에서 구원하고 그 뒤에 페르시아 왕국의 총리가 된 사람이다. (에2:7; 4:14; 10:3)

19. 모세(Moses) 이스라엘을 이집트에서 약속의 땅 가나안으로 인도해낸 지도자이며 모세 5경을 저작해 하나님의 율법을 선포한 사람이다. (출14:20; 신31:9; 34:4)

20. 무두셀라(Methuselah) 969세를 살아서 세계에서 최고로 장수한 사람이다. (창5:27)

21. 미리암(Miriam) 광야에서 모세와 아론과 더불어 이스라엘을 인도한 여 선지이며 모세의 누나이다. (출15:20)

22. 발람(Balaam) 이스라엘이 약속의 땅 가나안으로 들어가는 것을 저지하려는 거짓 선지자이다. (민22–24)

23. 밧세바(Bathsheba) 다윗 왕의 부인이며 솔로몬 왕의 어머니이다. (삼하12:24)

24. 벨사살(Belshazzar) 연회 석상에서 성전의 기물로 술을 마시다 연회장 벽에 하나님의 메시지를 받았고 다니엘이 이를 해석했으며 바빌로니아 마지막 왕이 된다. (단5장)

25. 보아스(Boaz) 룻의 남편, 다윗왕의 고조부, 예수 족보의 선조가 된다. (룻4:13, 21,22; 마 1:5–16)

26. 사라(Sarah) 아브라함의 처이며 이삭의 어머니이다. (창11:29; 21:1–7)

27. 사무엘(Samuel) 나실 인으로 성막(聖幕)에서 자라난 사람이며 후에 사울과 다윗에게 기름 부어 왕이 되게 한 선지자이다. 이스라엘의 마지막 사사이다. (삼상1:11, 20, 24; 9:27–10:1; 16:13)

28. 사울(Saul) 이스라엘이 왕국이 된 다음 첫 왕이었으나 하나님을 떠난 사람이다. (삼상 10:17–27; 13:13, 14; 대상 10:13)

29. 삼손(Samson) 사사 시대 제13대 사사이며, 블레셋과 싸운 세상에서 가장 강한

사람이었다. (사14:6, 19; 15:14)

30. 솔로몬(Solomon) 다윗왕의 아들이고 세상에서 가장 현자(賢者)였다. 시편, 잠언, 전도서, 아가서의 저자이다. (삼하12:24; 왕상3:11, 12)

31. 스룹바벨(Zerubbabel) 바빌로니아 포로 귀환 세 번 중, 페르시아에서 제1차 귀환할 때 인도해 온 정치적 지도자이며 성전을 재건한 사람이다. (스2:2)

32. 아담(Adam) 하나님이 창조하신 최초의 사람이다. (창1:27; 2:7)

33. 아론(Aron) 모세의 형이며, 최초의 대제사장이다. (민26:59; 출28:1)

34. 아벨(Abel) 아담과 이브의 둘째 아들인데 형 카인이 죽였다. (창4:2, 8)

35. 아브라함(Abraham) 히브리인 국가의 아버지이며, 믿음의 조상(祖上)이다. (창12:1-3; 대상1:32; 2:1; 히11:8-10)

36. 야곱(Jacob) 이삭의 아들로 이스라엘의 십이 지파를 이루는 12 아들의 아버지이다. (대상2:1, 2)

37. 에녹(Enoch) 죽지 않고 하늘에 올라간 두 사람 중 한사람이다. (창5:23, 24; 36:43)

38. 에서(Esau) 야곱의 형제이며, 에돔 족속의 조상이다. (창25:26; 36:43)

39. 에스겔(Ezekiel) 바빌로니아 포수 기간 중 종교적 지도자이며 선지자이며 제사장이었다. (겔1:3; 2:3, 4)

40. 에스더(Esther) 유대인을 죽음에서 구한 유대인 페르시아 여왕이다. (에7:3-6; 8:3-8)

41. 에스라(Ezra) 바빌로니아 제2차 포로귀환 때 인도자이며 제사장이고 학자였다. (스7:1, 6-10)

42. 엘리(Eli) 사무엘을 기른 이스라엘의 대제사장이며 불레셋에게 법궤를 빼앗겼다는 소식을 듣고 넘어져 목이 부러져 죽었다. (삼상1:17-20; 4:12-18)

43. 엘리사(Elisha) 요단강물을 가른 엘리야의 계승자, 수넴 여인의 아들을 살리고, 나만의 문둥병을 고친 선지자이다. (왕하2:9-14; 5:10-14)

44. 엘리야(Elijah) 북조 이스라엘의 아합 왕 때 갈멜 산에서 바알 선지자와 대결하여 이기고, 죽지 않고 하늘나라로 들려 올라간 이스라엘의 선지자이다. (왕상18:16-40; 왕하2:1-18)

45. 여호수아(Joshua) 이스라엘을 약속의 땅 가나안으로 인도하고 정복한 모세의 후계자이다. (수1:1-3; 3:1-17)

46. 예레미야(Jeremiah) 눈물의 선지자로 알려졌고 예레미야서의 저자이며 예루살렘 멸망 후에 슬픈 노래인 애가의 저자이다. (예레미야서)

47. 요나(Jonah) 하나님의 명령을 어기고 도망감으로 벌을 받고 뒤에 니느웨성으로 가서 니느웨(Nineveh) 성의 멸망을 예언함으로 그 성이 회개하게 한 선지자이다. (욘1장-3장)

48. 요나단(Jonathan) 사울 왕의 아들로 다윗과 가장 절친한 친구였다. (삼상14:1; 18:1)

49. 요셉(Joseph) 야곱이 가장 사랑한 아들, 이집트에 팔려가서 총리가 되고 뒤에 아버지와 형제들을 구원하고 이스라엘이 국가를 형성할 땅을 마련했다. (창37:3, 28; 45:7-11)

50. 요시아(Josiah) 성전 수축 중 모세의 율법 책을 발견하고 백성에게 읽어 듣도록

한, 남조 유다 제16대 왕이다. (대하34:1, 14-33)

51. 욥(Job) 동방의 의인으로 사탄의 시험을 잘 이기고 하나님의 축복을 배나 받은 사람이다. (욥1, 2, 40-42장)

52. 이브(Eve) 아담의 처이며 인류 최초의 여인이고 사탄의 시험에 넘어간 여인이다. (창2:22; 3:1-6; 4:1, 2; 딤전2:14)

53. 이사야(Isaiah) 예수의 처녀탄생, 영적 활동, 예수의 속성, 죽음과 세계 통치를 예언한 선지자이다. 이사야서 저자이다. (사7:14; 11:13; 53:1-12;2:2-4; 65:25)

54. 이삭(Issac) 아브라함의 약속의 아들이며, 야곱의 아버지이다. (창17:19; 25:21-26)

55. 이스마엘(Ishmael) 아브라함이 하갈에게서 얻은 첫 아들이다. (창16:15)

56. 카인(Cain) 아담의 첫 아들로 동생 아벨을 살해했다. 인류 최초의 살인자이다. (창4:1, 8)

57. 하갈(Hagar) 아브라함의 첩이고 이스마엘의 어머니이다. (창16:1-3, 15)

58. 한나(Hannah) 여호와 앞에 간절한 기도로 사무엘을 나실 인으로 얻었다. (삼상1:20)

59. 호세아(Hosea) 하나님의 명령으로 이스라엘의 영적 음란을 설명하기 위해 매춘부 고멜과 결혼한 북조 이스라엘의 선지자이다. (호1:2)

60. 히스기야(Hezekiah) 남조 유다 왕국의 제13대 왕으로 아시리아의 침공에서 하나님이 보호해 주셨다. (왕하 19장)

신약의 40인

1. 가야바(Caiaphas) 예수를 십자가에 못 박도록 선동한 악한 대제사장이며 후에 초대교회를 박해한 사람이다. (마26:3-5, 62-65; 행4:6, 7)

2. 고넬료(Cornelius) 카이사레아에 주둔한 로마군인 백부장으로 베드로를 초청했으며, 베드로의 전도로 그리스도에게 귀의(歸依)했다. (행10장)

3. 나다나엘(Nathanael) 바돌로매로 알려진 사람, 예수의 열두 제자 중 한사람이 되었다. (요1:45-51; 마10:3)

4. 나사로(Lazarus) 마리아와 마르다의 오라비이며 죽은 지 4일 된 나사로를 예수께서 베다니 무덤에서 살려낸 바로 그 사람이다. (요11장)

5. 누가(Luke) 바울과 전도여행을 같이한 신실한 의사로 신약의 누가복음과 사도행전의 저자이다. (행16:8, 10; 눅1:1-4; 행1:1)

6. 니고데모(Nicodemus) 유명한 바리세인이며, 선생이다. 밤중에 예수를 찾은 사람이며, 예수님 십자가에서 돌아가신 후 장례를 도운 사람이다. (요3:1-15; 19:39)

7. 도마(Thomas) 의심 많은 사도로 잘 알려진 사람이다. 부활하신 예수님을 만나기 전까지는 부활을 믿지 않았다. (요20:19-29)

8. 디도(Titus) 희랍(헬라)인으로 그레데 섬에서 사역했고 후에 바울의 편지(디도서)를 받는 가장 신실한 동역 자 이었다. (디도서)

9. 디모데(Timothy) 바울의 제자이며, 믿음의 아들이고 가장 신실한 동역자이다. 바울이 디모데를 사랑하여 두 번의 편지 즉 디모데 전 후서를 보냈다. (딤전1:2; 6:11; 딤후1:5)

10. 루디아(Lydia) 바울이 그리스(마케도니아)에서 처음 전도하여 기독교인이 된 여

인 사업가이다. (행16:14, 15)

11. 마가(Mark) 바나바의 사촌으로 제1차 전도여행에서 중도에 돌아갔으나 뒤에 돌아온 사람, 신약의 마가복음의 저자이다. (행13:13; 딤후4:11)

12. 마르다(Martha) 마리아의 언니, 오라비 나사로가 죽은 상황에서 예수께 믿음을 재확인했고, 나사로 다시 살아난 일의 증인이다. (요11장)

13. 마리아(Maria) 마르다의 동생으로 예수님 고난주간 전 안식일에 예수님 발에 귀한 향유를 부어 예수의 주검을 준비한 여인이며, 오라비 나사로의 다시 살아난 일의 증인이다. (눅10:39; 요11:43; 12:1-3)

14. 마리아, 막달라(Maria, Magdalene) 예수님이 구원해준 일곱 귀신 들린 여인으로 후에 예수의 부활을 제일 먼저 본 여인이다. (눅8:2; 요20:16)

15. 마리아, 예수의 어머니(Maria, mother of Jesus) 구세주를 탄생한 요셉의 처녀 아내이다. (눅1:26-38; 2:7)

16. 마태(Matthew) 가버나움의 세리 출신으로 예수의 제자로 부름을 받았다. 신약의 마태복음 저자이다. (마9:9; 10;3)

17. 바나바(Banabas) 좋은 교사요, 요한 마가의 사촌이며, 처음 안디옥에서 선교했고 후에 바울과 더불어 제1차 선교여행에 참여했다. (행4:36; 11:22-26; 13:1-3)

18. 바울(Paul) 선교사, 교회의 씨를 뿌린 사람, 영적 승리자, 신학자, 신약 27권 중 13권의 저자이다. (행13:2, 3; 20:17-21; 딤후4:6-8)

19. 베드로(Peter) 어부 출신으로 예수의 수제자가 된 사람, 예수를 3번 부인했고 예수님 승천 하신 후 예루살렘에서 오순절 집회의 설교자, 베드로 전후서 저자이다. (마4:18; 눅22:54-62; 행2:14-40)

20. 브리스길라(Priscilla) 남편 아굴라와 더불어 천막을 제조하는 업을 가진 사람들로 바울의 동역자이며 바울 사역을 신실하게 도운 사람들이다. (행18:1-3, 24-26; 롬16:3, 4)

21. 빌라도(Pilate) 유대 지방을 다스린 로마 총독으로 유대 지도자들의 압력으로 바라바를 석방하고 예수를 십자가에 못 박은 사람이다. (마27:2, 15-26)

22. 빌레몬(philemon) 사도 바울로부터 편지(빌레몬서)를 받은 사람, 도망한 종 오네시모를 용서하고 복귀시킨 사람이다. (빌레몬서)

23. 빌립, 사도(philip, the Apostle) 나다나엘을 예수께 인도한 사람으로 예수님의 열두 제자 중 한 사람이다. (요1:43; 마10:3)

24. 빌립, 전도자(Philip the Evangelist) 예루살렘 교회 일곱 집사 중 한사람이며 초대교회 가장 왕성한 복음 전도자였다. (행6:3-5; 8:6-8, 27-39)

25. 사가랴(Zacharias) 천사 가브리엘의 계시를 받은 대제사장으로 가브리엘을 통해서 세례 요한의 탄생을 전달 받았다. (눅1:5-25, 57-80)

26. 삭개오(Zacchaeus) 무화과나무에 올라가서 예수를 보려다가 부름을 받고 내려와 예수를 영접한 악덕 세리였다. (눅19:1-10)

27. 스데반(Stephen) 예루살렘교회의 7 집사 중 한 사람으로, 전도자로, 복음 때문에 잡혀서 돌에 맞아 순교한 사람으로 기독교 최초의 순교자이다. (행6장-7장)

28. 실라(Silas) 바울의 제2차 선교 여행 시 바울을 수행한 신실한 믿음의 동역 자 이었다. (행15:40)

29. 아나니아(Ananias) 다메섹에서 맹인이 된 바울을 인도하여 고쳐준 사람이며, 믿음으로 산 사람이다. (행9:10-18; 22:12-16)

30. 아볼로(Apollos) 이집트의 알렉산드리아 출신으로 에베소, 그리스, 고린도에서 전도하였으며 훌륭한 교사이었다. (행18:24-28; 고전1:12; 3:6)

31. 안드레, 사도(Andrew the Apostle) 어부였으나 사도가 되었고 형제 베드로를 예수께 인도했다. (막1:16; 마10:2; 요1:40-42)

32. 야고보, 사도(James the Apostle) 어부 출신이며 예수님이 사랑한 요한의 형제이고 열두 제자 중 최초의 순교자이다. (마4:21; 10:2; 행12:1, 2)

33. 야고보, 예수의 형제(James the brother of Jesus) 처음에는 예수의 부활을 믿지 않은 사람으로, 예루살렘 교회의 목회자, 신약의 야고보서 저자이다. (요7:3-5; 고전15:7; 행15:13; 21:17, 18; 약1:1)

34. 엘리사벳(Elizabeth) 대제사장 사가랴의 아내로 노년에 세례 요한을 낳았다. (눅1:5-7, 57-60)

35. 요셉(Joseph) 마리아의 남편, 선한 사람, 법적으로 예수의 아버지(신체적으로는 아님) 이다. (마1:18-35)

36. 요한, 사도(John the Apostle) 어부 출신, 야고보의 형제, 예수님이 사랑한 제자, 신약의 요한복음, 요한 1서, 2서, 3서 그리고 계시록의 저자이다. (마4:18-22; 계1:1)

37. 요한, 세례(John the Baptist) 엘리사벳이 노년에 낳은 기적과 같은 아들, 예수의 길을 예비한 사람, 세례를 베푼 사람, 헤롯 안티파스에게 순교를 당했다. (눅5-17; 요1:29; 마3:13-17; 14:1-11)

38. 유다, 가룟(Judas Iscariot) 은 30개에 그의 선생 예수를 대제사장에게 넘겨준 사람, 목메어 죽은 사람으로 세상에서 가장 불행한 사람이다. (요12:4, 5; 6:70, 71; 마26:14, 15; 27:5)

39. 헤롯 대왕(Herod the Great) 로마가 임명한 유대의 왕(37 B.C.–4 B.C.), 스룹바벨 성전을 재건축했다. 이 성전이 예수님 당시 예루살렘 성전이다. 베들레헴에서 영아를 살해한 사람이다. (마2장)

40. 헤롯 안티파스(Herod Antipas) 헤롯 대왕의 아들로 갈릴리지방 왕(6 A.D.–39 A.D.)이었다. 세례 요한을 죽였고 후에 고난 주간에 예수를 힐문(詰問)했다. (마14:10, 11; 눅23:10, 11)[2)]

2) "성경의 유명인사" 100명은 Rose books(2005). *Rose book of bible charts, maps, and time line.* Torrance, Ca: Rose Publishing. pp. 26–28의 자료에 따랐다.

성막(聖幕)과 성전(聖殿)

이스라엘 백성은 1446 B.C. 출애굽 하고 시내산에 도착하여 1445 B.C. 하나님의 명령으로 모세가 성막을 짓게 된다. 이스라엘 백성이 하나님의 성막을 지음으로 하나님과 만나는 장소를 갖게 된다. 그래서 회막(會幕)이라고 부르기도 한다. 그 후 오래도록 하나님의 법궤는 성막에 두어졌고 솔로몬이 960 B.C. 아름다운 성전을 지음으로 법궤는 성전 지성소에 모셔두게 된다. 성막은 485년 간 존속했었다.

성막(회막) 이 후에 예루살렘 성전은 3개가 있었다.

첫 째 성전은 솔로몬(Solomon) 성전
둘 째 성전은 스룹바벨(Zerubbabel) 성전
셋 째 성전은 헤롯(Herot) 성전 이다.

솔로몬 성전은 960 B.C. 완공되었고 유다가 멸망하는 586 B.C.에 예루살렘 성이 완전 파괴될 때 같이 불타 없어진다. 솔로몬 성전은 376년 간 존속한다.

이스라엘이 바빌로니아에 포로생활을 하고 바빌로니아 멸망 후 나타난 페르시아 시대 스룹바벨이 예루살렘에 귀환하여 516 B.C.에 스룹바벨 성전을 준공하게 되며 솔로몬의 성전이 파괴된 후 70년 만에 다시 예루살렘에 성전이 세워진 것이다. 이 70년이 포로생활 70년을 의미한다고 보아도 좋다. 스룹바벨 성전은 20 B.C. 헤롯성전으로 재건축되기 시작한다. 스룹바벨 성전은 496년 간 이스라엘 백성과 같이하였다.

헤롯 대왕은 스룹바벨 성전을 완전 재건축한 모양이다. 무척아름다웠다는 것이 일반적인 평이다. 헤롯 대왕은 20 B.C. 스룹바벨 성전을 재건축하기 시작하여 63 A.D. 완공 했으나 유대전쟁의 결과로 70 A.D.에 로마군대에 의해 완전 파괴되어버린다.

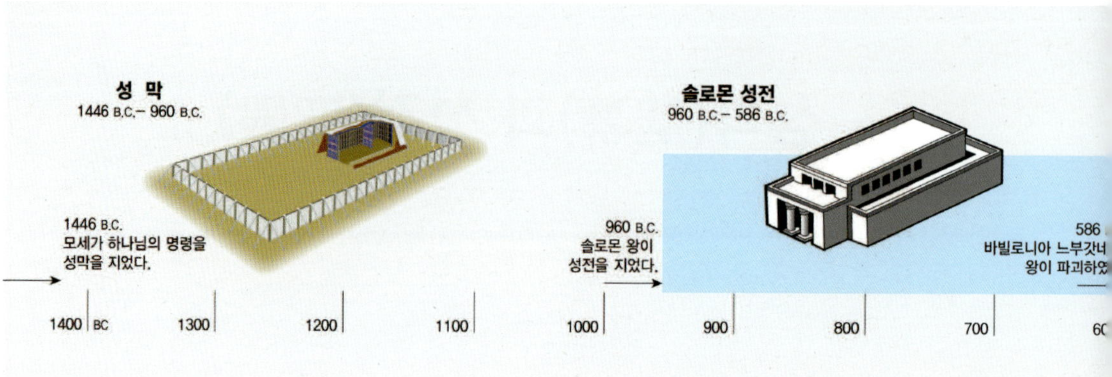

이 성전은 재건축으로부터 90년 간 존속되었다. 이것으로 이스라엘의 성전은 사라져 버린다.

진정한 성전은 예수 그리스도이시다(요2:21). 예수는 성전보다 더 큰이시다(마12:6). 눈에 보이는 성전이 아니요 영적성전 즉 하늘나라의 하나님과 어린양의 성전(계21:22)이 있고 하나님은 그 백성 사이에 거하시게 될 것이다(계21:2, 3). 바울 사도는 우리 몸이 성령의 전이라고 고린도 교인들에게 편지 한다(고전3:16; 6:19). 우리 성도가 성전이다(요14:16, 17; 엡2:21). 우리가 성전 된 것은 그리스도의 희생으로 단번에 구원을 얻게 하시고 죄와 사탄의 지배에서 해방되어 그리스도의 의의 종이 됨으로 이루어진 것이다(마20:28; 롬6:18; 골1:13).

■ 광야시대 성막

광야(廣野) 시대 성막(tabernacle, tent)은 출애굽 한 이스라엘 백성을 하나님이 인도하시고 그 지배아래 있는 백성에게 생명의 약속을 베푸시는 곳이다. 모세는 1445 B.C. 하나님의 지시로 시내산 근처에서 성막(회막)을 짓는다. 그림 1을 참조하여 그 평면을 이해하기 바란다.

광야를 이동해야하는 이스라엘 백성은 이동 할 때 마다 성막도 이동해야하기 때문에 분해와 조립이 쉽게 설계되었다. 법궤는 광야 40년 여정의 이스라엘의 중심에 있었으며

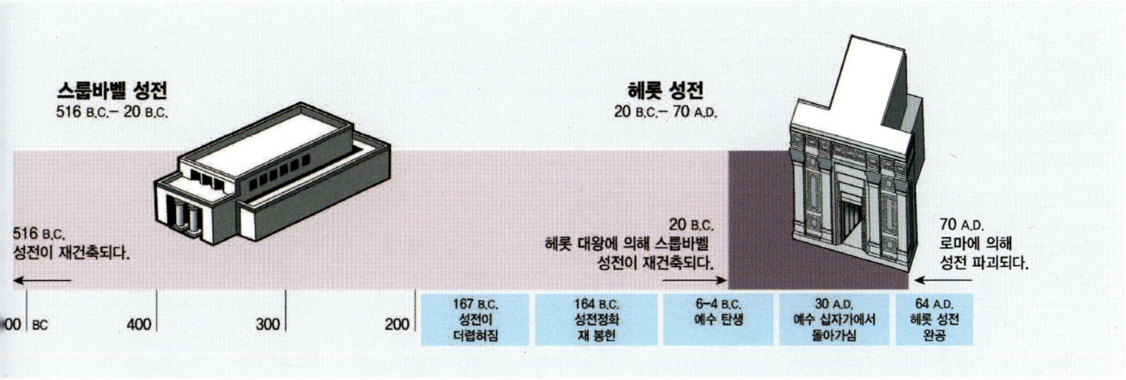

백성을 인도하시는 하나님과 백성이 만나는 장소였다. 이스라엘 백성은 성막을 중심으로 동서남북에 진영을 설치하고 숙영과 이동을 하였다.

1. 성막의 규모와 재료

성막을 이루는 대강을 살펴 두기로 한다.

성막의 크기는 길이가 30큐빗(13.68m), 너비가 10큐빗(4.56m)이며 길이의 10큐빗(4.56m)은 지성소이고 나머지 20큐빗(9.12m)은 성소이다. 성소와 지성소 사이는 휘장으로 나누어진다.

휘장은 청색 자색 홍색 실과 가늘게 꼰 베 실로 짜서 만들고 그 위에 그룹들을 정교하게 수놓으며 조각목으로 만든 4개의 기둥을 금으로 싸서 은(銀) 바침 위에 세우고 금 갈고리를 네 기둥 위에 늘어뜨리고 휘장을 단다.

성막 문은 기둥 5개를 세우고 청색, 자색 홍색 실과 가늘게 꼰 베 실로 짜서 만들고 수놓으며 기둥은 금으로 싸고 받침은 놋으로 만든다(출26:31–37).

성막본체는 조각목 널판, 띠, 기둥, 은 받침 등의 자료로 만든다(출26:15–30).

성막을 덮는 천막은 3중으로 치는데 성막 안쪽부터 제1앙장(仰帳 출26:1–6; 출36:8–13), 제2앙장(출26:7–13; 36:14–18), 3앙장(출26:14; 36:19)을 덮는다.

제1앙장은 가늘게 꼰 베실과 청색 자색 홍색실로 그룹을 수놓은 휘장이고 제2앙장은 염소 털로 만들고, 제3앙장은 붉은 물을 들인 숫양 가죽과 해달의 가죽으로 만든다.

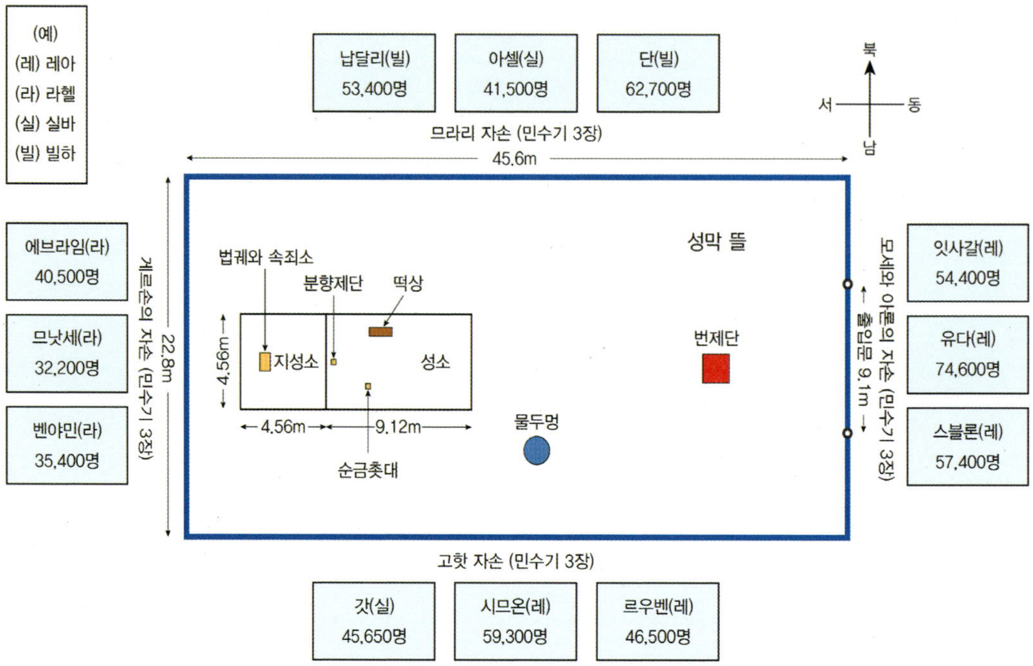

그림 1 성막평면도와 열두지파 배치

2. 성막에 비치한 성물

1) 법 궤

성전에서 가장 중요한 부분이 법궤(증거궤, 언약궤)이다. 모세는 하나님이 지시한 대로 법궤를 만들었다(출37:1-5; 법궤 만드는 규례; 출25:10-16). 법궤는 지성소에 둔다.

법궤를 만드는 재료는 조각목이며 궤를 조각목으로 짜고 순금으로 뒤집어씌운다. 법궤의 규격은 길이 2.5 큐빗(114cm), 너비 1.5 큐빗(68.4cm), 높이 1.5 큐빗(68.4cm)이다. 법궤에는 장식을 다는데 금 고리 4개는 4발에 단다. 들기 위한 채 2개는 조각목으로 만들고 정금(正金)으로 씌운다.

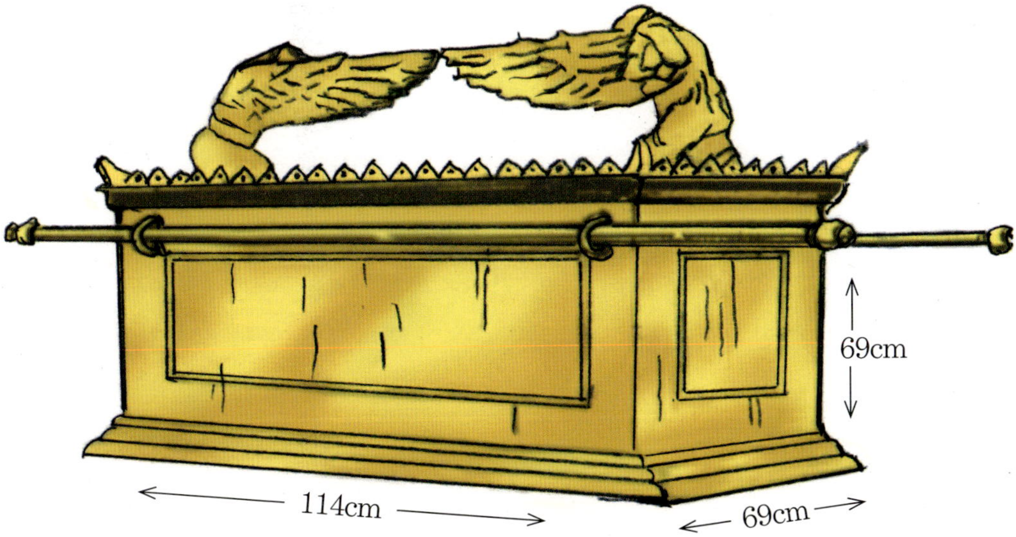

그림 2 법궤와 속죄소

2) 기타 성물들

성막과 성전의 기물은 법궤 외에 속죄소, 분향 제단, 떡 상, 순금 촛대, 놋 번제단, 물두멍과 그 받침 등이 있다.

지성소(至聖所)에 안치한 성물은

① 법궤(출25:10-16; 37:1-5), ② 속죄소(출25:17-22; 37:6-9)이다.

성소(聖所)에 안치된 성물은

① 분향(焚香) 제단(출30:1-10; 37:25-29), ② 떡 상(출25:23-30; 37:10-16),
③ 순금 촛대(출25:31-40; 37:17-24)이다.

성전 뜰에는

① 롯 번제단(출27:1-8; 38:1-7), ② 물두멍(출30:17-21; 38;8)이 배치된다.

3. 성막의 뜰

하나님이 지시하신 설계도대로 성막 뜰의 울타리를 만들었다(출38:9-20; 성막 울타리 만드는 규례; 출27:9-19). 이 울타리가 성막 뜰의 넓이가 된다.

성막 뜰의 울타리 재료는 세마포, 놋과 은으로 만들고, 울타리의 규격은 남쪽과 북쪽에 각 100 큐빗(45.6m), 서쪽과 동쪽은 각 50 큐빗(22.8m) 동쪽에는 문을 내는데 문은 20 큐빗(9.12m)이고 문 양쪽이 각 1.5 큐빗(68.4cm) 너비의 휘장이 있고 울타리 높이는 5 큐빗(2.28m)이다(출39:32-43).

성막 뜰의 장식은 남쪽과 북쪽 각각 기둥 20개, 놋 받침 20개, 기둥의 갈고리와 가름대는 은으로 만든다. 서쪽 기둥 10개, 놋 받침 10개, 기둥의 갈고리와 가름대를 은으로 만든다. 동쪽 문의 폭은 20 큐빗 이고 문 좌우에 기둥 3개씩, 받침 3개씩이 있고 휘장 문은 청색 자색 홍색 실과 가늘게 꼰 베 실로 수놓아 짰다.

■ 솔로몬 성전

성전 건축의 시작은 솔로몬 4년 시브월(유대력 2월, 양력 4, 5월)인데 이해는 966 B.C. 이다. 1446 B.C. 출애굽 하여 광야생활 40년, 가나안 정복기 16년, 사사시대 340년, 사울 통치기간 40년, 다윗 통치기간 40년, 솔로몬 왕위에 오른지 4년 모두 합하면 480년이 된다. 480년 동안 하나님의 전은 성막으로 존재해 있었다. 솔로몬의 성전이 건축됨으로 하나님의 전이 돌, 백향목, 잣나무, 금과 은 기타 금속을 사용한 아름다운 전으로 마련되었다(대하3:1, 2; 왕상6:1).

1. 솔로몬 성전의 터와 준비

솔로몬이 건축한 성전(聖殿)터는 아브라함이 이삭을 드렸던 모리아산(창22:2, 14)이며 그곳이 바로 오르난의 타작마당(대상22:1)이고 다윗에게 하나님이 나타나신 곳이다. 예루살렘에서 제일 높은 곳이 성전 산이고 그 보다 낮은 남쪽에 다윗성이 있다.

다윗 왕은 성전을 건축하여 법궤를 모시고자 했으나 다윗 왕은 피를 많이 흘렸기 때문에 하나님은 허락하지 않으셨다. 그러나 다윗은 성전 지을 마음만 가지고도 넘치는 복을 받았다. 다윗왕은 죽기 전에 성전을 지을 재료와 자금을 많이 저축하여 솔로몬 왕으로 성전을 건축 할 수 있도록 철저히 준비하였다(삼하:1-17).

솔로몬왕은 두로 왕 히람의 지원을 받아 레바논의 백향목, 잣나무 등 목재와 롯과 목재를 다루는 기술 지원을 받아(왕상5:1-12) 예루살렘에 아름다운 성전을 건축했다.

레바논에서 목재를 채취하는 일꾼은 30,000명이고 이들이 1만 명씩 1개월씩 교대해서 레바논에 가서 일하며 총감독은 아도니람 이다, 짐꾼은 7만 명, 산에서 돌을 뜨는 석공이 8만 명, 감독관이 3천 명이었으며 솔로몬의 건축전문가, 히람이 이끄는 전문가, 그발 인들의 돌 전문가 등이 동원되어 예루살렘 성전이 건축된다. 이방인도 참여한 건축공사이다(왕상5:13-18).

2. 솔로몬 성전의 규모

솔로몬이 건축한 성전의 규모와 구조는 다음과 같다(왕상 6:2-10)

성전 본전: 성전의 길이는 60 큐빗(27.36m), 너비는 20 큐빗(9.12m), 높이는 30 큐빗(13.68m)이다. 성막보다 길이와 너비는 2배, 넓이는 4배가 된다.

성막과 성전은 동편을 향한다. 주랑, 성소, 지성소를 배치한다. 성막과 다른 점은 성전은 넓이가 4배가 되고 주랑과 창틀이 설치되어 있는 점이다.

성소의 주랑: 너비는 성전과 같은 20 큐빗(9.10m), 길이는 성전 앞에서 부터 10 큐빗(4.56m)이다.[3)]

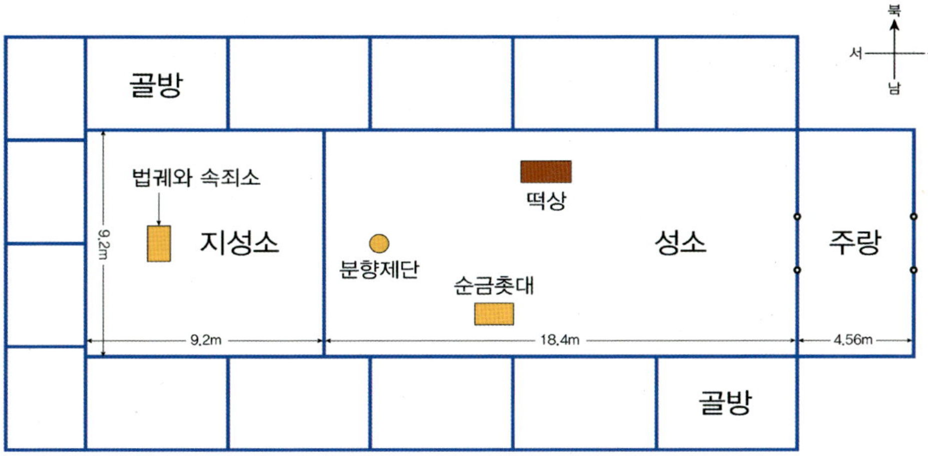

그림 3 솔로몬성전 평면도

3) 1 큐빗은 약 45.6cm이다(창6:15).

성전의 골방: 솔로몬성전의 골방은 모두 30개이다(겔41:6). 제사장과 레위 인이 잠을 자며 성소에서 봉사하고, 제물을 먹는 곳이기도 하다. 또 지성 물을 보관하기도 한다. 골방은 3층 구조이며 나선형 사다리를 이용한다. 골방의 높이는 5 큐빗(2.28m)이다.

성전건축방법: 성전건축은 돌을 규격에 맞게 다른 장소에서 다듬어 가져옴으로 성전에서 철 연장 소리가 나지 않도록 하였다.

■ 스룹바벨 성전(聖殿)

유다 백성이 바빌로니아에 1차 포수되어 간 것은 605 B.C.(왕24:10-17)이며 1차 귀환은 538 B.C.에 이루어진다(스1:5-11). 1차 귀환 시 지도자는 스룹바벨, 예수아, 느헤미야, 스라야, 르엘라야, 모르드개, 빌산, 미스발, 비그왜, 르훔과 바아나 등 10명이다(스2:1, 2).

이들이 돌아와서 3개월 후에 솔로몬 성전 마당에 번제 단을 쌓고 번제를 드렸다. 그 터는 불타 없어진 성전 터이고 폐허위에서 번제를 드리고 7월의 절기를 지키게 된다(스3:1-7). 초라한 절기지킴은 포로에서 귀향한 사람들로서는 할 수 없는 일이지만 스룹바벨 등 지도자는 이를 통해서 민족의 동질성 확보와 하나님을 아버지로 모시는 백성이 자존감을 갖게 하는 계기가 되었을 것이다.

스룹바벨 성전의 건축 과정을 먼저 살펴두도록 한다.

* 536 B.C. 제2 성전(스룹바벨 성전) 건축을 시작하다.
* 530 B.C. 제2 성전(스룹바벨 성전) 건축이 중단되다.
* 520 B.C. 또는 519 B.C. 학개와 스가랴 선지자의 독려와 다리오 왕의 허가로로 제2 성전(스룹바벨 성전) 건축을 재개하다.
* 516 B.C. 제2 성전(스룹바벨 성전)이 준공되어 봉헌된다.

1. 스룹바벨 성전의 건축시작과 중단

페르시아에서 귀향한 스룹바벨과 예수아가 일어나 성전공사를 시작하고 레위 인들로 공사를 감독하게 하였다. 성전 기초를 놓을 때 제사장들이 예복을 입고 나팔을 불고 제금(提琴)을 치고 여호와를 찬양하였다. 그러나 나이 들어 옛 성전을 아는 사람들에게는 기가 막히는 일이었다. 그 화려한 성전은 무너져 없어지고 지금 주위의 많은 대적하는 사람들 때문에 두려운 가운데 이 초라한 성전의 초석을 놓는다. 그러나 젊은 백성들은 찬양을 부르니 이 소리가 울음소리와 섞여서 두 소리가 분별 되지 않았다고 성경은 기록 한다.

당시 사마리아에는 이방 이주민이 살았고 그 정치적 지도자들도 유다에 적대적인 사람들이었다. 그들은 메소포타미아 및 아람 사람들로 아시리아의 정책적 이민자들이었다. 이들은 자기들의 신도 섬기고 하나님도 토속 신으로 섬기는 종교적 혼합주의 자들이었다. 이들이 예루살렘 성전 짓는 일에 동참하자고 나선 것이다. 이는 일을 방해하기 위한 술책에 불과하였다. 그들은 관리를 매수하고 왕에게 고발장을 보내 왕으로 일을 중단하도록 하는 술책을 썼다. 그래서 에스라는 이들을 대적이라 하였다(스4:1–6).

당시 사마리아 장관인 르훔과 왕의 서기관 심재가 모함하여 페르시아 왕 아닥사스다가 530 B.C. 성전 공사를 중단하게 하였다(스4:7–16).

2. 스룹바벨 성전의 건축 재개와 완공

성전 재건은 10여 년간 중단되고 스룹바벨 등 지도자들은 좌절 했고 처음 열의는 사라졌다. 그러나 이때 선지자 학개와 스가랴가 일어나서 백성을 꾸짖었고 하나님의 말씀을 들은 스룹바벨과 예수아가 다시 일어나서(학1:14) 성전 건축을 재개하였다(스5:1–5).

새로 등극한 페르시아 다리오 왕은 초대 왕 고레스 칙령(스1:5–11)을 확인하고 그 칙령을 존중할 뿐 아니라 유프라테스 강 서쪽 총독인 닷드네에게 성전 지을 경비를 지불 하고, 도와주고, 하나님께 드릴 번제의 수송아지와 숫양과 어린 양을 주고 또 소제에 필요한 밀과 소금과 포도주와 기름을 예루살렘 제사장의 요구대로 주라고 하였다.

학개와 스가랴의 질책과 하나님의 말씀을 듣고 스룹바벨과 예수아가 담대히 나선 것은 이처럼 다리오의 조서로 연계(스6:1–12) 되어서 성전 공사를 재개하게 된다..

다리오의 조서는 닷드네에 의해 신속히 이루어지고 학개와 스가랴의 권고를 따라서 행함으로 성전 건축이 잘 이루어졌다. 다리오. 2년(520 B.C. 또는 519 B.C.)에 재개된 공사가 다리오 왕 6년(516 B.C.)에 완공되었다.

성전 완공과 봉헌식을 드리는 백성들은 얼마나 감격했겠는가? 수소 100마리와 숫양 200마리와 어린 양 400마리를 드리고 또 이스라엘 지파의 수를 따라 숫염소 12마리로 이스라엘 전체를 위하여 속죄제를 드렸다. 솔로몬이 성전 봉헌 할 때 드린 제물 수소 22,000마리, 양 120,000마리에 비하면 얼마나 초라한가? 그러나 귀향 민에게 있어 이런 제물은 솔로몬의 제물에 못지않은 의미가 있다. 제사장 24 반열을 따라 제사를 드리고 하나님께 영광을 돌렸다(스6:13-18).

■ 헤롯 성전

제정 로마 황제는 37 A.D. 헤롯을 유대 왕으로 세운다. 헤롯은 로마의 대리 통치자로 유대를 다스린다. 이방인 이두매 출신의 헤롯 대왕은 유대인들에 유화 정책을 펴기 위해서 건축한지 이미 오래된 스룹바벨성전을 재건축하게 된다. 솔로몬의 성전은 다윗이 준비하고 솔로몬이 정성을 다해 건축한 하나님이 기뻐하신 성전이었다.

스룹바벨 성전은 포로에서 풀려난 귀향민이 눈물로 지은 성전이며 자신들이 가지고 있는 것을 헌물로 바쳐 지은 성전이다. 하나님을 향한 믿음의 결정체 이었다.

그러나 헤롯 대왕의 경우는 다르다. 이는 이방인이며 잔혹하고, 로마의 주구로서 유다백성을 착취하는 무리이었다. 그가 유대인의 인심을 얻기 위해 스룹바벨 성전을 재건축하려했으니 신앙심이나 하나님에 대한 사랑에서 연유한 것이 아니다. 그래서 이 성전은 건축물로서는 의미가 있으나 영적의미는 갖지 못한다. 따라서 이 성전은 스룹바벨의 성전의 연장선상에서 이해하는 것이 좋겠다.

헤롯 대왕은 20 B.C. 스룹바벨 성전을 해체하여 재건축하기 시작한다. 기본 형태는 9년여에 걸쳐 완성되었으나 점진적으로 세부 공사를 진행하여 63년경 A.D. 에야 완공하게 된다. 예수님 당시에도 완공된 성전은 아니었다. 더 놀라운 일은 성전 완공 7년 뒤 70 A.D. 유대항전을 진압한 로마에 의해 예루살렘이 완전 파괴될 때 이 성전도 불타 없어진다. 현재에도 잔재로서 서쪽 성벽만 남아 우리에게 "통곡의 벽"으로 알려져 있다.

헤롯의 성전이 파괴되고 그 후에 예루살렘에 성전은 존재하지 않는다. 그러나 예수님이 오심으로 그 분이 성전이며 영광스럽게도 우리 자신도 성전임을 성경은 증언한다(요14:16, 17; 고전3:16; 6:19; 엡2:21).

바울 사도는 제2차 선교여행을 할 때 아덴의 아레오바고 광장에서 스토아 철학자들과 에피큐러스 철학자들과 변론을 통해 "하나님은 인간의 손으로 지은 전(殿)에 계시지 않음”(행17:24)을 분명히 밝힌다.

헤롯 성전은 그림 4에서 대강을 이해하기 바라며 그 평면구조는 그림 9(187면)에서 확인하고 예수님의 예루살렘 행적 역시 이 성전평면도를 살피며 이해하기 바란다.

그림 4 헤롯 성전

자료: “Wikimedia Commons, 자유로운 미디어 저장소”
File:19 Shrine of the Book 005.jpg

이스라엘의 지형과 기후

성경을 이해하는 데 가장 중요한 것은 성경이 기록된 배경을 이해하는 것이다. 그 배경에는 공간적 특성 즉 지질, 지형, 지정학적 조건, 기후 그리고 이런 조건에 따라서 농업이나 목축업의 양상 등이다.

성경이 기록된 무대(공간)는 우리가 사는 공간과 다르다. 그러나 우리는 대부분 우리 환경에서 팔레스타인(Palestine)을 이해하려 한다. 그래서 개념의 오류가 생기게 된다. 따라서 그곳의 무대, 배우들, 연극의 전개 즉 역사의 흐름을 이해하고 성경을 읽어야 비로써 그 맥락을 이해하게 될 것이다.

우리가 성경을 이해하는데 있어서 어려움을 겪는 것은 성경의 내용이 우리 환경과 다른 데서 오는 환경, 문화의 차이이다. 성경을 제대로 이해하기위해서 팔레스타인의 지리와 기후를 먼저 이해해 두는 것이 좋을 것이다.

■ 이스라엘의 지형과 기후 개관

1. 이스라엘의 지형

먼저 팔레스타인의 지형을 종으로 나누어 보도록 한다. 지도 1에서 보는 바와 같이 팔레스타인은 지중해 쪽으로 평야가 발달해 있고 가운데 요단 계곡(요단 지구대)이 남북으로 뻗어있으며 평야와 계곡 사이에 산지가 존재한다. 이곳이 성경 역사의 주 무대가 된다. 그리고 요단 계곡 동쪽으로 고원지대가 형성되어있고 그 동쪽에 시리아-아라비아 사막이 전개된다.

팔레스타인 땅을 남북으로 보면 북부에 갈릴리지역, 중부에 사마리아 지역이고 남부가 유다 지방이 된다. 각 지역에 종으로 본 지형 특색이 다 존재하기 때문에 이를 개관해 두기로 한다. 지도 1을 참조하여 살펴보도록 한다.

첫째, 지중해 해안으로는 평야가 발달해 있다.

해안평야는 북쪽 두로 지방까지 뻗어 있는데 북쪽은 그 폭은 5km 정도로 좁으나 남쪽 가사(가자) 지역에서는 폭이 40km 정도로 발달해 있다.

해안평야는 남북으로 삼등분할 수 있고 북부(갈릴리) 지역(지도 4 참조)은 악고 평야에서 갈멜 산까지 거리는 32km에 이른다. 그 폭은 북쪽이 5km인데 남쪽으로 내려오면서 16km까지 넓어진다. 이 북부 평야의 중요도시는 악고 이다.

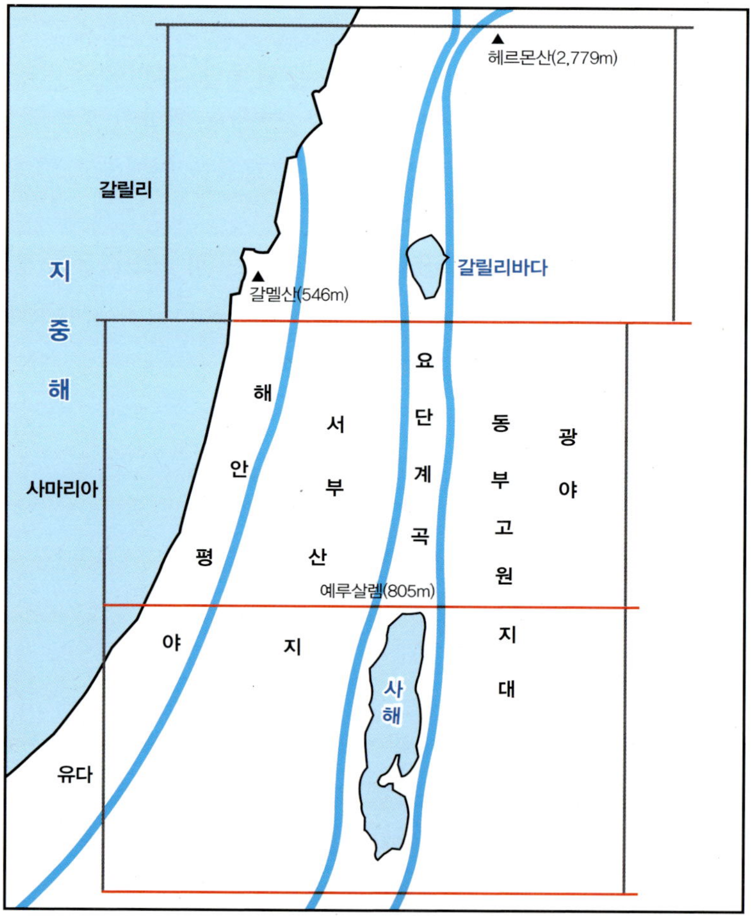

지도 1 팔레스타인의 지형

중부(사마리아) 지역(지도 3 참조)은 샤론이라고 하며 갈멜 산에서 남쪽은 대체로 아르콘 강까지 80km에 이른다. 이 중부 평야의 폭은 10~18km로 다양하다. 이 평야 남쪽의 성읍 욥바는 예루살렘으로 통하는 고대 항구였으나 빈약했던 것 같다.

남부(유다) 지방(지도 2 참조)의 평야는 블레셋 평야라 하며 남북 길이가 112km에 달한다. 그 폭은 남쪽 브엘세바에 이르러서 40km나 넓어진다. 이 평야 안에 제일 남쪽에 블레셋 성읍 가사(가자)가 있고 이 성읍은 가장 중요한 성읍이었다. 그 북쪽에 아스클론과 아스돗이 있고, 셰펠라지역에 있는 가드와 에글론을 합쳐 블레셋을 형성한 5대 성읍이다. 이들은 계속 고대 이스라엘을 괴롭힌 세력이다.

둘째, 갈릴리 바다와 사해 그 사이를 흐르는 요단강을 중심으로 서쪽은 산지이다.

서부 산지는 성경 역사에서 가장 중요한 곳이다. 갈릴리, 사마리아, 유대 지역에 산재한 산들과 계곡에서 신구약의 역사가 전개되었다. 특히 예수님 사역에서 중요한 의미가 있는 곳이다.

유대 지역은 구릉이 산재해 있지만, 사마리아 지역은 작은 산들이 드문드문 흩어져있고, 갈릴리 산들은 남쪽에서 북쪽으로 갈수록 높아진다.

북부 갈릴리 지역의 서쪽은 해안평야, 북부지역을 보면, 두로 북쪽의 니타니강, 동쪽은 요단 계곡, 남쪽은 이스르엘 골짜기를 경계로 한다. 갈릴리지방에는 적당한 강우량이 있고 땅도 비옥하여 농업과 목축에 적당하다. 해안대로는 갈릴리 바다를 거쳐 다메섹으로 나아간다. 교통의 요충지였다.

중부 사마리아 지역의 북쪽은 이스르엘 계곡, 남쪽은 장인들의 골짜기(the Valley of the Craftsmen, 느11:35)와 아얄론 골짜기에서 벧엘까지, 더 나아가 여리고까지 이른다. 동쪽은 요단 계곡, 서쪽은 샤론 평야가 경계이다.

사마리아 지역은 올리브, 밀, 보리, 포도 재배에 충분한 강우와 토양을 갖추고 있다. 목축에도 적지이었다. 사마리아 지역에 세겜, 디르사, 예루살렘 북쪽 56km 지점에 있는 작은 산 위에 세워진 성(城) 사마리아가 있다. 이 지역에 에발 산(해발 930m)과 그리심 산(해발 870m)이 있고, 그 중간에 세겜이 있는데 여기서 여호수아는 고별 연설을 했었다(수24:1).

남부 유대 지방은 벧엘에서 브엘세바까지 96km가 되며 평균 고도는 600-900m이다. 유대산지의 서쪽은 셰펠라 지역에 접하고 동쪽은 요단 계곡까지이다. 요단 계곡과 유대 산지 사이는 무척 험해서 통행하기 어렵고 도로는 고원지대에 열려 남북으로 연결하는 도로가 발달해있다. 그래서 벧엘 – 미스바 – 기브아 – 예루살렘 – 베들레헴 – 헤브론 – 브엘세바로 연결되는 족장의 길이 열린다.

예루살렘 바로 동쪽에 유대 산지의 분수령이 있고 그 동쪽은 완전한 사막이다. 성경에 기록된 광야이다. 유대광야에서 요단 계곡으로는 아주 급한 경사여서 비가와도 곧 흘러내려 가고 모이지 않는다. 동쪽으로 갈수록 강우량은 적어진다. 예루살렘 동쪽 10km 지점의 강우량은 300mm 정도이지만 사해 근처에서는 50–100mm 정도의 강우만이 내린다. 이마저도 빠르게 흘러내려 사막이 형성되었다.

셋째, 갈릴리 바다와 사해 그리고 요단강을 중심으로 계곡이 형성되어 있다.

이 계곡은 헤르몬산에서 홍해 아카바만까지 483km에 이르는 깊게 함몰되어있는 골짜기(지구대)로 폭이 16km이며 사해에서는 해저 390m까지 깊이 내려간다. 계곡 양편에는 절벽에 가까운 가파른 산들이 있다. 이산들이 900m까지 높이 솟아 있어서 통행이 어렵고 양안(兩岸)을 가르는 경계로 부족함이 없다. 동서에서 쉽게 요단강을 건널 수 있도록 허용하지 않는다. 그래서 요단 동쪽이 트랜스 요르단(뜻; 요단 건너편)이 한 지역으로 형성된다.

요단 계곡 북쪽 끝에 헤르몬산이 해발 2,770m로 우뚝 솟아있고, 요단강의 물은 대부분 헤르몬산(강우량은 1,,524mm)에서 발원하며 24km 남쪽의 훌레 호수(해발 66m)로 흘러들어 가고 하솔은 훌레 호수 남서쪽에 있으며 이 지방 중요 성읍이다. 가나안 정복 당시 하솔이 이 지역의 가장 큰 도시였다. 훌레 호수 16km 남쪽에서 요단강이 갈릴리 바다(=긴네렛 호수 민34:11; 신3:17; 수12:3, 13:27; 게네사렛 바다 눅5:1; 디베랴 바다 요6:1)로 흘러들어 간다.

갈릴리 바다의 면적은 클 때 길이 약 21km, 폭이 약 11km나 되며 그 넓이는 165㎢이다. 갈릴리 바다의 수면은 해수면보다 200~213m 낮다. 따라서 훌레 호수에서 흘러드는 요단강은 급류를 이루게 된다.

갈릴리 바다와 사해의 직선거리는 104km이나 강의 길이는 320km나 된다(한정건, 신득일 역. 1999 p.39). 이 구간의 요단강의 폭은 27~30m이지만 홍수 철에는 더 넓어진다.

요단 동쪽에서 요단강으로 흘러드는 강은 야르므크 강과 얍복 강이 있다. 사해의 수면은 길이 80km, 폭이 약 18km이며 해수면은 해발–400m이다. 따라서 세계에서 제일 낮은 바다 수면이 될 것이다. 사해 동안(東岸)의 알리산반도(뜻 혀)를 분기로 북쪽 바다가 더 깊어 수심 390m에 이르고 남쪽 바다는 낮아서 평균 수심이 6m에 이른다. 사해 남쪽으로 전개된 협곡을 아라바라고 한다. 이 협곡은 최남단에 홍해 아카바만에 에시온게벨이 있고 이는 매우 중요한 항구도시이다. 협곡 양 기슭은 바닥에서 217m 나 솟아 있으니 이 역시 장벽이 될 것이다.

넷째, 요단강 동쪽으로는 고원지대(高原地帶)가 형성되어 있다. 그리고 그 동쪽으로 아라비아 사막이 넓게 존재한다.

트랜스 요르단(Trans Jordan)은 요단강 동쪽의 땅으로 종으로 보면 요단 동편의 고원지대가 있고 그 밖 동쪽에 시리아-아라비아사막이 존재한다. 남북을 나누어 보면 제일 북쪽에 바산 지역 즉 헤르몬산과 하우란 산에서 야르므크 강까지 약 56km이고 다음 길르앗 지방 즉 야르므크 강에서 얍복 강 사이로 56km, 모압 지방은 얍복 강에서 사해 남단의 세렛 강 사이 128km, 제일 남쪽에 에돔 즉 세렛 강에서 홍해 아카바만까지 160km의 지역으로 나누어진다.

바산 지방은 트랜스 요르단 중 강우량이 가장 많다. 그 넓이가 112㎢이고 땅이 비옥하여 고대 레바논의 곡창지대이었다. 이 고원지대(高原地帶)는 해발 210-480m에 이른다. 북쪽으로 갈수록 더 높아진다. 헤르몬 산의 높이는 해발 2,815m이니 북고남저(北高南低)로 강의 흐름이 북에서 남으로 이어진다.

길르앗 지방은 해발 600-1,200m의 고원지대이며 강우량은 약 760mm로 사람이 살 수 있는 지역은 제한되어있다.

모압과 암몬 지역의 모압 고원은 폭이 32-48km에 이르고 강우량도 곡물을 생산하기에 적절하다. 이곳에 있는 느보산의 고도는 802m이다.

에돔은 최남단에 있지만 북부에 있는 바산, 길르앗, 모압 보다도 더 산악지대이며 고도가 1,500m가 넘는 경우가 많다. 에돔 지역 남부에는 강우량이 극히 적지만 북부는 400-500mm의 강우를 보여 농업이 가능했고 광업과 대상(隊商)에게 부과하는 통상과 세로 재정이 충당되었다. 이스라엘 왕국시대 에돔의 수도는 셀라(뜻 바위, 요새였다)였으며 후에 이름이 패트라로 바뀌었다. 우리에게는 페트라로 더 잘 알려졌다. 셀라와 페트라를 서로 다른 성읍으로 보는 입장도 있다.

2. 이스라엘의 기후 개관

1) 이스라엘의 기후 특성

첫째, 북쪽은 비가 많고 남쪽은 건조하다.

둘째, 서쪽은 비가 많고 동쪽은 건조하다.

셋째, 고지대는 비가 많고 저지대는 건조한 기후이다.

2) 바람과 비의 관계

첫째, 아라비아 광야에서 불어오는 동남풍은 건조하여 비가 없다.
둘째, 지중해에서 불어오는 서북풍은 비를 가져온다.

3) 우기와 건기

첫째, 이스라엘의 우기는 태양력으로 10, 11월에 이른 비로 시작한다.
둘째, 이스라엘의 우기는 태양력으로 3, 4월 늦은 비로 끝난다.
셋째, 이른 비와 늦은 비 사이가 겨울 우기이다.

4) 기 후

팔레스타인은 위도 상으로 보면 북위 30도에서 34도 안에 있고 기후는 온화한 편이다. 겨울 가장 추울 때가 1월로 평균 기온 예루살렘과 요단 계곡이 12℃ 정도이고 8월이 가장 따뜻한 계절로 예루살렘이 22-26℃, 해안평야가 24-26℃, 요단 계곡이 28-34℃라고 한다.

■ 팔레스타인의 지리적 특성

이스라엘의 땅을 가르쳐 팔레스타인이라고 부르며 이 땅 지리의 대강을 이해하면 성경에 나오는 지명이나 공간적 이해가 무척 쉬워질 것이다. 이 땅을 나누는 방법은 여러 가지가 있겠으나 쉽게 이해하는 방법으로 앞 1항에서 이미 언급한 바와 같이 종적으로 지질의 특성을 보았고 이를 다시 남북으로 삼등분하여 남부 유다, 중부 사마리아, 북부 갈릴리로 나누고 요단 동쪽을 트랜스 요르단이라 하면 크게 4대 지역으로 나눌 수 있다. 즉

1. 남부의 유다(유대) 지방
2. 중부의 이스라엘과 사마리아 지방
3. 북부 갈릴리 지방
4. 요단 동쪽의 트랜스 요르단(Trans Jordan) 지방이다.

4대 지역의 지리적 특성을 보면 다음과 같다.

1. 남부의 유다(유대) 지방

남부 유다지방은 유다 왕국의 땅으로 6개 영역으로 나눌 수 있다.

제일 남쪽에 네게브가 있고 사해와 지중해 사이에 사해 쪽으로 유다 광야, 지중해 쪽으로 블레셋 해안평야가 있고 그 중간에 유다 산지가 있고 유다 산지와 해안평야 사이 약간 남쪽으로 셰펠라 지역이 있다. 베냐민의 땅은 이 남부 유다 지방에서 제일 북쪽에 위치한다. 지도 2를 참조한다. 지도 2에서 북쪽으로 벤야민의 땅이 있고 그 남쪽에 네게브 지방이 있다.

1) 유다 산지(The Hill Country of Judah)
2) 셰펠라(The Shephelah) 지역
3) 블레셋 해안평야(The Philistine Coastal Plain)
4) 네게브 지방(The Biblical Negev)
5) 유다 광야(The Wildness of Judah)
6) 베냐민의 땅(The Land of Benjamin)

첫째, 유대산지는 벧엘에서 브엘세바까지 96km이고 고도는 해발 600-900m에 이른다. 유대산지는 서로는 셰펠라 지역, 동으로는 요단 계곡에 접한다. 산지와 요단 계곡 사이는 험하여 사람의 통행이 어렵다. 그래서 길은 남북 통로가 발달하였고 족장의 길은 이 산지에 개발되었다. 즉 벧엘-예루살렘-베들레헴-헤브론으로 연결되는 도로이다.

이 산지의 제일 높은 곳 즉 분수령을 기점으로 요단 계곡 쪽은 광야이다. 이 분수령 서쪽에 길이 나 있고 이 지역은 토양이 양호하여 과실수 특히 포도를 재배할 수 있다.

이 산지의 성읍들은 예루살렘, 베들레헴, 벧엘, 실로, 헤브론 등이 있고 광야 쪽으로 사람들의 피난처가 되었던 엔게디와 마사다가 있다.

둘째, 셰펠라(뜻은 저지 低地, 평지)지역은 해안평야 동쪽에, 유대산지 서쪽에 위치한다. 고도는 해발 150-300m이나 높은 곳은 650m가 되는 곳도 있다. 이 지역은 남북으로는 64km이고, 폭은 13km로 유대와 블레셋을 갈라놓는 중간지대가 되었었다.

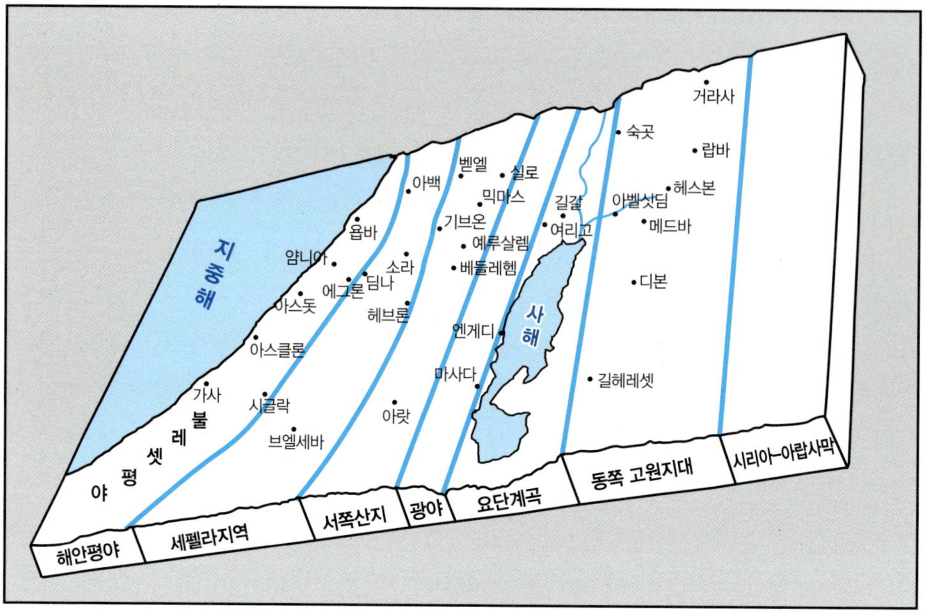

지도 2 남부 유다지방

셰펠라 지역을 동서로 가르는 3개의 골짜기가 있다. 셰펠라 북쪽 경계에 아얄론 골짜기가 예루살렘 북서쪽 8km 지점에서 시작하는데 이는 샤론 평야에서 예루살렘으로 가는 통로가 된다. 예루살렘 남쪽 16km 지점에서 바로 서쪽으로 소렉 골짜기가 열려있다. 제일 남쪽에 즉 예루살렘 남쪽 28km 지점에서 서쪽으로 열린 엘라 골짜기가 있다. 여기서 다윗이 골리앗을 죽인 곳이다(삼상17:2). 이 지역의 지배권을 장악하는데 이 골짜기들은 매우 중요한 의미를 갖기 때문에 전쟁이 잦았던 곳이다. 이 3 골짜기 외에 남쪽으로 구브린 골짜기, 라기스 골짜기가 더 있다.

이 지역의 성읍으로는 블레셋의 성읍 시글락, 에그론이 있으며 이 두성읍은 해안평야에 있는 가사, 아스클론, 아스돗과 더불어 블레셋 5대 성읍이 된다. 유대 성읍(수15:33-47)으로는 아둘람, 아세가, 라기스, 립나, 브엘세바, 소라 등이 속해 있다.

셋째, 블레셋(해안) 평야는 남북 길이가 112km에 달한다. 그 폭은 북쪽에서는 10-18km이지만, 남쪽 브엘세바에 이르러서 40km로 넓어진다. 이 평야 제일 남쪽에 블레셋 성읍 가사(가자)가 있고 이 성읍은 가장 중요한 성읍이었다. 그 북쪽에 아스클론과 아스돗이 있고, 셰펠라 지역에 있는 가드와 에글론을 합쳐 블레셋을 형성한 5대 성읍이다. 이들은 계속 이스라엘을 괴롭혔다.

넷째 네게브 지방은 지중해안 가사(가자)에서 사해 최남단을 밑변으로 하고 홍해 아카바만을 꼭짓점으로 한 역삼각형 지대이다. 이 땅은 현재 이스라엘의 남쪽 국경이 되었다. 이 지역의 중요 성읍은 브엘세바이고 평균 고도는 해발 46~50m이나 브엘세바는 244m이다. 북부는 다소 강우가 있으나 남쪽은 강우가 매우 적다. 비교적 황폐한 지역이다.

다섯째, 유대광야는 예루살렘 동쪽 고도 해발 1,400m의 산마루에서 급경사를 이루며 요단 계곡에 이르는 좁은 지역이고 완전한 사막이다. 요단 계곡의 제일 깊은 곳을 사해(수면 해발-400m)라고 한다면 그 지표의 차가 어마어마한 것을 알 수 있다. 그래서 사람의 통행이나 개발이 어렵고 사람이 다소나마 생존할 수 있는 곳은 샘이 있어서 물을 공급받을 수 있는 지역 즉 여리고와 엔게디 같은 곳이었고 사해 북단 서쪽 절벽 위의 작은 골짜기 끝자락에 아나돗과 드고아가 있다.

여섯째, 베냐민의 땅은 유대산지 북쪽과 에브라임산지 남쪽 그 사이에 좁은 땅(수 18:11-28)을 이른다. 산마루에서 동쪽 즉 요단강 쪽으로 급경사가 지고 산마루에서 서쪽으로는 완만한 경사를 이룬다. 따라서 동쪽 땅은 양치기 땅이고 서쪽은 농경지가 된다.

에브라임 땅에는 매우 중요한 4개 성읍이 있다. 오아시스의 땅 여리고는 가장 중요한 땅으로 요단 동쪽에서 팔레스타인 서쪽과 남쪽으로 나아가는 교통요충지이다. 벧엘은 에브라임과 므낫세 지파의 땅에 접해 있는 성읍이고, 기브온은 아얄론 골짜기, 게셀 등 서부로 통하는 관문이다. 예루살렘은 본래 벤냐민 땅이었는데 다윗이 정복하여 도읍지로 삼은 곳이다.

2. 중부의 이스라엘과 사마리아 지방

중부의 이스라엘과 사마리아 지역은 북조(北朝) 이스라엘의 심장부가 되며 신약성경에 나오는 사마리아와 일치한다. 5개 지역으로 나눌 수 있다.

1) 에브라임 산지(The Hill Country of Ephraim)
2) 므낫세 산지(The Hill Country of Manasseh; Samaria)
3) 샤론 평원(The Plain of Sharon)

4) 갈 멜 산(Mount Carmel)

5) 요단 계곡(The Jordan Valley)

첫째, 에브라임 산지는 석회암으로 이루어진 험준한 지역이다. 이 지역은 벧엘에서 가나 시내(川)까지(수16:8; 17:9, 10) 남북으로 24km, 요단 골짜기에서 샤론 평야까지 동서로 44km에 걸쳐 있다. 에브라임 산지는 에브라임 지파 땅의 중심지와 거의 일치한다(수16:1-10).

에브라임 산지는 강우량이 비교적 풍부하고 샘들이 많고 토양도 비옥하여 포도, 무화과, 올리브, 석류, 아몬드 등 농산물을 생산하였다. 에브라임 산지의 중심지는 실로 강가에 형성된 실로이며 폭이 넓은 골짜기에 형성되어서 외부와 차단된 지역이다. 그래서 구약시대 법궤가 오래 모셔졌던 곳이기도 하다(수18:1; 21:1-3; 삿21:12, 19-23).

둘째, 므낫세 산지는 에브라임 산지와 이스르엘 골짜기 사이에 넓은 구릉(丘陵) 지대이다. 크기는 남북 35km, 동서 52km로 신약시대 사마리아지역과 일치한다. 오늘날에는 이 지역을 동부, 중부, 서부 사마리아로 나누기도 한다.

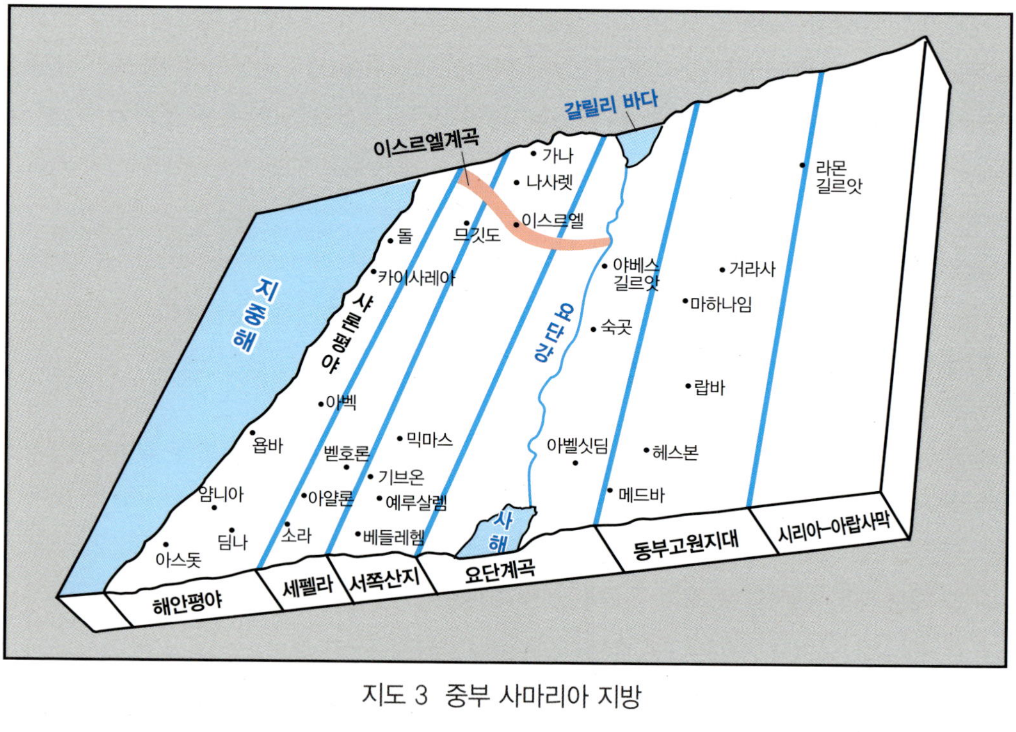

지도 3 중부 사마리아 지방

이 지역에 있는 에발 산(940m)과 그리심 산(846m, 신11:29, 30; 수8:30-35)은 남단에 자리하며 길보아 산(597m, 삼상31:1-8)은 북단에 위치한다.

이 지역의 중심 성읍은 에발 산과 그리심 산 사이를 흐르는 세겜강 상류에 위치한 세겜 성이다. 이 지역은 주변이 확 트이고 동서남북으로 연결하는 교통의 요충지였다. 북조 이스라엘 초대 왕인 여로보암 1세는 세겜을 북조 이스라엘의 수도로 정하였었다.

이 지역의 완만한 구릉과 강수량, 좋은 토양은 농업과 목축업을 발달시켰다. 따라서 경제가 안정된 곳이다.

셋째, 샤론 평원은 갈멜산과 야르콘강 사이에 폭이 16km, 길이가 48km로 므낫세 산지 서쪽 언덕까지 완만하게 상승한다. 강물이 바다로 빠지지 못하여 늪지대를 많이 형성하여 천연 방목지로 유명하다. 헤롯 대왕 시대 카이사레아를 개발하여 항구로 개발하였고 카이사레아는 이때 개발로 지중해 동안(東岸)에 가장 큰 항구 도시가 되었다.

넷째, 갈멜산은 팔레스타인에서 가장 두드러진 지형을 갖고 있다. 평온한 지중해 동안 해안선에 갈고리 모양의 돌출부가 생겼고 갈멜산은 서북에서 동남으로 발달하고 북쪽으로 이스르엘 골짜기, 남쪽으로 해안평야 사이에 우뚝 선 산이다. 산림이 무성한 산으로 비옥하고 아름다운 산이다.

이 산은 종교적으로도 거룩한 산으로 이민족들은 우상 숭배의 산으로, 엘리야는 바알의 제사장들과 대결한 산(왕상18:16-46)으로, 엘리사는 이 산을 자주 드나들었다(왕하2:25, 4:25).

다섯째, 요단 계곡은 갈릴리 바다와 사해 사이의 지구대(地溝帶)이다. 길이는 104km이지만 요단강의 길이는 수로가 구불구불하여 217km에 이른다(기술하는 사람에 따라서 강의 길이는 다소 다르다.). 갈릴리 바다 남쪽의 고도가 해발-210m인데 사해 북단의 고도는 해발-411m로 낮다.

골짜기의 폭은 3.2km에서 24km까지 다양하나 남쪽으로 내려올수록 폭이 넓어서 사해 북쪽 요단강 서쪽에는 여리고 평지(수4:13; 왕하25:5), 동쪽에는 모압 평지(민26:3; 신34:1)가 형성되어 있다. 갈릴리 바다에서 16km 내려온 요단강 서편으로 골짜기가 상당히 넓어져서 베트셰안(벳산) 골짜기라고 한다. 여기서 더 서쪽으로 나아가면 이스르엘 골짜기에 이르게 된다.

이 계곡의 북쪽은 강우가 연 460mm 정도가 되지만 사해 근처 남쪽에는 100mm 이

하의 사막 기후로 이 역시 다양하다.

3. 북부 갈릴리 지방

이 지역은 신구약에서 모두 갈릴리로 불려 왔다. 특히 갈릴리는 예수의 공생애 시 중요한 활동 무대이었다. 이 지역도 5개 지역으로 나눌 수 있다.

1) 이스르엘 계곡(The Jezreel Valley)
2) 하 갈릴리(Lower Galilee)
3) 상 갈릴리(Upper Galilee)
4) 갈릴리 바다(The Sea of Galilee)
5) 훌레 분지(The Huleh Basin)

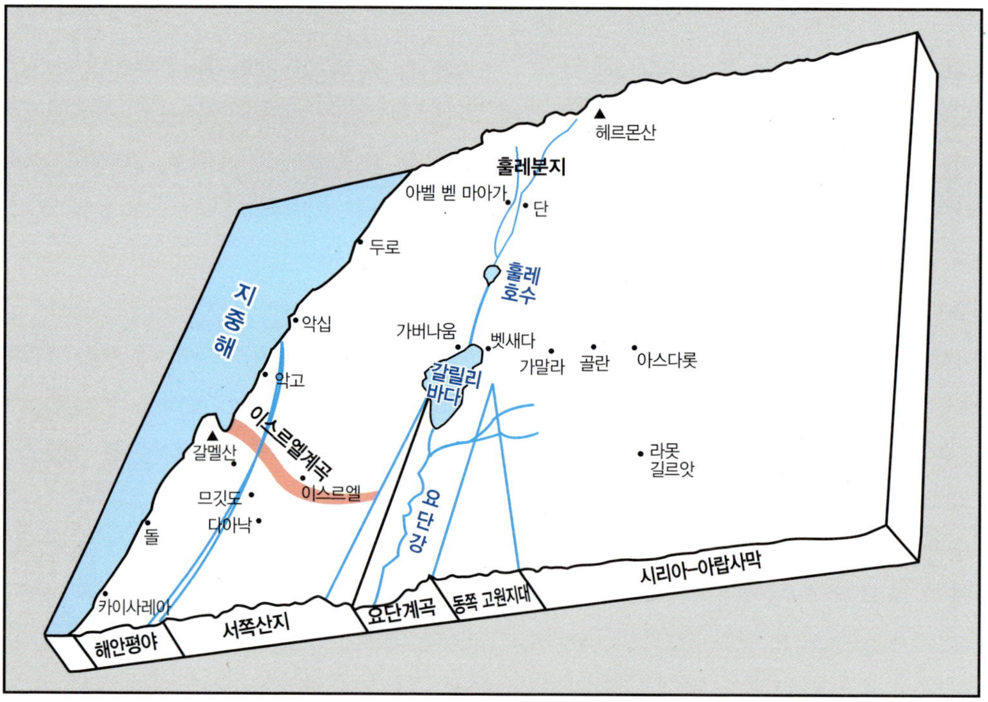

지도 4 북부 갈릴리 지방

첫째, 이스르엘(뜻은 하나님이 뿌리신다. 동의어로 =므깃도 골짜기; 하나님의 목장; 시83:12) 계곡은 팔레스타인에서 가장 크고 비옥한 골짜기로 곡창지대이다. 팔레스타인의 지중해 해안에서 갈고리처럼 서북으로 뾰족하게 나온 곳 즉 갈멜 산에서 남동쪽으로 뻗어 나아가 요단강 근처 베트셰안(벳산)에서 요단 계곡과 만난다. 그래서 이 계곡이 동서 교통을 열기도 한다.

"에스드라엘론"(에스드론)은 신약시대 사용한 헬라어(Greek) 음역이고, "아마겟돈"(계16:16)은 오래전부터 사용해오던 히브리어 "하르 므깃도"(므깃도의 언덕)를 헬라어로 옮긴 말로 여겨진다. 이들 말은 이스르엘 골짜기 전체를 이해하는 말로 쓰였다.

이 골짜기는 수많은 전투가 있었던 곳이다. 즉 드보라와 바락이 시스라와 전투한 곳(삿4장-5장), 기드온과 미디안의 전투(삿 7장), 사울이 전사한 블레셋과의 마지막 전투(삼상28:4,31:1-10), 북조 이스라엘의 예후의 쿠데타(왕하9:14-37), 남조 유다의 요시아 왕과 이집트 느고의 전투(왕하 23:28-30) 등이다.

이스르엘 골짜기 주변은 구릉지(丘陵地)로 물이 얕은 데로 모여 기손강을 이루게 되고 이 강은 지중해로 흘러들게 된다. 이 지역에 충적토가 깊어 여름에는 자연 배수가 잘 되고 농업도 왕성하지만, 겨울철에는 습지가 많이 생긴다. 그래서 겨울철에는 출입이 어려웠던 것 같다.

그러나 해안대로에는 지장이 없었다. 이는 므깃도와 다볼 산으로 이어지는 융기 부분이 있어서 해안도로는 갈릴리를 지나 다메섹으로 연결되고 동으로는 악고 평원을 지나 요단 계곡을 건너 동쪽의 대로 즉 왕의대로와 만나게 된다.

둘째, 하 갈릴리는 자연적 지형 특성에 따라 갈릴리 바다 북쪽의 가버나움-라마(Ramah) 평야-돌레마이를 연결하는 선에 따라서 북쪽은 상 갈릴리 남쪽은 하 갈릴리로 나눈다.

레바논 산맥에서 오는 습기를 상 갈릴리의 여러 산이 받아 그것을 이슬, 눈, 샘, 강 등의 형태로 갈릴리 일대에 공급하기 때문에, 갈릴리는 팔레스타인의 어느 지방보다도 물의 공급이 풍부하였다.

하 갈릴리 즉 남부에는 동서로 평행하게 달리는 세 줄기의 구릉대(丘陵帶)와 그 사이의 골짜기나 작은 평야, 그리고 남쪽으로 펼쳐지는 에스드라엘론 평야가 있다.

이 지역은 확 트인 조건 때문에 이스라엘의 중심지로서는 좀 멀어져 있었다. 방어하기가 어려웠기 때문이고 교통의 요지라는 조건은 외적이 쉽게 접근하는 조건도 된다.

셋째, 상 갈릴리는 갈릴리 바다 북안의 가버나움-라마(Ramah) 평야-돌레마이를 연결하는 선의 북쪽이다. 상 갈릴리의 북쪽으로는 레바논 산맥의 남쪽으로 뻗은 줄기가 높이 약 450-1,208m의 산지를 이루었는데, 팔레스타인 최고의 젤마크 산(해발 1,208m)이 있다.

레바논 산맥에서 오는 습기를 상 갈릴리의 여러 산이 받아 그것을 이슬, 눈, 샘, 강 등의 형태로 갈릴리 일대에 공급하기 때문에, 갈릴리는 팔레스타인의 어느 지방보다도 물의 공급이 풍부하였다. 산림이 잘 자라게 되어 숲을 이루었다.

동쪽 경계는 훌레 분지의 급경사면이 되고 서쪽은 점점 낮아져서 아코(악고) 평야로 연결되어 지중해에 이른다. 북쪽은 레바논 산악지대까지 단단한 석회암으로 이루어져서 여러 개의 단층을 만들었고 이 때문에 울퉁불퉁한 불규칙한 덩어리로 쪼개 논 것 같다. 중앙부 남동쪽에 메론 산(1,208m)이 있다. 상 갈릴리는 동북이 높고 서남이 낮은 형태로 이루어져 있다. 따라서 도로 개설도 어려웠고 도시 건설 역시 어려울 수밖에 없었다.

넷째, 갈릴리 바다는 갈릴리 저지대 동쪽 지구대에 움푹 파인 곳에 자리하며 바다의 크기는 24kmx11km이며 해수면은 해발-210m이고 해수면에서 제일 깊은 곳은 약 46m 정도가 된다.

성경에서 갈릴리 바다는 여러 이름으로 불렸다. 즉 긴네렛 바다(민34:11; 신3:7), 게네사렛 호수(눅5:1), 디베랴 바다(요6:1, 21:1), 갈릴리 바다(마4:18;, 15:29; 막1:16, 7:31) 등이며 그 외에도 그냥 “바다”, “호수”로도 불렸다.

갈릴리 바다 둘레는 동서는 지구대의 암벽으로 갈릴리 해수면에서 약 400m 높이의 가파른 현무암 언덕으로 이루어져 있고 북쪽으로는 용암 언덕으로 훌레분지와 경계를 이루며 갈릴리 바다 동북쪽에서 요단강물이 흘러들고 이 강동서로 나누어 동쪽에 벳새다 평야가 서쪽에 게네사렛 평야가 발달하여 농사에 적합하다. 이 남쪽에서도 평야가 발달하여 농사를 지을 수 있었다.

예수님의 활동 무대는 이 갈릴리 바다 북쪽 요단강 동쪽의 벳새다와 서쪽의 가버나움이었으며 그 북쪽의 고라신 역시 예수님의 활동 무대였다. 여기서 제자들을 부르시고, 기적을 행하시고, 오병이어의 역사를 행하시고, 산상수훈을 하셨다.

다섯째, 훌레 분지는 요단 계곡(지구대)의 최북단에 위치하며 제일 북쪽의 성읍인 단은 갈릴리 바다에서 40km 떨어진 헤르몬 산기슭에 위치하고 분지의 바닥은 평균 해발-73m 정도이니 갈릴리 바다의 해수면-210m에 비하면 높은 편이어서 이곳 요단강이 급류를 이루게 된다.

이 지역은 비교적 비옥한 토양이며 강우량은 635mm 정도이나 헤르몬산에서 요단강으로 흘러드는 4개의 강 즉 나할 헤르몬, 나할 단, 나할 세르니, 나할 이욘에서 충분히 수량을 공급받는다. 헤르몬산의 눈은 하나님이 만드신 저수지이다. 눈은 녹아서 계속 요단강으로 물을 공급하게 된다. 이 물이 흐르다 중간에 늪지대 비슷하게 모인 곳이 훌레 호수이다. 그래서 이 지역은 농사가 잘되는 지역이다.

훌레 분지는 구약시대 북쪽에서 내려오는 여행객과 군대가 남하하는 통로 역할을 하였다. 북쪽에서 단을 경유하여 하솔을 지나 갈릴리 바다 긴네렛으로 나아온다. 그래서 해안대로로 연결하게 된다(지도 9 참조).

4. 요단 동쪽의 트랜스 요르단 지방

요단 동쪽 트랜스 요르단(Trans Jordan)은 모세가 가나안으로 이동할 때 요단 동쪽에 두 지파 반에 나누어준 땅을 포함해서 구약에 나오는 에돔, 암몬, 모압 등이 포괄되는 땅이다. 지도 5를 참조하기 바란다. 이 지역의 구성은 북쪽으로부터 다음과 같다.

1) 바산(Bashan)
2) 길르앗/암몬(Gilead/Ammon)
3) 모압과 메드바 고원(Moab/the Medeba Plateau)
4) 에돔(Edom)

첫째, 바산 지역은 북쪽 헤르몬 산에서 갈릴리 바다 남쪽에서 요단강으로 흘러드는 야르므크 강의 남쪽까지 뻗어있는 트랜스 요르단 북부의 넓은 고원 지대이다(민21:33; 신3:1-11).

신약시대 바산의 서부지역을 "가울라니티스"라고 하였는데 이는 구약시대 도피성이었던 골란을 라틴어(Latin)로 부른 것 같고 지금도 갈릴리 동편 골란 고원과 거의 일치한다고 보인다. 바산 지역은 고원이지만 비교적 평원이나 서쪽은 훌레 분지 쪽으로는 급경사를 이루고 있다.

자료: 1200 B.C.–1000 B.C. Brisco(1998). p.78.

지도 5 트랜스 요르단

평탄한 지역은 땅이 비옥하고 밀농사도 지었던 것 같다. 서쪽 경사지에는 소를 방목하여 힘세고 살진 소를 길러냈다. 바산의 서쪽은 강우량이 1,000mm 이상이나 동쪽으로 갈수록 사막을 이루어 강수가 적어진다. 이 지방의 강우는 모여서 야르므크 강의 상류를 이루게 된다.

바산 지역 가장 북쪽의 헤르몬 산(뜻 경건하다. 해발 2,815m)의 덮인 눈은 185km 떨어져 있는 예루살렘 서북 언덕에서 보일 정도이다. 성경은 바산을

풍요의 상징으로 표현할 때가 많다(렘50:19).

바산 지역은 북방세력과 이스라엘이 경쟁한 곳이며 가나안 개척 당시 모세가 바산왕 옥에게서 빼앗아 므낫세(동) 지파에 준 땅이다(민21:33-35). 바산은 다메섹에서 해안대로 나아가는데 하솔과 긴네렛으로 연결되는 통로이고 남으로는 야르므크 강변의 아스다롯에 연결되어 왕의대로로 연결되는 통로이다. 따라서 이곳이 세력들의 각축 지였음을 의미한다.

둘째, 길르앗/암몬 지역은 야르므크강 남쪽에서 요단강을 끼고 있는 지역으로 길르앗 저지, 기르앗 돔, 암몬 3 지역으로 나뉜다. 요단강 서쪽의 에브라임 산지, 므낫세 산지와 마주 보고 있으며 지형, 토양, 수자원이 매우 다양하다.

길르앗 저지는 바산 왕 옥이 다스리던 땅의 남쪽이 된다. 구약시대 이 지방의 성읍으로는 길르앗 야베스(삼상11:1-11, 31:11-13)가 있었고 군사적으로 요충지는 길르앗 라못 이었다.

길르앗 저지의 남쪽은 거칠고 단단한 석회암이 융기한 돔 지형으로 "길르앗 돔"이라고 부른다. 이 지역은 상당히 높은 지역으로 높은 곳은 해발 1,247m 나 되고 얍복강은 이 지역을 남북로 갈라놓는다. 농업은 포도, 올리브, 무화과, 석류, 아몬드를 재배하기에 적합하다.

갓 지파는 요단 골짜기 저지의 길르앗 저지와 길르앗 돔의 서쪽 경사지인 메드바 고원에 정착했었다. 길르앗 돔 지역의 얍복 강 상류 깊숙한 곳에 성읍 브니엘(창32:30, 31; 왕상12:25)과 마하나임(창32:2)이 있고 얍복강이 요단강으로 접어드는 입구에 숙곳(삿8:4-16)이 있었다.

거라사(Gerasa)는 데카폴리스(Decapolis) 지방에 속해있었다.

셋째, 모압과 메드바 고원은 고대 모압의 중심지로 사해 중간쯤에서 동쪽에서 서쪽으로 흘러 사해로 들어가는 아르논 강을 중심으로 해서 아르논 협곡과 사해 남단의 세렛

강을 중심한 세렛 협곡 사이의 종과 횡으로 각 48km의 넓이며 모압 지방에서 가장 높은 구릉 지대를 이룬다. 고도는 해발 1,097m에서 남쪽 세렛은 1,305m의 고원이다. 이 지방의 가장 중요한 성읍인 메드바(현재는 마다바)의 이름을 따서 메드바 고원이라고 부른다.

아르논 골짜기와 세렛 골짜기는 북쪽의 야르므크강과 얍복강과 마찬가지로 트랜스 요르단지역에서 동에서 서로 흐르는 물을 사해에 보내는 협곡들이다. 아르논 골짜기는 협곡의 깊이가 700m나 되며 그 넓이도 480m나 되어 장관을 이룬다.

이곳의 강우량은 메드바 고원 254mm, 모압 본토가 406mm 로서 비교적 안정되어 있어서 룻기의 무대가 되었던 이곳 모압 산지(룻1:1)는 베들레헴을 떠나서 양식을 구하러 피난 갈만한 곳이었다.

구약시대 메드바 고원의 주요 성읍은 왕의대로 선상의 성읍인 헤스본(민21:25, 26), 메드바(민21:30), 아르논 골짜기 북쪽의 디본(민21:30) 및 모압 본토의 아르(민21:28)와 길하레셋(왕하3:25) 등이 있다.

넷째, 에돔 지역은 세렛 협곡에서 홍해 아카바만까지 117km에 이르는 트랜스 요르단의 최남단에 위치한다. 주로 사막이며 북쪽은 석회암(石灰巖) 고원이며 남쪽으로 내려갈수록 험준한 사암(砂巖) 지형으로 바뀐다. 제일 남쪽의 홍해 아카바만은 에돔 사람들이 사용한 용어이고 이스라엘인들은 이를 "엘라트 만(Elath Bay)"이라고 한다.

이 지역은 다시 남북으로 크게 3 지역으로 나누어진다.

* 세렛 골짜기에서 남쪽으로 40km까지 북부지역은 고대 에돔 왕국의 중심지이다. 고도는 해발 1,641m이고 산 정상 부근에는 강우량이 356mm 정도 되어 제한적 농업이 가능하지만, 동쪽으로 가면 완전한 사막 기후가 된다.
* 중부 지역은 고도가 높은 석회암 고원으로 이루어져 있으면 부논에서 남쪽으로 80km나 뻗어있다. 페트라 부근의 가장 높은 곳은 해발 1,736m이며 서쪽 요르단 지구대 쪽으로 급경사면에는 강우량이 연 150-250mm 정도가 된다. 요단 지구대 서쪽 네게브 구릉(丘陵) 지대보다 훨씬 높아서 페트라에서 내려다보는 경관이 놀랍다고 한다.
* 페트라(Petra) 남쪽의 이 제3 지역은 완전한 사막지대이며 강우가 50mm 정도로 농업이 거의 불가능하다. 지리적으로 아라비아 땅과 유사하다고 보아야 할 것이다. 그러나 남서쪽으로는 구리와 철이 매장되어 있다.

이스라엘의 달력과 절기

■ 이스라엘의 달력

성경에서는 달의 명칭을 여러 가지로 사용하고 있다. 이에 따라서 오는 혼란이 적지 않고 이해하기도 어렵다. 히브리인은 종교력(宗教曆)과 행정, 산업, 일상생활을 위한 민간력(民間曆)을 병용하였다. 열두 달 각 이름은 가나안식으로 불렀으나 바빌로니아 포로 후 바빌로니아 이름을 많이 원용했다.

이스라엘의 달력은 음력이다. 따라서 초승달을 기준으로 한 달이 시작되고 다음 초승달까지를 한 달로 친다. 이 초승달이 뜨는 날이 월삭(月朔)이 된다. 즉 그달 1일이 된다.

1년은 354일이며 3년마다 그리고 19년마다 1차 모두 7차에 걸쳐 윤달을

배정하여 조정한다. 19년 사이에 윤달이 7번 있게 된다. 한 달은 대략 29, 30일이며 윤달은 아달월과 니산월 사이에 제2 아달월(한국으로 치면, 윤달이 된다.)을 배치한다. 종교력은 출애굽 후 신앙생활을 위한 것(시104:19)이고 민간력은 일상생활을 위한 구 달력이다.

종교력 1월(아빕월/니산월)은 민간력 7월이고 태양력으로는 3, 4월에 해당한다. 매달을 성경에 기록된 대로 기술하는 것을 원칙으로 하고 종교력을 중심으로 기술하고, / 앞에는 이스라엘 달의 이름이고, / 뒤에는 바빌로니아 달의 이름이다. 관련 성경과 연관해서 이해해 두면 좋겠다.

1월 아빕(출13:4; 23:15)/니산(느2:1; 에3:7)

2월 시브(왕상6:1, 37)/리야르(lyar)

3월 /시반(sivan; 에8:9)

4월 /탐무스(tammuz)

5월 /아브(ab)
6월 /엘릴(elil; 느6:15)
7월 에다님(왕상8:2)/티슈레이(t'shrei)
8월 불(왕상6:38)/말케스반(marchesvan)
9월 /키슬레브(kislev; 느1:1; 스7:1) 스가랴 1장 1절에서는 기슬래 월로 표기
10월 /테벳(tevet; 에2:16) = 티베스, 테베쓰
11월 /슈밧(shevat), 세밧(슥1:7) = 스밭 월
12월 /아다르(adar; 에3:7)

이스라엘의 달과 달의 명칭

종교력	태양력	민간력	달의 명칭 종교력/바빌로니아력
1월	3, 4월	7월	아빕/니산(nissan)
2월	4, 5월	8월	시브/리야르(lyar)
3월	5, 6월	9월	/시반(sivan)
4월	6, 7월	10월	/탐무스(tammuz)
5월	7, 8월	11월	/아브(av)
6월	8, 9월	12월	/엘릴(elil)
7월	9, 10월	1월	에다님/티슈레이(t' shrei)
8월	10, 11월	2월	불 /말케스반(marchesvan)
9월	11, 12월	3월	/키슬레브(kislev)
10월	12, 1월	4월	/테벳(tevet)
11월	1, 2월	5월	/슈밧(shevat)
12월	2, 3월	6월	/아다르(adar)

* 여기 월의 명칭은 한글표기 통일을 위해서 8월을 제외하고는 류모세(2009). 열린다 성경. 서울: 두란노. p.15에 따랐다.

■ 이스라엘의 농업과 절기

1. 이스라엘의 농업

이어서 이스라엘의 연중 기후, 농사, 절기를 이해하면 성경 이해에 도움이 될 것이다. 지리에서 본 바와 같이 이스라엘은 무척 다양한 지리적 조건을 갖추고 있으며 다양한 지질과 지형, 다양한 강우량 등으로 지역에 따라 무척 다른 양상을 보이지만 대체로 이른 비와 늦은 비가 농사와 목축을 가늠하게 한다. 따라서 기후, 농경, 절기는 깊은 연관이 있게 된다.

고대 이스라엘의 농산물(신8:8-10; 요엘1:10-12)은 고대로부터 기술되어 왔다. 초실절의 보리를 추수하기 시작하여 오순절에 밀 추수를 마침으로 주식 생산이 끝나고 이어서 여름 과실을 수확하게 된다. 모든 수확이 끝날 때 이스라엘은 초막절(=장막절, 수장절)을 지키게 된다.

첫째, 보리(barley 맥추 麥秋) 늦은 비 뒤에 초실 절에 추수를 시작한다. 보리 추수를 시작하나 보리는 가난한 사람이나 사료로 사용되어 졌다고 한다.(왕하7:1; 요6:9, 13; 계6:6)

둘째, 밀(wheat)은 오순절에 추수가 끝난다. 이스라엘에서는 보리보다 밀이 더 귀한 식량이다. 한국과 다른 점은 이들은 빵을 주식으로 해서 밀을 더 선호하게 된다. 이스라엘에서 보리와 밀을 추수하는 것은 주식 곡물을 추수하는 것이다. (마3:12; 13:25; 막4:28; 눅3:17; 12:18; 요27:38; 고전15:37)

셋째, 포도(grape vine)는 오순절이 지나고 여름철에 추수한다. 이스라엘에서 포도나무는 이스라엘을 상징한다. (출29:40; 호10:11; 마26:27-29; 요2:1-10)

넷째, 무화과(sycomore fig) 는 거의 10개월간 열매를 맺는다. 무화과나무는 평화와 번영의 상징이기도 하다. (왕상10:27; 대상27:28; 대하1:15; 9:27; 시78:47)

다섯째, 올리브(olive 감람)는 강우량 200mm 내외인 지중해성 기후에서 또 요단 동서 지역이 현무암과 석회암 토양이기 때문에 잘 자란다. 성경에서 언제나 가치 있는 나무로 묘사된다(신6:11, 롬11:17). 올리브나무는 '번영', 잎은 '평화'를 상징한다. (마21:1; 24:3; 막11:1; 13:3; 눅19:29; 요8:1; 롬11:17; 약3:12)

여섯째, 도토리(acorn)는 바산 지역과 팔레스타인 인근 지역에서 난다. 성경에서는 바산의 상수리나무로 표현한다. (창35:8; 사44:14-17)

일곱째, 석류(pomegranate)는 풍요와 다산을 상징하는 여름 과일이다.

(출28:33, 34; 민13:23; 신8:8; 삼상14:2; 아4:3; 6:7; 렘52:22, 23).

여덟째, 대추(date palm)는 종려나무 열매이다. 요단 계곡에 많이 서식하며(왕하 6:29), 의인을 종려나무로 표현한다(시92:12). 또한, 신부를 상징하기도 한다(아 7:7). (시92:12-14; 욥15:32; 왕상6:29, 35)

2. 이스라엘의 기후, 농경과 절기

종교력에 따른 이스라엘의 기후, 농경, 종교적 절기를 보면 다음 표와 같다.

종교력	기 후	농 경	절 기
1월	늦은 비	보리추수	1. 종려주일(10일) 신약 2. 유월절(14일) 3. 무교절(15-21일) 4. 초실절(무교절 중 안식 후 첫날)
2월		일반추수	
3월		포도원 손질 밀 추수를 끝냄	1. 오순절(밀 추수를 끝냄)
4월			
5월	여름 더위	여름 실과	
6월		올리브추수	
7월		밭 갈기	1. 나팔절(1일) 2. 속죄일(10일) 3. 초막절(15-21일)
8월	이른 비	씨 뿌리기	
9월			1. 수전절(요10:22)
10월	많은 비	봄철의 성장	
11월		겨울 무화과	
12월	늦은 비	아마 뽑기	1. 부림절(14, 15일; 에9:20, 21)

* 절기는 농경과 밀접히 관련되어있다. 1월의 절기는 보리 추수와 때를 같이하고, 오순절은 밀 추수를 감사하는 절기, 7월의 절기는 가을 추수와 깊이 관련되어있다.

■ 이스라엘의 절기

레위기 23장에 나타난 절기를 요약하면 다음과 같다(레23:1-44)

유월절	무교절	초실절	오순절	나팔절	속죄일	초막절
1/14	1/15-21	1/15-21중 안식일 다음 날	무교절로 부터 7번째 안식일 다음날, 50일째의 날	7/1	7/10	7/15-21
		보리 추수	밀 추수	신년		추수감사제

* 월/일의 표시는 유대 종교력 이며 1월은 태양력 3, 4월에 해당하고, 민간력은 7월이 된다. 초실절은 유월절 후 첫 안식일 다음날이다.

여호와의 절기는 하나님의 구속 사역을 기념하는 유월절(레23:5)과 무교절(레23:6, 7), 속죄일(레:27-32), 축복의 역사를 기념하는 초실절(레23:10-14), 오순절(레23:15-21), 초막절(레23:34-43), 나팔절(레23:24, 25) 등의 절기를 지키도록 명령하셨다(레23:1-3).

1. 유월절과 무교절

1) 유월절과 무교절

첫째 달 열 나흗날 저녁은 여호와의 유월절이다. 이달 열 닷샛날은 여호와의 무교절(15일-21일)이므로 7일간 이스라엘은 무교병을 먹어야 하며, 첫째 날을 성회로 모이고 아무 노동도 하지 않아야 하며, 7일간 여호와께 화제를 드리고 7일째 다시 성회로 모이고 아무 노동도 하지 아니한다. 유월절과 무교절은 구속사(救贖史)에서 매우 중요한 의미가 있다. 그리스도의 그림자로 유월절과 무교절이 큰 의미를 갖는다(레23:4-8).

2) 유월절과 무교절의 제물

이스라엘은 1월 14일에 유월절을 지키고 15일부터 21일까지 7일간은 무교절로 지킨다. 그 첫째 날은 성회로 모이고 아무 일도 하지 않는다. 수송아지 2마리와 숫양 1마리와 일 년 된 숫양 7마리를 다 흠 없는 것으로 드려서 여호와께 화제로 번제를 드리며 그 소제로는 고운 가루에 기름을 섞어서 쓰되 수송아지 한 마리에는 3/10 에바이며, 숫양 한 마리에는 2/10 에바를 드리고, 어린 양 일곱에는 어린양 한 마리마다 1/10 에바를 드린다. 또 숫염소 한 마리로 속죄제를 드리고 아침의 번제는 상번제 외로 드린다. 7일간 같은 양식으로 매일 드린다. 7일째는 안식을 해야 한다(민28:16-25; 레23:4-8).

* 1 에바(고체)는 22.7리터, 1힌(액체)은 3.67리터, 1갤런이다. 히브리인의 추수는 니산월 그들의 종교력으로는 1월, 현 태양력으로는 3, 4월에 시작된다(신11:14).

2. 초실절과 제물

첫 이삭(보리) 한 단을 바치는 절기로서 이 제물은 요제로 무교절 중 안식일 다음날 드리고 이날 1년 된 흠 없는 숫양을 번제로 드리며, 소제로는 기름 섞은 고운 가루 십 분의 이 에바를 화제로, 전제로는 포도주 사 분의 일 힌을 드린다(레23:9-14).

* 1 에바(고체)는 22.7리터, 1힌(액체)은 3.67리터, 1갤런이다. 1/4 힌은 918g 이다.

3. 오 순 절(칠칠 절)

1) 오 순 절(칠칠 절)

두 번째 거둔 곡식(밀)을 바치는 절기이다. 초실절 요제를 드린 날부터 7주를 지낸 다음 날 즉 50일이 되는 날 새 소제를 여호와께 드리되 고운 가루 십 분의 이 에바에 누룩을 넣어서 구운 떡 두 개를 첫 요제로 여호와께 드리며, 이같이 일 년 된 흠 없는 어린 양 일곱 마리와 어린 수소 한 마리와 숫양 두 마리를 그 소제와 그 전제 제물과 함께 여호와께 드려서 번제를 드린다. 그리고 숫염소 하나로 속죄제를, 일 년 된 어린 숫양 두 마리를 화목제물로 드린다(레23:15-22).

* 초실절은 보리의 첫 단을 드리고, 오순절(초실절 후 50일째 되는 날)에는 밀의 수확을 끝내고 추수 분을 하나님께 드리는 감사제이다.

2) 오순절(칠칠 절)에 드리는 제물

오순절은 무교절 가운데 속한 초실절부터 50일째 되는 날이다. 밀이 익는 절기 즉 오순절(고전16:8)이다. 처음 열매가 익어서 그것을 드리는 날에 성회로 모여 새 소제를 드리고 아무 일도 하지 않아야 한다. 이날 수송아지 2마리와 숫양 1마리와 일 년 된 숫양 7마리로 여호와께 향기로운 번제를 드리며 그 소제로는 고운 가루에 기름을 섞어서 쓰되 수송아지 한 마리마다 3/10 에바, 숫양 한 마리에는 2/10 에바를 드리고 어린 양 일곱 마리에는 어린양 한 마리마다 1/10 에바를 드리게 된다. 그리고 속죄하기 위하여 숫염소 한 마리를 드려야 한다(민28:26-31; 레23:9-22).

4. 7월에 지키는 절기와 제물

1) 나 팔 절

일곱째 달 첫날은 안식일이다. 아무 일도 하면 아니 된다(레23:23-25). 이스라엘에서 이날은 신년을 알리는 양각나팔을 부는 날이다. 이스라엘 민간력으로는 1월 1일이 된다.

2) 속 죄 일

종교력 7월 10일은 속죄일이다. 성회를 열고 스스로 괴롭게 하며 여호와께 화제를 드리고 아무 일이라도 하면 아니 된다. 9일 저녁부터 10일 저녁까지 안식해야 한다(레23:26-32). 이날은 대제사장이 지성소에서 속죄제를 드리는 날이다. 모든 죄를 속하기 위해서 대제사장이 지성소로 들어가서 하나님께 죄 사함을 구하는 제사를 드리는 날이다. 민간력으로는 1월 10일이 된다.

3) 초 막 절(=장막절)

모든 토지소산을 거두어들이고 7월 15일부터 7일간은 초막절로 지킨다. 첫날 성회로 모이고 매일 화제를 드리고 8일째도 성회로 모이고 화제를 드려야한다. 첫날과 끝(8

일째)날에는 안식하고 어떤 노동도 하면 아니 된다. 첫날에 아름다운 나무 실과와 종려 나무 가지와 무성한 나뭇가지와 시내 버들을 취하여 하나님 여호와 앞에서 이레 동안을 즐거워한다. 이때 제물 외에 감사 헌물(獻物)을 드리게 된다(레23:33-44).

4) 나팔절, 속죄일, 초막절에 드리는 제물

7월에 지키는 세 절기에 드려야 하는 제물은 다음과 같다(레29:1-40).

절 기	번제송아지 수	번제숫양 수	번제어린양 수	속죄 수염소수
나팔절 7/1	1(3)	1(2)	7(16)	1
속죄일 7/10	1	1	7(9)	1(2)
초 막 절 7/15-21	–	–	–	–
제 1 일	13	2	14(16)	1
제 2 일	12	2	14(16)	1
제 3 일	11	2	14(16)	1
제 4 일	10	2	14(16)	1
제 5 일	9	2	14(16)	1
제 6 일	8	2	14(16)	1
제 7 일	7	2	14(16)	1
제 8 일	1	1	7(9)	1
소 제 물	3/10에바	2/10에바	1/10에바	0

* 모든 제사에 소제와 전제가 드려지고 소제는 고운 가루로 기름을 섞어드린다. ( )내의 숫자는 그날 드릴 제물의 전체 양이다. 매일 드리는 상번제 제물(숫양 2마리)과 1일(월삭)에 드리는 제물(수송아지 2마리, 숫양 1마리, 어린양 7마리)을 더한 것이다. 소제에 드릴 고운 가루의 양은 매 마리당 양(量)이다.

■ 절기 외에 상시(常時)로 드리는 제사들

1. 매일 드리는 번제(상번제)

여호와께 드릴 화제는 일 년 된 흠 없는 숫양을 매일 두 마리씩 드리는데 어린양 한 마리는 아침에 드리고 어린양 한 마리는 해 질 때에 드리고 고운 가루 1/10 에바(220cc)에 빻아 낸 기름 1/4 힌(918cc)을 섞어서 소제로 드리며 이는 시내 산에서 정한 상번제(常燔祭)로서 여호와께 드리는 향기로운 화제며 전제(奠祭)는 어린양 한 마리에 독주 1/4 힌(918cc)을 드린다. 해 질 때에는 두 번째 어린 양을 드리는 것은 아침에 드린 소제와 전제와 같이 여호와께 향기로운 화제로 드려야 한다(민28:1-8).

2. 매 안식일에 드리는 번제

매일 드리는 상번제 외에 매 안식일에 일 년 된 흠 없는 숫양 두 마리와 마리당 고운 가루 2/10 에바(440cc)에 기름 섞은 소제와 그 전제(奠祭)를 드려야 한다(민28:9, 10).

3. 매월 초하루(월삭)에 드리는 번제

이스라엘은 매월 초하루(월삭 月朔), 안식일에 번제(燔祭)를 드리고 매일 드리는 상번제를 절기에 드리는 제사 외에 항상 드렸다. 초하루에는 수송아지 2마리와 숫양 1마리와 일 년 된 흠 없는 숫양(어린양) 7마리로 여호와께 번제를 드린다. 매 수송아지에는 고운 가루 3/10 에바(660cc)에 기름 섞은 소제와 숫양 한 마리에는 고운 가루 2/10 에바(440cc)에 기름 섞은 소제와 매 어린 양에는 고운 가루 1/10 에바(220cc)에 기름 섞은 소제를 향기로운 번제로 여호와께 드리며 전제는 수송아지 한 마리에 포도주 반 힌(1,835cc 즉 1되) 이요 숫양 한 마리에 1/3 힌(1,223cc) 이요, 어린양 한 마리에 1/4 힌(918cc), 이는 일 년 중 매월 초하루에 드리는 번제며 숫염소 한 마리를 속죄제(贖罪祭)로 드려야 한다(민28:11-15).

■ 모세 후에 세워진 이스라엘의 절기

1. 부 림 절

부림절은 바빌로니아 시대가 끝나고 페르시아 시대 에스더와 모르드게 사건에서 생긴 절기이다. 바빌로니아 달력으로 12월 13일은 죽임을 당할 날에서 죽이는 날로 변했다. 그러나 수산성에서는 14일 하루를 더 연장하였다. 따라서 수산성에서는 15일, 기타 지방에서는 14일을 부림절로 지켰다.

유다 역사학자 요세프스(Josephus)에 의하면 그가 살던 당시에는 세계 곳곳에서 부림절을 지켰다고 기록한다. 부림절은 부르(pure)에서 온 것이며 이는 제비 뽑는다는 뜻으로 이것이 변하여 부림으로 되었다.

용어의 유래는 하만이 제비 뽑아서 유대 종교력으로 12월인 아달월 13일을 유다인 학살일로 정했기 때문이다(에3:7; 9:24-26). 이 절기는 가난한 사람들에게 나누며 선물을 주고, 서로 즐기는 절기가 되었고, 포수생활에서 오는 민족적 좌절 상태에서 하나님께 매달리면 구원의 손길이 임하심을 잘 나타내고 있다. 에스더와 모르드개가 편지로 각 지방 유대인에게 부림절을 지킬 것을 알렸다(에9:20-32).

* 에스더 왕비는 483 B.C.-473 B.C. 에 재위하였다.

2. 수 전 절

마케도니아의 알렉산더 대왕(336 B.C.-323 B.C.)은 무서운 힘으로 페르시아, 팔레스타인과 이집트를 정복했다. 그러나 일찍이 요절함으로 나라가 그 신하들에 의해 4등분 되었다. 그중 이집트를 기반으로 하는 프톨레마이오스왕조와 시리아를 기반으로 하는 셀레우코스왕조가 이스라엘에 지배권을 다투었다. 처음 이집트를 기반으로 하는 프톨레마이오스왕조가 유다에 대한 지배권을 가졌다. 그러나 셀리오코스 왕조 안티오코스 3세가 198 B.C. 프톨레마이오스왕조를 물리치고 유다에 대한 지배권을 갖게 된다.

이 왕조는 헬레니즘을 표방하였고 안티오코스 4세(175.B.C.-163 B.C.)는 예루살렘 성전에 그리스 신에게 그리스식 제사를 드리는 만행을 저질렀다. 제단에 돼지 머리를 올려놓는 등 성전을 모독하였다. 이에 대항하여 마카비 투쟁이 일어나고 164 B.C. 에 성전을 회복하여 깨끗하게 하였다. 수전절은 이 성전정화를 기념하는 축제일이다. 그리고 이 항쟁의 결실로 유다는 142 B.C. 독립 왕국 하스몬 왕조를 세우게 된다.

이 성전 정화운동을 기념하는 절기인 수전절(修殿節)을 하누카(Hanukkah)라 한다. 즉 빛의 축일이다(요10:22). 수전절은 키슬레브(kislev; 태양력으로 11, 12월경) 월 25일에 지켰다.

이스라엘의 제사

앞의 절기를 설명하면서 수많은 제사를 열거하였다. 우선 이 용어들이 낯설고 혼란스러웠을 것이다. 반면 절기와 제사가 뗄 수 없는 관계임을 이해했을 것이다. 기후–농경–절기–제사는 깊은 관계가 있다. 따라서 이를 같은 맥락에서 이해해야 한다.

모세오경에 나오는 제사를 드리는 목적과 제사 드리는 방법에 따라 분류하고 그에 대한 기본 개념을 이해하도록 한다. 그러나 이 목적과 방법은 분리되는 것이 아니고 제사의 목적에 따라 드려지는 제사의 방법이 여러 가지이다.

■ 제사의 목적에 따른 제사

제사 목적에 따르면 5가지 제사 즉 번제(燔祭), 소제(素祭), 화목제(和睦祭), 속죄제(贖罪祭), 속건제(贖愆祭)에 대해 이해를 하는 것이 필요하다. 이를 제사별로 제사의 성격, 목적, 특징, 의미, 그리스도 예수와의 관계, 관련 성경을 알아보도록 한다(레1:1–7:38).

＊ "(5) X와 관계"는 그리스도 예수와의 관련한 예표(豫表) 하는 내용이다.

1. 번 제

번제((燔祭 Burnt Offering; 레1:3–17)는 '올라가다'의 뜻을 지닌 동사 "알라"에서 파생된 명사로서 번제의 가장 큰 목적은 하나님을 기쁘시게 하는 것이다. 번제물은 흠 없는 수컷으로(레1:3) 드리는데, 짐승의 피를 제외하고 모든 것을 불살라 드린다. 자기의 소를 번제로 드리려고 하는 자는 제물 될 소위에 자기 손을 얹어 안수해야 한다. 그러므로 그 제물과 하나 되는 동시에 자신의 죄가 그 동물에게 전가된다(레1:4). 번제는 회막문에서 드리며(레1:3), 정한 거룩한 장소(민28:7)라야 한다. 또한, 번제는 아침과 저녁에 드려야 한다(민28:4, 8).

1) 성　격: 자원 및 의무
2) 목　적: 일상의 신앙 고백과 하나님을 경배하는 것이다.
3) 특　징: 흠 없는 제물을 준비하여 가죽을 제외한 제물 전체를 불살라 드린다.
4) 의　미: 드리는 사람이 하나님께 완전히 헌신함을 뜻한다.
5) X와 관계: 그리스도의 죽음은 완전한 헌신의 모범이시다.
6) 관련성경: 레1:3-17; 6:8-13; 롬12:1,2; 빌2:5-11

2. 소　제

소제(素祭 Grain Offering)는 유일하게 피가 없는 곡물의 제사이다. 소제는 번제와 화목제와 함께 드리는 경우도 있다(출29:38). 소제는 고운 가루로 바치는 제사로 향기로운 냄새가 제사의 목적이다. 누룩과 꿀은 삼가야 한다. 소제에는 유향을 첨가해야 하며(레2:1). 불변의 언약으로 소금을 치라고 하셨다(민18:19; 대하13:5). 하나님은 소제를 통하여 교제하신다.

1) 성　격: 자 원
2) 목　적: 하나님께 영광과 충성을 바치는 표, 순수하고 온전한 순종
3) 특　징: 피가 없는 유일한 제사로서 고운 곡식 가루를 기름, 유향, 소금 등과 섞어 불살라 드린다.
4) 의　미: 자신이 가진 모든 것이 하나님께 속했음을 인식한다.
5) X와 관계: 그리스도는 하나님과 인류를 위해 자신의 모든 것을 내어주셨다.
6) 관련성경: 레2:1-16; 9:16,17; 히4:15; 계12:11

3. 화 목 제

화목제(和睦祭 Fellowship Offering)는 감사제(感謝祭) 또는 서원제(誓願祭)라고도 하며, 하나님에게 자신의 사랑을 표시하여 즐거운 마음으로 드리므로 자원제(自願祭), 혹은 낙헌제(樂獻祭)라고도 한다. 화목제는 번제와 마찬가지로 소나 양이나 염소로 드릴 수 있다. 화목제의 특징은 제사 후에 공동식사를 한다. 화목제물은 거룩한 성막 뜰에서 먹어야 하며, 깨끗한 자만 먹어야 한다(레 7:19). "화목"은 '더 강한 기쁨, 행복, 번영'이라는 뜻이 있다.

1) 성　격: 자 원
2) 목　적: 하나님과의 특별한 친교를 위함이다.
3) 특　징: 제사 후에 제사 드린 사람들도 제물을 분배받는다. 드리는 동기에 따라 감사제(感謝祭), 서원제(誓願祭), 자원제(自願祭)로 구분된다.
4) 의　미: 하나님과의 화평과 교제이다.
5) X와 관계: 그리스도는 하나님과 인간이 친교 할 수 있는 유일한 길이다.
6) 관련성경: 레 3:1; 7:12,16; 롬 5:1; 골 1:20

4. 속 죄 제

속죄제(贖罪祭 Sin Offering)는 하나님 앞에 범죄 한 것을 용서받기 위한 제사이다. 따라서 의무제이다. 속죄제는 네 가지 등급으로 구분되어 있다.

첫째, 제사장이 범죄 한 경우(레4:1-12)

둘째, 이스라엘 회중이 범죄 한 경우(레4:13-21)

셋째, 족장이 범죄 한 경우(레4:22-26)

넷째, 평민이 범죄 한 경우(레4:27-35)이다.

속죄제의 경우에는 범죄 한 자에 따라서 피를 뿌리는 장소가 다른데 제사장이나 회중이 범죄 한 경우에는 성소 내 휘장과 분향 단에 뿌리고, 족장이나 평민이 범죄 한 경우에는 성막 뜰 번제 단에 뿌렸다. 7번 피를 뿌린 행위는 완전성과 거룩함을 상징한다. 희생 제물의 기름이나 콩팥부위는 번제 단에서 태워서 화제로 여호와께 드렸고, 그 나머지 즉, 가죽 그 모든 고기, 머리, 다리, 내장, 심지어 똥까지 완전히 태워야 한다.

1) 성　격: 의 무

2) 목　적: 무의식적인 범죄와 부정함과 허물을 용서받기 위한 제사이다.

3) 특　징: 각 사람의 신분, 지위(제사장, 이스라엘 온 회중, 족장, 평민, 극빈자)에 따라 제물이 다르다.

4) 의　미: * 하나님과 단절되었던 관계가 회복됨을 의미한다.
* 죽을 수밖에 없는 죄 때문에 드리는 제사이다.

5) X와 관계: 오직 그리스도의 죽음만이 사람이 하나님과의 교제를 회복한다.

6) 관련성경: 레4:1,13,22; 8:14-17; 요1:29; 요일1:7

5. 속 건 제

속건제(贖愆祭 Guilt Offering)는 세 가지 경우에 드려진다.

첫째, 여호와의 성물에 대하여 범한 경우(레5:15, 16)이다. 이때는 배상과 벌금을 내야 한다.

둘째, 여호와의 금하신 규율을 범한 경우(레5:17-19)이다.

셋째, 인간 상호 간에 범한 경우이다(레6:1-7).

1) 성　격: 의 무

2) 목　적: 하나님과 이웃을 적대관계에 놓이게 한 죄를 해결하고 보상을 받기 위한 제사이다.

3) 특　징: 범죄 한 대상(하나님, 사람)에 따라 제물이 다르며, 범한 물건의 1/5을 더 첨가하여 낸다.

4) 의　미: 불의하고 불공평한 일을 예방하고 보상한다.

5) X와 관계: 그리스도의 죽음은 죄로 인한 죽음에서 사람을 구원한다.

6) 관련성경: 레5:1-4, 15, 16; 7:1-7; 사53:4-6; 벧전2:21-24

■ 드리는 방법에 따른 제사

제사 드리는 방법에 따라서 화제(火祭), 거제(擧祭), 요제(搖祭), 전제(奠祭)가 있다. 이를 간단히 설명하도록 한다.

* "(4) X와 관계"는 그리스도 예수와의 관련한 예표(豫表) 하는 내용이다.

1. 화　제

화제(火祭 fire offering)는 제물을 불로 태워드리는 제사 방법이다. 하나님 앞에 드리는 향기로운 냄새이다.

(1) 제 사 법: 제물을 경배 드리는 사람이 가져와 안수하고 제사장이 잡은 희생 제물을 단위에서 불살라드리는 제사(레1:6-9; 3:3-9)이다.
단, 이때 그 피는 성막 기구 및 번제 단 주위에 뿌린다.

(2) 제　　물: 흠 없는 수소, 암소, 숫양, 암양, 숫염소, 암염소, 산비둘기, 집비둘기, 고운 곡식 가루, 기름, 유향 등의 모든 제물이다
(레1:3, 10, 14; 2:1, 2; 3:1, 6, 12; 4:23, 28).

(3) 해당제사: 번제(출29:18, 25; 레1:9, 13, 17), 소제(레2:1-16),
화목제(레3:3, 5, 9), 속죄제(레5:12), 속건제(레6:17, 18)이다.

(4) X와 관계: * 그리스도께서 성도의 죄를 대신 짊어지심을 상징한다.
(요1:29, 36; 고후5:21)
* 그리스도께서 성도의 속죄를 위해 피 흘리심을 상징한다.
(마26:28; 히9:12-14).
* 그리스도께서 성도를 위하여 생명 전체를 바쳐 희생하심을 상징한다. (마27:27-50)

2. 요　제

요제(搖祭 wave offering)는 제물을 제사장이 높이 들어 앞뒤로 흔들어 드리는 제사 방법이다.

(1) 제 사 법: 제사장이 하나님 앞에서 화목제물의 가슴 및 곡식 단을 높이 들어 앞뒤로 흔들어 드리는 제사(출29:24, 26)이다.
(2) 제　물: 화목 제물의 가슴, 첫 곡식 단(레23:15), 첫 이삭의 곡식으로 만든 떡(레23:20) 등이다.
(3) 해당제사: 화목제(레7:30), 속건제(레14: 12, 14), 땅의 처음 익은 곡식 바칠 때이다.
(4) X와 관계: * 그리스도께서 하나님의 기뻐하시는 제물로 바쳐짐을 의미한다. (골1:22; 히9:24, 25)
* 그리스도께서 생명의 양식으로 성도에게 주어지심을 상징한다. (요6:33-58; 롬8:32)

3. 거　제

거제(擧祭 heave offering)는 제사장이 제물을 위아래로 흔들어 드리는 제사 방법이다.

(1) 제 사 법: 제사장이 여호와 앞에서 화목제 희생 제물의 우편 뒷다리를 위아래로 흔들어 드린다.
(2) 제　물: 처음 익은 곡식 가루로 만든 떡, 타작마당의 곡식, 십일조, 포도주, 기름 등(레7:32; 민15:20)이다.
(3) 해당제사: 화목제(레7:14,22), 땅의 첫 소산물을 드릴 때, 십일조를 드릴 때, 전리품을 드릴 때이다.
(4) X와 관계: * 그리스도께서 하나님의 기뻐하시는 제물로 바쳐짐을 의미한다. (골1:22; 히9:24,25)
* 거제 제물은 그리스도께서 생명의 양식으로 성도에게 주어지심을 상징한다(요6:33-58; 롬8:32).

4. 전　제

전제(奠祭 drink offering)는 포도주나 독주를 다른 제물을 불살라 드릴 때 겸하여 부어 드리는 제사 방법이다.

(1) 제 사 법: 포도주나 독주를 다른 제물과 함께 부어 드린다(민28:7).
(2) 제　　물: 포도주, 독주(레23:13; 민28:7)이다.
(3) 해당제사: 번제(출29:40, 41), 소제(레23:13), 화목제 등(레23:19)이다.
(4) X와 관계: * 그리스도께서 하나님의 뜻을 이루기 위해 온 힘을 다하심을 상징 한다(마26:38-44).
* 그리스도께서 하나님의 구원섭리를 위해 생명을 다 바쳐 충성하심을 상징 한다(마27:46-51).

■ 제사 목적과 방법에 따른 제사의 상관

제사를 드리는 목적에 따라 5가지 제사가 있으나 각 제사에 따라서 드려지는 방법이 있다. 번제 같으면 화제와 전제를 방법으로 사용한다. 그래서 성경 본문에서 제사를 거론할 때 이를 혼용하게 된다. 성경을 통독하는 분들은 먼저 이 제사 용어를 이해하고 성경을 읽어야 이해가 쉬울 것이다.

방법 / 목적	화 제	요 제	거 제	전 제
번　　제	□			□
소　　제	□			□
화 목 제	□	□	□	□
속 죄 제	□			
속 건 제	□	□		

이스라엘의 역사

■ 족장 시대 (2100 B.C.-1800 B.C.)

배 경

이 기간의 성경 : 창세기, 욥기.

가나안에서 일어난 일들

2166 B.C.	아브라함 출생
2091 B.C.	아브라함 75세에 가나안으로 이주
2066 B.C.	이삭 출생
2006 B.C.	야곱과 에서 출생
1929 B.C.	야곱 하란으로 도피하다.
1915 B.C.	요셉 출생
1898 B.C.	요셉 이집트의 노예로 팔려간다.
1885 B.C.	요셉 이집트의 총리가 된다.
1876 B.C.	야곱과 그 가족이 이집트로 이사한다.
1805 B.C.	요셉 죽음
1800 B.C.–1446 B.C.	이스라엘이 이집트의 노예로 지낸다.

* 여기서 다루는 이집트 관련 연대기는 Wikipedia, the free encyclopedia, Dynasty of Egypt에 따르고 이스라엘의 연대는 CLASB(2004)에서 원용하였다.

메소포타미아에서 일어난 일들

3300 B.C.–2100 B.C. 청동기시대(석기와 철기시대의 중간기) 초기
2000 B.C.–1500 B.C. 청동기시대 중기를 거치면서 문명이 발달한다.

이집트에서 일어난 일들

2686 B.C.–2181 B.C. 이집트 옛 왕조시대(제3 왕조–제6 왕조)
2181 B.C.–1991 B.C. 이집트 제1 중간기 왕조시대(제7 왕조–제11 왕조)
제11 왕조(2134 B.C.–1991 B.C.)의 테베지역은 제1 중간기에, 이집트 전체는 중 왕조에 포함된다.
2134 B.C.–1690 B.C. 이집트 중 왕조시대(제11 왕조–제14 왕조)
1674 B.C.–1549 B.C. 이집트 제2 중간기 왕조(제15–17 왕조)

아브라함

아브라함(Abraham)

출생지: 갈대아 우르 아버지: 데 라 아 내: 사 라
아 들: 하갈에게서 이스마엘; 사라에게서 이삭;
후처 그두라에게서 시므란, 므단, 미디안, 이스박, 수아
장 지: 헤브론 마므레
성 경: 창11:27–25:11

아브라함(Abraham)은 셈의 후손이다. 셈의 후손은 셈(1) → 아르박삿(2) → 셀라(3) → 에벨(4) → 벨렉(5) → 르우(6) → 스룩(7) → 나홀(8) → 데라(9) → 아브람과 나홀과 하란(10)으로 아브라함은 셈의 10대 손(孫)이 된다(창11:10–26).

* ( )내 숫자는 셈으로 부터 대수(代數)이다.

아브라함은 하나님이 부르셔서 믿음의 조상(祖上)으로 삼은 사람이다(창12:1–9). 그

는 본래 아버지 데라와 더불어서 유프라테스 강 하류 티그리스 강과 합류하는 지점에서 약간 북쪽의 갈대아 우르(Ur)에 살다가 여기서 아버지와 함께 유프라테스 강 상류인 하란으로 이주하여 살고 있었다(창11:31).

여기서 하나님은 아브라함을 부르시고 하란을 떠나서 가나안으로 가라 명하신다. 이로써 아브라함 가(家)는 선택된 가문이 되었고 그들의 후손은 하나님의 선민(選民)이 된다. 하나님의 일방적 선택이라는 점을 기억해야 한다.

이로써 가나안이 이스라엘인들에게는 약속의 땅이 된 것이다. 사실 가나안 땅 북쪽에 유프라테스 강과 티그리스 강 사이에 메소포타미아(현재 이라크의 영토와 거의 일치한다)는 인류역사에서 인류의 발상지라고 한다. 또 남쪽에 오래전에 나일 강을 중심으로 강대한 국가를 형성한 이집트는 이 약속의 땅의 남쪽에 자리한다. 약속의 땅은 강대한 두 세력의 중간에 끼이게 된다.

왜 하나님은 강대한 세력 사이에 있는 땅을 약속의 땅으로 주셨을까? 이 역시 하나님의 섭리이시다.

아브라함은 가나안 땅에 들어와서 세겜(창12:6), 헤브론(창13:18), 브엘세바(창21:31, 32) 등에 거주하였다. 그러나 아브라함은 세겜에 잠시 머물고 약속의 땅을 버리고 이집트로 내려가는 우를 범한다(창12:10-16). 이유는 기근으로 생계를 유지하기 어려웠기 때문이며 또 하나님이 주신 땅에 이미 거주하는 사람들이 있었다(창20:1-18).

아브라함이 하나님을 믿으니 그의 믿음으로 인해 그를 의로 정하셨다(창15:6). 여기서 믿음으로 의에 이른다는 신앙의 기본이 생긴다. 더 나아가서 아브라함으로 믿게 하신 분이 하나님이시다. 고로 그 믿음은 은혜로 주신 것이다. 믿음은 인간의 노력으로 얻어지는 것이 아니다. 하나님의 선택이라는 기본에 확실히 서서 성경을 이해해 나아가야 한다.

아브라함이 믿음의 사람임을 증거 하는 사건이 있다. 하나님은 100세에 얻은 그의 아들인 이삭을 번제물로 드리라는 것이다. 창세기 22장의 기록을 보면 아브라함의 행동에는 주저함이 없이 이삭을 번제물로 드리러 떠난다. 브엘세바에서 모리아산 즉 예루살렘까지는 80km로 3일 길에 해당하고 이 길은 하나님과 아브라함과의 동행의 길이었다. 이삭을 드렸던 그 산 모리아산은 후에 솔로몬 성전이 세워지는 성전 터가 되는 곳이다(창22:1-12).

다음 아브라함과 멜기세덱의 관계를 보면 아브라함은 롯을 구하기 위해 이스라엘의 북쪽 경계가 될 단에서 더 북쪽 호바까지 적을 따라가서 롯과 그 가족 그리고 그의 모든 재물을 찾아오게 된다. 돌아오는 아브라함을 맞이한 이는 제사장 멜기세덱인데 그는 거룩한 제사장이요 하나님의 거룩한 왕이다. 왕과 제사장은 겸하지 못하는 것이 후세대 율법의 원리이다. 그러나 멜기세덱은 살렘의 왕이면서 제사장이었다.

아브라함은 멜기세덱에게 십일조를 드리고 멜기세덱은 아브라함에게 축복한다(창14:17-24). 아론의 제사장 직이 있기 이전에 하나님은 멜기세덱을 제사장으로 삼으셨다.

이 멜기세덱은 신약의 그리스도 모형으로 묘사되며 예수께서 멜기세덱의 제사장 반열에 스셨음을 히브리서 기자는 설명한다(히7:11-15).

이 삭

이 삭(Isaac)

출생지: 확실하지 않음　　아버지: 아브라함　　아　내: 리브가

아　들: 에서와 야곱

장　지: 헤브론 마므레

성　경: 창21:1-28:5; 35:27, 28; 49:31

이삭(Isaac)은 아브라함의 적자이다. 아브라함에게 약속하신 은혜 즉 축복을 하나님은 다시 이삭에게 재확인하신다.

이삭이 거주하던 땅, 브엘라해로이 Beer lahai roi[4]; 사해 남서쪽, 가데스바네아 북서쪽 19km 지점에 있으며 뜻은 생존자의 우물이다. 흉년이 들어 블레셋 땅 그랄(가사 동남방, 브솔 강 중류에 있는 성읍)로 이주하였다. 그랄이나 가사는 블레셋 평원에 위치하고 농산물이 풍부한 곳이다. 반면 브엘라해로이는 사막 가운데 땅이다. 상대적으로 아브라함이나 이삭이 어려운 환경에 처해 있었음을 알 수 있다.

하나님은 이삭에게 나타나시어 이집트로 가지 말라고 하시며 아브라함에게 축복하던 것을 다시 이삭에게 약속하시며 아브라함의 순종이 하나님에게 선으로 인정되셨다는 것과 이삭에게 아브라함과의 약속을 재확인하신다. 이 그랄로 이주는 아브라함 때 첫 흉년으로 이곳에 간(창12:10) 일이 있고 약 1세기 후인 지금 이삭이 다시 이곳으로 기근을 피하여 이주한 것이다(창26:1-5).

4) 브엘라해로이는 광야에서 하갈이 천사를 만난 곳(창16:14), 이삭이 리브가를 마지한 곳(창24:62)이며 우물을 판 곳이다.

아브라함이나 이삭의 이주는 실패로 끝나지만, 항상 하나님은 그들을 선한 길로 이끄시고 복을 주셨다.

야 곱

야 곱(Jacob)

출생지: 그랄(?)　　아버지: 이삭　　아　내: 레아, 라헬
아　들: 레아에게서 르우벤, 시므온, 레위, 유다, 잇사갈, 스불론
　　　라헬에게서 요셉과 베냐민
　　　라헬의 여종 빌하에게서 단과 납달리
　　　레아의 여종 실바에게서 갓과 아셀(2명) 로 이스라엘 십이지 파이다.
장　지: 이집트에서 죽고 헤브론 마므레에 장사하다.
성　경: 창25:1-50:26; 수24:32

야곱은 이삭의 아들로 이삭(창26:3-5)에 이어 아브라함의 축복(창12:1, 2)을 이어받는 정통성을 가진다(창27:27-29). 이삭이 야곱에게 한 축복은 아브라함과 이삭에게 내린 축복을 재확인한다는 데 그 의미가 있다.

야곱은 장자로서 하나님의 축복을 받기를 소원한 사람이다. 그래서 형에게서 장자의 명분을 산다(창25:27-34). 또 어머니 리브가의 사주를 받아 에서로 분장하고 아버지 이삭의 축복을 받는다(창27:19-29). 일종의 사기극인 것이다. 그러나 그의 열망이 담겨 있었다.

1. 야곱의 하란 도피와 하나님의 축복

야곱이 형인 에서의 진노(震怒)를 피하고 또 동족 중에서 아내를 맞이하기 위해 아브라함의 고향 하란으로 도피한다. 그는 브엘세바를 떠나서 헤브론을 지나 벧엘까지 외로운 길을 갔을 것이다. 그가 벧엘에 이르렀을 때 그 밤에 야곱은 하나님으로부터 사닥다리 언약을 받게 된다(창28:16-22). 이 언약은 아브라함과 하신 언약의 확인이며 계승이다. 그 괴로웠던 곳이 하나님을 만나고 나니 그곳이 하나님의 집이요, 하늘의 문임을

깨닫게 된다. 야곱은 하나님 앞에 서원한다. 믿는 자의 서원은 하나님과의 어떤 조건을 제시하는 것이 아니다. 하나님께서 주신 은혜에 대한 감사의 고백일 뿐이다.

하란에서 그는 두 아내와 두 첩을 얻게 된다. 그리고 많은 자식과 재물을 얻어 고향으로 돌아온다.

야곱이 하란으로 갔던 길을 살펴보면 브엘세바 → 헤브론 → 벧엘 → 세겜 → 요단강을 도강하여 → 요단강 동편에 있는 숙곳 → 브니엘 → 마하나임 → 다메섹 → 하마스 → 에브라 → 알레포 → 갈그미스 → 하란으로 간 것 같다.

2. 야곱의 가나안 귀환과 하나님의 축복

돌아오는 길은 갔던 길을 역행한 것 같다. 하란 → 길르앗 북부 미스바에서 외삼촌 라반과 계약을 체결하여 서로 침범하지 않기로 약속하고(창31:43-55) → 마하나임에서 하나님의 군대를 만나고(창32:1, 2) → 브니엘에서 하나님과 대면하여 축복을 다시 받고(창32:13-32), 여기서 에서와 화해의 재회를 한다. → 그리고 브니엘 서쪽, 요단강을 건너기 전에 숙곳에서 1차 정착을 한다.

마하나임은 후세대에 왕의대로 상의 성읍이고 여기서 얍복 골짜기로 연결하면 브니엘과 숙곳에 이른다. 숙곳은 요단 계곡의 비교적 평지를 이루는 곳이다. 야곱은 왕의대로로 남하해서 얍복 계곡을 따라 브니엘과 숙곳으로 이동했다. 야곱과 하나님의 약속은 벧엘에서 하였기 때문에 그리로 갔어야 한다. 그러나 야곱은 편안한 땅에 머물러있게 된다. 아마 여기서 야곱은 심신의 피로를 풀었을 것이다. 그리고 요단강을 건너 요단 서쪽 가나안 땅으로 들어간다.

요단강을 건넌 야곱은 세겜(에발 산과 그리심 산 중간의 계곡) 땅을 2차 정착지로 한다. 세겜은 아브라함이 가나안땅에 들어와서 처음 제단을 쌓은 곳이다(창12:6, 7). 야곱도 가나안땅에 들어와서 이 세겜에서 첫 단을 쌓았다. 그러나 이곳에서 추장 세겜이 야곱의 딸 디나를 강간한 사건으로 야곱에게 좋은 곳이 아니었다.

그 후 야곱은 벧엘에 정착하고 제단을 쌓고 하나님을 만나 다시 축복을 확인하고 두 돌기둥을 세우고 전제를 드렸다. 여기서 야곱은 이스라엘이 된다(창35:1-5). 여기서 남쪽으로 이동하는 중에 베들레헴 근처에서 라헬이 베냐민을 낳다가 죽어 장사지내고(창16:16-22). 계속 남하하여 아버지 이삭이 살고 있는 헤브론 근처 마므레에 이르러 정착한다.

야곱의 최후 정착지는 헤브론이다. 이삭이 180세에 죽는다. 이스라엘은 아버지 이삭에게로 계속 이동하여 헤브론(=기럇아르바)에 도착하였다. 이스라엘은 에서의 노여움을 피하여 브엘세바에서 떠나 하란 즉 외삼촌 라반의 집까지 800km를 갔었다. 거기서 열한 아들을 얻고 많은 재물을 이끌고 부모가 사는 곳 헤브론으로 돌아왔다. 하란에서 20년 그리고 숙곳과 세겜에서 세월을 보내고 벧엘을 거쳐서 이제 이삭이 말년이 되어서 비로소 부모의 집을 찾은 것이다. 참으로 오랜 시간이다. 이스라엘이 이삭을 떠나 30년이 지난 후의 귀향이었으나 이삭은 생을 마치는 시점이 되었다. 그리고 이삭은 죽어 막벨라굴에 장사지내게 된다(창35:27–29).

여기서 전개되고 있는 역사는 아브라함을 선택하시고 축복하신 하나님이 계속 그의 아들들 이삭과 야곱에게 그리고 요셉에게 하나님의 약속을 재확인하시고 그 축복이 영원하심을 보증하는 역사이다.

3. 야곱의 이집트 이주와 하나님의 축복

이미 가나안에는 상당한 세력을 가진 7 족속들이 터전을 잡고 살고 있었다. 이들 사이에서 이스라엘이 세력을 확장하고 땅을 차지하여 국가를 이루기는 어려운 상황이었다. 또 이 가나안에 사는 사람들의 죄악이 그들을 진멸(盡滅)할 정도로 악하지는 아니하였다.

하나님은 이스라엘이 성장할 땅을 주시기로 하였다. 그래서 요셉을 이집트로 보내시는 경륜을 펴신다. 형들이 요셉을 대상(隊商)에게 팔아버리는 만행은 용납할 수 없는 일이지만 이는 하나님이 요셉을 이집트로 보내는 과정의 일이다. 형들은 잘못하였다. 하나님의 섭리를 이루는 과정에서 악역(惡役)을 맡아야 하는 사람들이 있다. 불행한 일이지만 은혜를 받은 사람은 잘못에 대한 회개가 반드시 있다(창45:1–15).

야곱 가(家)의 이집트 이주는 한 국가를 이루기 위한 하나님의 섭리에 의한 것이다. 1876 B.C. 이집트 이주하여 1446 B.C. 출애굽 하는 430년간은 한 가족이 한 민족을 이루는 시기이다. 그래서 그 자손이 하늘의 별과 같이 바다의 모래알같이 많아지는 양육의 시기라고 하여야겠다.

하나님은 아브라함에게 주실 땅의 경계를 구체적으로 이집트 강에서 유프라테스 강까지로 정하시고 가나안 땅을 주실 것을 약속 하셨다(창15:18–21). 이 무대에 설 배우들을 양육하시는 계획이 이집트 이주라고 보면 어떨까?

1) 가나안에서 이집트로 내려간 이스라엘의 자손들

이집트로 간 이스라엘의 자손을 모계 중심으로 보면 다음과 같다. 이들은 모두 70인이며 이스라엘 국가 형성의 기본 구성원이 된다(창46:8–27).

레아의 소생들:

르우벤과 르우벤의 아들 하녹, 발루, 헤스론, 갈미(5명)
시므온과 그의 아들 여무엘, 야민, 오핫, 야긴, 스할, 사울(7명)
레위와 그의 아들 게르손, 그핫(=고핫), 므라리(4명)
유다와 그의 아들 셀라, 베레스, 세라, 베레스의 아들은 헤스론, 하물(6명)
잇사갈과 그의 아들은 돌라, 부와, 욥, 시므론(5명)
스불론과 그의 아들은 세렛, 엘론, 얄르엘(4명)
딸 디나를 합하여 남자와 여자가 합계 33명이다.

실바의 소생들:

갓과 그의 아들은 시본, 학기, 수니, 에스본, 에리, 아로디, 아렐리(8명)
아셀과 그의 아들은 임나, 이스와, 이스위, 브리아 그들의 누이 세라,
또 브리아의 아들은 헤벨, 말기엘(8명)로 합계 16명이다.

라헬의 소생들:

요셉과 그의 아들은 므낫세, 에브라임(3명)
베냐민과 그의 아들은 벨라, 베겔, 아스벨, 게라, 나아만, 에히, 로스, 뭅빔, 빔,
아릇(11명) 등 합계 14명이다.

빌하의 소생들:

단과 그의 아들 후심(2)
납달리와 그의 아들은 야스엘, 구니, 예셀, 실렘(5)으로 합계 7명이다.

2) 야곱의 죽음과 형제간의 화해

이스라엘은 열두 아들에게 축복하고 자기가 죽으면 이집트에 장사하지 말고 가나안 땅 헤브론에 있는 막벨라 굴에 장사하라고 유언한다. 이 막벨라 굴은 아브라함이 헷 사람에게서 산 것이요 아브라함. 사라, 이삭, 리브가, 레아가 묻혀있는 곳이다. 자신도 이 선영에 두기를 유언한 것이다(창49:28-33).

야곱은 간교한 사람이었다. 그러나 그가 약속의 땅에 관한 믿음은 그의 유언으로 잘 나타난다. 이런 간절함 같은 것이 중요하다.

야곱의 죽음을 애도하는 70일간의 기간을 마치고 가나안땅 헤브론 막벨라 굴에 장사 지냈다. 70일간의 이집트에서의 애도 기간이 끝난 후 이집트에서 가나안땅 막벨라 굴로 이동하는 행상(行喪)이 호대(浩大) 하며 질서 정연하였다. 가나안 땅 헤브론 아닷 마당(아닷은 타작마당의 주인의 이름 같음)에서 또 7일간의 애곡(哀哭)함으로 그 애통함을 보고 그곳 이름을 '아벨미스라임'이라 바꾸었다. 고센 땅에서 장지 막벨라 굴까지는 500km 정도가 된다(창50:7-11).

이런 과정은 요셉의 마음을 주관하시는 하나님께서 행하신 일들이며 요셉으로 그 형제와 다시 화해하고 사랑으로 하나 되는 역사를 이루신다. 이 화해가 있어서 이스라엘이 이방 땅 이집트에서 그들의 민족을 형성하는 힘을 갖게 된다

■ 이스라엘 국가의 생성 (1800 B.C.-1406 B.C.)

배 경

이 기간의 성경 : 출애굽기, 레위기, 민수기, 신명기

고센 땅과 광야에서 일어난 일들

1885 B.C.	요셉 이집트의 총리가 됨
1876 B.C.	야곱과 그 가족이 이집트로 이사함
1805 B.C.	요셉 죽음
1800 B.C.–1446 B.C.	이스라엘이 이집트의 노예가 됨
1526 B.C.	모세 출생
1446 B.C.	이스라엘 백성 출애굽
1446 B.C.	모세가 십계명을 받음
1445 B.C.	두 번째 유월절을 지킴
1443 B.C.	이스라엘 가나안 입성이 연기됨
1446 B.C.–1406 B.C.	이스라엘 광야생활
1406 B.C.	모세 죽음

메소포타미아에서 일어난 일들

1500 B.C.–1200 B.C.	후기 청동기시대

이집트에서 일어난 일들

◆ **이집트 중 왕국 시대(Middle Kingdom: 2055 B.C.–1650 B.C.)**

제12 왕조: (1991 B.C.–1806 B.C.)

아메넴헷트 1세(Amenemhet I: 1991 B.C.–1962 B.C.)

세누스렛트 1세(Senusret I: 1971 B.C.–1926 B.C.)

아메넴헷트 2세(Amenemhet II: 1929 B.C.–1895 B.C.)

1898 B.C. 요셉 이집트에 팔려간다.

세누스렛트 2세(Senusret II; 1897 B.C.–1878 B.C.)

1885 B.C. 요셉 이집트의 총리가 된다.

세누스렛트 3세(Senusret III; 1878 B.C.–1839 B.C.)

1875 B.C. 야곱 일가가 이집트로 이주한다.

아메넴헷트 3세(Amenemhet III; 1860 B.C.–1814 B.C.)

아메넴헷트 4세(Amenemhet IV; 1815 B.C.–1806 B.C.)

소벡크네페루(Sobekhneferu 여왕(1806 B.C.–1802 B.C.)

1805 B.C. 요셉이 죽는다.

제13 왕조(1802 B.C.–1649 B.C.)

제14 왕조(1705 B.C.–1690 B.C.)

◆ 제2 중간기 왕조(Second Intermediate Period; 1650 B.C.–1550 B.C.)

제15 왕조(힉소스 왕조: 1674 B.C.–1535 B.C.)

제16 왕조(1660 B.C.–1600 B.C.)

제17 왕조(1650 B.C.–1549 B.C.)

◆ 신 왕국 시대(New Kingdom Period: 1550 B.C.–1069 B.C.)

제18 왕조(1550 B.C.–1292 B.C.)

아흐모세(Ahmosis: 1549 B.C.–1524 B.C.)

1526 B.C. 이집트에서 모세 출생한다.

아멘호텝 1세(Amenhotep I: 1524 B.C.–1503 B.C.)

툿트모세 1세(Thutmosis I: 1503 B.C.–1493 B.C.)

툿트모세 2세(Thutmosis II: 1493– B.C.1479 B.C.)

1486 B.C. 모세가 살인하고 미디안으로 도피한다.

* 여기서 다루는 이집트 관련 연대기는 Wikipedia, the free encyclopedia, Dynasty of Egypt에 따르고 이스라엘의 연대는 CLASB(2004)를 원용하겠다.

하첸숫트 여왕(Hatshepsut: 1479 B.C.−1458 B.C.)
툿트모세 3세(Thutmosis III: 1479 B.C.−1424 B.C.)
1446 B.C. 이스라엘 백성이 모세의 인도로 출애굽 한다.
아멘호텝 2세(Amenhotep II: 1424 B.C.−1398 B.C.)
툿트모세 4세(Thutmosis IV: 1398 B.C.−1388 B.C.)

요 셉

요 셉(Joseph)

출생지: 헤브론　　아버지: 야 곱
아　내: 아스낫(Asenath)　　아　들: 에브라임, 므낫세
장　지: 세 겜
성　경: 창30:23−25, 37:2−50:26; 수24:32

1. 선민국가(選民國家) 기틀의 준비

하나님은 이스라엘이 국가로 성장하게 하시기 위해서 요셉을 이집트로 보내신다. 요셉의 이복형들이 요셉을 이스마엘 대상에게 팔아넘기지만, 이는 요셉을 이집트로 보내시려는 하나님의 경륜이며 그 가운데 이복형들이 악역을 한 것뿐이다. 그러나 악역을 담당하는 것은 불행한 일이다(창37:25−28).

요셉이 보디발의 집에 팔려갔으나 하나님이 그에게 복을 주시어 가정에 총무가 되고 요셉으로 말미암아 보디발의 가정에 하나님의 복이 임하여 형통(亨通)하게 하시었다(창39:1−6).

요셉의 용모가 뛰어나고 준수함으로 보디발의 아내의 유혹을 받으나 단호히 거절하고 자신을 지켰고 끈질긴 여인의 유혹은 그에게 올무가 될 수밖에 없었다. 신앙을 지키려는 사람에게 항상 유혹이 있는 법이다. 그러나 잘 이기는 자에게는 상이 크다(창39:7−11).

보디발의 아내의 간계(奸計)로 요셉이 보디발에 의하여 감옥에 갇힌다. 그러나 악의 세력에 진 것이 아니라 하나님의 섭리를 이루는 과정에 불과하다. 보디발의 아내는 하나님의 섭리를 이루는 과정에서 악역을 맡은 사람이다. 역시 보디발도 그 역할 수행에

불과하다(창39:19-23).

바로가 꿈을 꾸고 해몽할 사람을 찾는다(창41:1-8). 이에 부응해서 바로의 꿈을 해석하고(창41:25-32), 요셉은 꿈의 대처방안으로 바로에게 현자를 구하여 이 위기를 잘 극복할 방안을 창출하라 권하나 바로는 이 일을 책임질 사람은 바로 요셉이라 생각하고 그에게 만인지상 일인지하(萬人之上 一人之下)인 총리에 임명하고 자신은 왕좌뿐이요 실질적 다스리는 자로 요셉을 세운다. 이때 요셉의 나이 30세가 되었는데 이집트에 팔려올 때가 17세이니 13년간 요셉은 하나님과 동행하면서 준비해 온 일이다(창41:33-44).

요셉이 총리 된 것이 1885 B.C. 이니, 이때 요셉을 총리로 임명한 왕은 세누스렛트 2세(Senusret II; 1897 B.C.-1878 B.C.) 치세이며 야곱이 이집트로 이주한 것은 그 후 10년 뒤인 1875 B.C. 이므로 7년 대풍 뒤에 이은 대 흉년의 초기가 될 것이다. 야곱이 이집트로 이주할 때 이집트 왕은 세누스렛트 3세(Senusret III; 1878 B.C.-1839 B.C.)인 것 같다.

당시 이집트나 유럽에서는 30세가 공직에서 책임 있는 자리로 나가는 나이이다. 이스라엘에서도 후에 30세가 제사장이 되는 나이였다.

하나님께서 이스라엘에게 이집트로 가라고 명하셨다. 하나님은 야곱에게 나타나시어 이집트로 가는 일을 두려워하지 말 것과 큰 민족을 이루어 다시 돌아올 것을 약속하신다. 야곱은 모든 재물과 가족을 이끌고 헤브론에서 떠나 브엘세바에 와서 하나님께 희생제를 드리고 하나님을 만나고 온 가족이 이집트로 내려간다(창46:1-7).

요셉의 인도로 이스라엘은 고센 땅에 정착한다. 고센 땅은 나일강 하류 나일 삼각주 동편 기슭 외딴 지역에 있다. 하나님이 준비하신 땅이며 한 국가로 성장할 만한 곳이다. 이집트에서는 라암셋으로 불렸고 풍요의 땅으로 농경을 중심으로 하며 목초가 풍부한 곳이다. 이집트인들에게 목축은 천한 것으로 여겨졌으며 안정된 농업으로 정착된 사회에서 이질적으로 느껴졌을 것이다. 이스라엘이 정착한 고센 땅은 이집트 변방이 된다(창46:28-34).

2. 선민국가(選民國家)의 기틀을 준비한 땅

이스라엘 일가의 이집트 정착을 바로가 승인한다. 요셉은 야곱과 요셉의 형 중 5명을 택하여 바로를 만나게 하고 고센 땅에 거주할 것을 허락받는다. 요셉은 그의 일족을 고센 땅 중에 좋은 땅, 라암셋에 거주하게 하고 요셉은 그들을 부양하게 된다. 큰 민족을 이루는 터전이 마련된 셈이다. 이 땅에서 하나님이 축복하시어 이스라엘 민족을 왕성하게 하시었다(창47:1-12).

그러나 이들은 이곳이 하나님이 약속으로 주신 땅이 아님을 잘 알고 있었다. 그들이 돌아갈 땅은 가나안 땅이다. 그래서 야곱은 죽음을 앞두고 자신의 장지로 조상이 묻힌 약속의 땅 가나안 땅에 묻을 것을 유언으로 남긴다. 요셉은 아버지 이스라엘의 장례를 가나안 땅에 가서 하도록 바로의 허락을 받고 아버지 이스라엘의 유언에 따라서 헤브론 마므레에 장사지낸다(창50:1-6).

민족의 양육은 고센 땅에서 하지만 그들이 돌아갈 곳은 약속의 땅이다.

모 세

모 세(Moses)

출생지: 이집트 아버지: 아므람
아 내: 십보라 아 들: 게르솜, 엘리에셀
장 지: 모압 평원
성 경: 출2:1-4:31, 신34:12

1. 모세가 부름을 받다.

여호와께서 모세를 부르셨다. 모세가 양 떼를 치기 위하여 호렙 산에 갔을 때 떨기나무 사이에서 불이 일어났는데 나무는 타지 아니하고 불꽃만 있어서 모세가 그리로 갈 때 하나님이 부르시고 이스라엘 백성을 이집트에서 인도하여 가나안 땅으로 가라고 명령을 하신다. 그러나 모세는 감히 그런 일을 할 수 있다고 생각하지 못했다. 바로와 대적해서 이스라엘 백성을 끌어낼 자신이 없었다. 하나님은 자기의 섭리를 실현하시는데, 모세를 쓰시는 것이지 모세의 능력 때문에 그를 쓰시고자 하는 것이 아니다(출3:1-12).

2. 가나안으로 가라는 하나님의 명령

하나님은 모세로 이스라엘의 장로회를 소집하여 하나님의 명령을 전달하고 수행하도록 하시고 이집트의 왕이 순순히 나아가도록 하지 않을 것이기 때문에 강한 손으로 칠 것이며, 결국 이스라엘 족속이 자기 재물을 모두 가지고 나아갈 것을 말씀하셨다. 이들이 이집트에서 나와서 갈 곳은 가나안 땅이다. 이는 하나님이 아브라함과 이삭과 야곱에게 약속하신 땅이다(출3:16-22).

3. 바로와의 대결

모세와 아론이 바로 앞에 서서 하나님의 말씀 즉 이스라엘 백성을 보내어 가도록 하라고 이르신 하나님의 말씀을 바로에게 전하나 바로는 완악한 심령으로 허락하지 않는다. 그러나 첫째, 바로의 완악함은 여호와의 권능을 나타내실 기회를 갖는 것이며, 둘째, 이스라엘 백성의 불평은 하나님을 믿지 않고 있음을 나타내며, 셋째, 바로나 이스라엘 백성이 하나님의 권능을 믿게 하는 계기(契機)가 된다(출5:1-21; 7:1-12:36).

이 대결은 잘 알려진 10가지 재앙과 최후에 장자와 처음 난 것을 모두 죽이는 대재앙을 불러오게 된다. 이로써 이스라엘에는 유월절과 무교절이라는 절기가 생기고 하나님의 권능이 크심을 바로나 이스라엘 백성이 알도록 하셨다.

이집트에 내린 10가지 재앙

첫 째 재앙 : 물이 피가 되었다. (출7:14-25)
둘 째 재앙 : 개구리가 올라왔다. (출8:1-15)
셋 째 재앙 : 티끌이 이가 되었다. (출8:16-19)
넷 째 재앙 : 파리가 가득하였다 (출8:20-32)
다섯째 재앙 : 가축이 모두 죽었다. (출9:1-7)
여섯째 재앙 : 악성 종기가 생겼다. (출9:8-12)
일곱째 재앙 : 우박이 내렸다. (출9:13-35)

여덟째 재앙 : 메뚜기가 땅을 덮었다. (출10:1-20)
아홉째 재앙 : 흑암이 땅을 덮었다. (출10:21-29)
열　째 재앙 : 처음 난 것들이 모두 죽었다. (출12:29-36)

바로는 이 열 번째 재앙을 겪고 비로소 이스라엘을 보낸다. 이로써 유월절 새 역사가 이루어진다(출12:1-14). 유월절 어린양은 신약시대 예수 그리스도의 모형일 것이다.

4. 이스라엘의 출애굽과 하나님과의 계약

이스라엘이 하나님의 인도하심으로 이집트 땅에서 나온다. 430년 전(1876 B.C.-1446 B.C.)에 70명이 이주하였는데 20세 이상 남자만 60만이 나왔다. 60만은 인구의 1/4로 보면 정확할 것이다. 고로 출애굽 인구는 240만 명 이상이 될 것이다. 이런 수는 한 국가를 이룰 수 있는 수로서 충분할 것이다(출12:37-42).

이때 이스라엘 자손에게 하나님이 언약을 세워서 세계가 다 내게 속하고 너희가 내 말을 잘 듣고 내 언약을 지키면 너희는 모든 민족 중에서 내 소유가 되겠고 너희가 내게 대하여 제사장 나라가 되며 거룩한 백성이 되리라고 하셨다(출18:1-9).

약속은 계약으로 이루어지는데 이는 모세가 십계명을 받음으로 그 백성은 율법을 지키고 하나님은 그들을 자녀로 삼으시게 된다. 이 큰 역사는 십계명을 모세가 시내 산에서 하나님께 받으므로 이루어진다. 제1-제4계명까지는 하나님에 관한 계명이고, 제5-제10계명은 사람들에 관한 계명이다(출20:1-17; 신5:6-21).

5. 국가를 이룰만한 민족의 형성

출애굽 한 이스라엘에 대해 하나님은 인구 조사를 시행하셨다. 1차 조사는 1445 B.C. 2월 1일 시내광야에서 실시하였고(민1:1-46), 2차 조사는 1406 B.C. 사해 바로 북쪽 요단강 동쪽 모압 평지에서 실시했다(민26:1-51). 이 두 조사에서 나타난 인구통계는 아래 표를 참조해두기 바란다.

광야에서 이스라엘의 1차와 2차 인구조사

조 사 / 지 파	1차 조사 1445 B.C. 시내광야	2차 조사 1406 B.C. 모압평지	↑ 증, ↓ 감
르 우 벤	46,500	43,730	↓ 2,770
시 므 온	59,300	22,200	↓ 37,100
갓	45,650	40,500	↓ 5,150
유 다	74,600	76,500	↑ 1,900
잇 사 갈	54,400	64,300	↑ 9,900
스 불 론	57,400	64,300	↑ 3,100
므 낫 세	32,200	52,700	↑ 20,500
에브라임	40,500	32,500	↓ 8,000
베 냐 민	35,400	45,600	↑ 10,200
단	62,700	64,400	↑ 1,700
아 셀	41,500	53,400	↑ 11,900
납 달 리	53,400	45,400	↓ 8,000
총 계	603,550	601,730	↓ 1,820

두 번째 인구 조사는 모세와 제사장 엘르아살에게 지시하여 실시하였다. 이 2차 조사는 가나안 입성에 필요한 것들이다. 즉 가나안 진격에 필요한 전투원과 가나안에 들어가서 인구수대로 땅을 분배하는 기초자료이다.

두 조사 사이에 인구의 변동이 크지 않다. 광야진행과정에서 소멸한 인구를 생각해야 하겠다. 모압 평지에서 인구 총수는 60만2천 명, 레위 족속 2만3천 명을 합하며 62만5천이 될 것이고 이의 4배를 전체 인구로 본다면 250만 명이 될 것이다.

레위 족속의 계수는 열두지파의 계수와는 별도로 한다. 생후 1개월 이상의 남자가 23,000명이었다. 1차 조사 때 22,300명(민4:34-49)보다 700명이 늘었다. 이 계수에는 게르손 족속, 고핫 족속, 므라리 족속이 포함된다(민26:57-65).

6. 성막과 법궤

모세가 시내광야에서 하나님과 만나는 장소로 거룩한 성막(聖幕)을 만든다. 이 성막은 하나님의 임재와 하나님의 통치를 상징하고 하나님의 언약을 확인하는 곳이다. 광야 생활이고 이스라엘 민족이 계속 이동을 해야 하니까 천막으로 만든 성막(聖幕)이어야 했을 것이다. 출애굽기 24장에서 이스라엘이 하나님과 피의 언약을 세우고 25장에서 40장까지는 성막에 관한 규례를 다룬다. 이스라엘이 하나님의 백성임을 잘 나타내는 일이다.

시내광야에서 하나님의 백성으로서 갖출 바를 다 갖추고 이제 가나안으로 행군하여 나아가게 된다.

1) 성막, 성소와 지성소

성막 안의 지성소와 성소를 나누는 휘장, 지성소에는 증거궤와 속죄소를 두고 성소에는 상과 촛대를 둔다. 휘장은 청색 자색 홍색 실과 가늘게 꼰 베실로 짜서 만들고 그 위에 그룹들을 정교하게 수놓으며 조각목으로 만든 4개의 기둥은 금으로 싸서 은 바침 위에 세우고 금 갈고리를 네 기둥 위에 늘어뜨리고 휘장을 단다. 성막 문은 기둥 5개에 청색, 자색 홍색 실과 가늘게 꼰 베실로 짜서 만들고 수놓으며 기둥은 금으로 싸고 받침은 놋으로 만든다(출26:31−37).

속 죄 소: 속죄소를 만드는 규례는 다음과 같다(출25:17−22).
속죄소를 만드는 재료; 순 금
속죄소의 규격; 길이 2.5큐빗(114cm, 3.8ft), 너비 1.5큐빗(68.4cm, 2.3ft)
속죄소의 장식; 속죄소 양쪽 끝에 그룹 하나씩, 두 날개를 높이 펴서 속죄소를 덮고 그 얼굴은 속죄소를 향하여 마주 보고 그룹은 속죄소와 연결하여 만든다.

2) 증거궤(=법궤=언약궤)

법궤를 만드는 규례는 다음과 같다(출25:10−16).
증거궤를 만드는 재료; 조각목으로 짜고 그 위에 순금을 입힌다.
증거궤의 규격; 길이 2.5큐빗(114cm, 3.8ft), 너비 1.5큐빗(68.4cm, 2.3ft), 높이 1.5큐빗(68.4cm, 2.3ft)

증거궤의 장식; 금 고리 4개는 4발에 단다.

들기 위한 채 2개는 조각목으로 만들고 정금을 입힌다.

7. 민족의 대이동

이집트 라암셋에서 모압 평지까지의 여정: 먼저 성경에 나타난 이집트 라암셋에서 부터 사해 북쪽 요단강 동편의 모압 평지까지의 여정을 개관해본다. 민수기 33장의 기록은 가나안 입성에 앞서 광야 여정을 회상함으로 가나안 땅 분배에 역사적 의미를 확립한다.

민수기 33장에서 이스라엘이 이집트에서 출발하여 들렀던 40곳을 기록한다.

1) 민3:5-15절은 광야 길의 장소와 사건을 다루는데 출애굽기 12장에서 민수기 12장까지의 이스라엘 백성이 이동한 여정의 요약이고,
2) 민3:16-37절은 장소만 언급했다.
3) 민3:38-49절은 장소와 약간의 사건을 같이 기록하고 있다.

이 여정을 3부분으로 나누어 살펴 두기로 한다. 지도 6을 참고하여 이 여정의 대강을 이해하기 바란다.

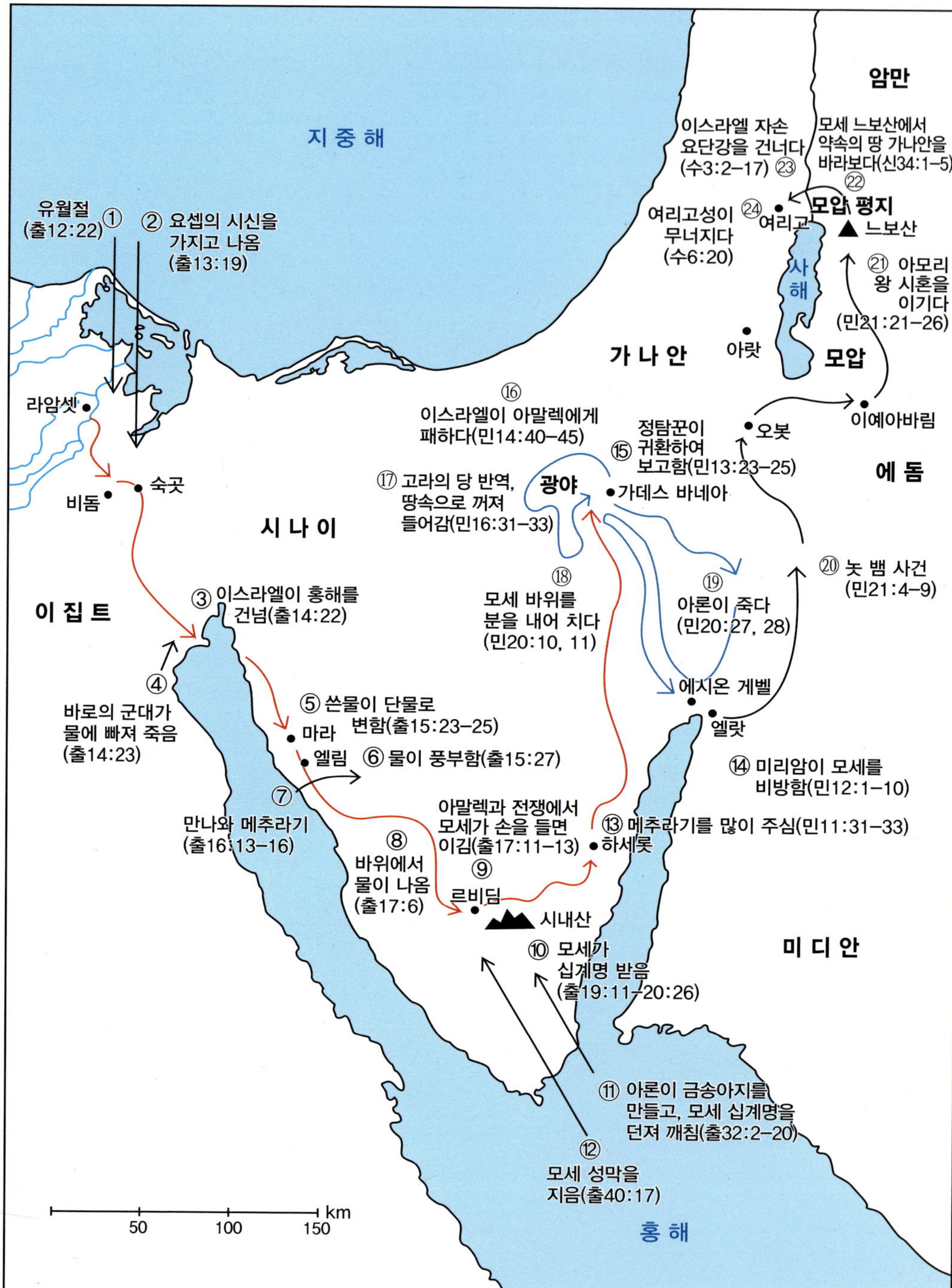

지도 6 이스라엘의 40년간 광야여정
(출애굽기 12장, 여호수아 7장)

1) 라암셋에서 시내광야까지의 여정

"라암셋 → 숙곳 → 에담 → 바알스본 앞 비하히롯으로 돌아가서 믹돌 앞에 진을 친다. → 바다 가운데를 지나 에담 광야로 사흘 길을 가서 마라에 진을 치고 → 엘림(샘물 열둘과 종려 칠십 그루가 있는 곳) → 홍해 가에 진을 치고 → 신 광야에 진을 치고(2월 15일 여기까지 꼭 1개월이 걸림) → 돕가 → 알루스 → 르비딤(마실 물이 없었던 곳; 아말렉과 전쟁) → 시내 광야(출19:2, 십계명 받음)" 에 진을 치다(민33:5-15).

이 여정에 걸린 기간은 1446 B.C. 1월 15일에서부터 3월 1일까지이다.

2) 시내광야에서 호르 산까지의 여정

시내 광야 → 기브롯핫다아와 → 하세롯 → 릿마 → 림몬베레스 → 립나 → 릿사 → 그헬라다 → 세벨 산 → 하라다 → 막헬롯 → 다핫 → 데라 → 밋가 → 하스모나 → 모세롯 → 브네야아간 → 홀하깃갓 → 욧바다 → 아브로나 → 에시온게벨 → 신 광야 곧 가데스 → 에돔 땅 변경의 호르 산에 진을 쳤다(민33:16-37).

3. 호르산에서 모압 평지까지의 여정

호르 산(아론이 123세로 출애굽 40년 5월 1일 호르 산에서 죽다) → 살모나 → 부논 → 오봇 → 모압 변경 이예아바림 → 디본갓 → 알몬디블라다임 → 느보 앞 아바림 산 → 여리고 맞은편 요단강 가 모압 평지(모압 평지의 진영은 벧여시못에서 부터 아벨싯딤에 이르름)에 진을 쳤다(민33:38-49).

■ 영토를 갖게 된 이스라엘 (1406 B.C.-1050 B.C.)

배 경

이 기간의 성경 : 여호수아

가나안에서 일어난 일

1406 B.C.	* 모세 죽음
	* 모세 길르앗 지방 개척
	* 여호수아 모세를 계승함
	* 이스라엘 요단 동쪽 모압 평지 싯딤에 마지막 광야 숙영
	* 이스라엘 요단강 도강, 강 중간에 12돌을 세워 기념함 (수4:9–11).
	* 길갈에서 가나안에 들어와서 첫 숙영, 요단강 도하를 기념하는 12돌을 세움(수4:19–24).
1406 B.C.–1376 B.C.	가나안 정복
1376 B.C.	여호수아 죽음(CLASB 2004, p. 330)

메소포타미아에서 일어난 일들

1500 B.C.–1200 B.C.	후기 청동기시대

이집트에서 일어난 일들

제 18 왕조(1550 B.C.–1292 B.C.)

아멘호텝 2세(Amenhotep II: 1424 B.C.–1398 B.C.)

툿트모세 4세(Thutmosis IV: 1398 B.C.–1388 B.C.)

아멘호텝 3세(Amenhotep III: 1388 B.C.–1350 B.C.)

여호수아

여호수아(Joshua)

출생지: 이집트　　아버지: 눈(Nun)

아　내: 기록이 없음　　아　들: 기록이 없음

장　지: 딤 나

성　경: 출17:9-13; 32:17; 33:11; 민11:28; 13:16; 14:6-10, 38; 27:18-22; 신31:7, 8, 14, 23; 34:9-12; 수1:1-24:31

1. 모세의 후계자 여호수아

가나안땅에 들어가서 할 일: 하나님은 모세에게 가나안에 들어가서 할 일을 명하셨다. 이 명령은 여호수아에게 계승되어 수행해야 할 일이었다. 하나님은 가나안 땅에 들어가서 그 주민을 모두 몰아낼 것과 땅의 분배는 지파별 인구에 따라 크기를 정하고, 제비를 뽑아서 나누게 하셨다(민33:50-56).

2. 여호수아가 점령해야 할 땅의 경계

가나안 땅의 경계: 르우벤, 갓, 므낫세 반 지파는 요단 동쪽에서 기업을 얻었고 9 지파 반이 가나안 땅에서 기업을 얻었다. 가나안 땅에 기업을 얻은 9 지파 반의 땅의 경계는 다음과 같다(민34:1-15).

1) 남쪽 경계는 에돔 곁에 접경 신 광야(동으로 사해 끝에서 시작하여 아그랍빔 언덕 남쪽 - 신을 지나 가데스바네아 남쪽 - 하살아달을 지나 아스몬 - 애굽 시내를 지나 지중해까지이다.
2) 서쪽 경계는 지중해 해안이다.
3) 북쪽 경계는 지중해로부터 레바논 산맥 북동부에 있는 호르 산 - 하맛 어귀 - 스닷 - 시브론 - 하살에난에 이른다.
4) 동쪽 경계는 하살에난 - 스밤 - 리블라 - 아인 동쪽 - 긴네렛 동쪽 해변 - 요단강 - 사해까지이다.

그러나 이스라엘은 이 땅을 모두 점령하지 못하였다. 땅 분배는 지도 7을 참조하여 이해하기 바란다.

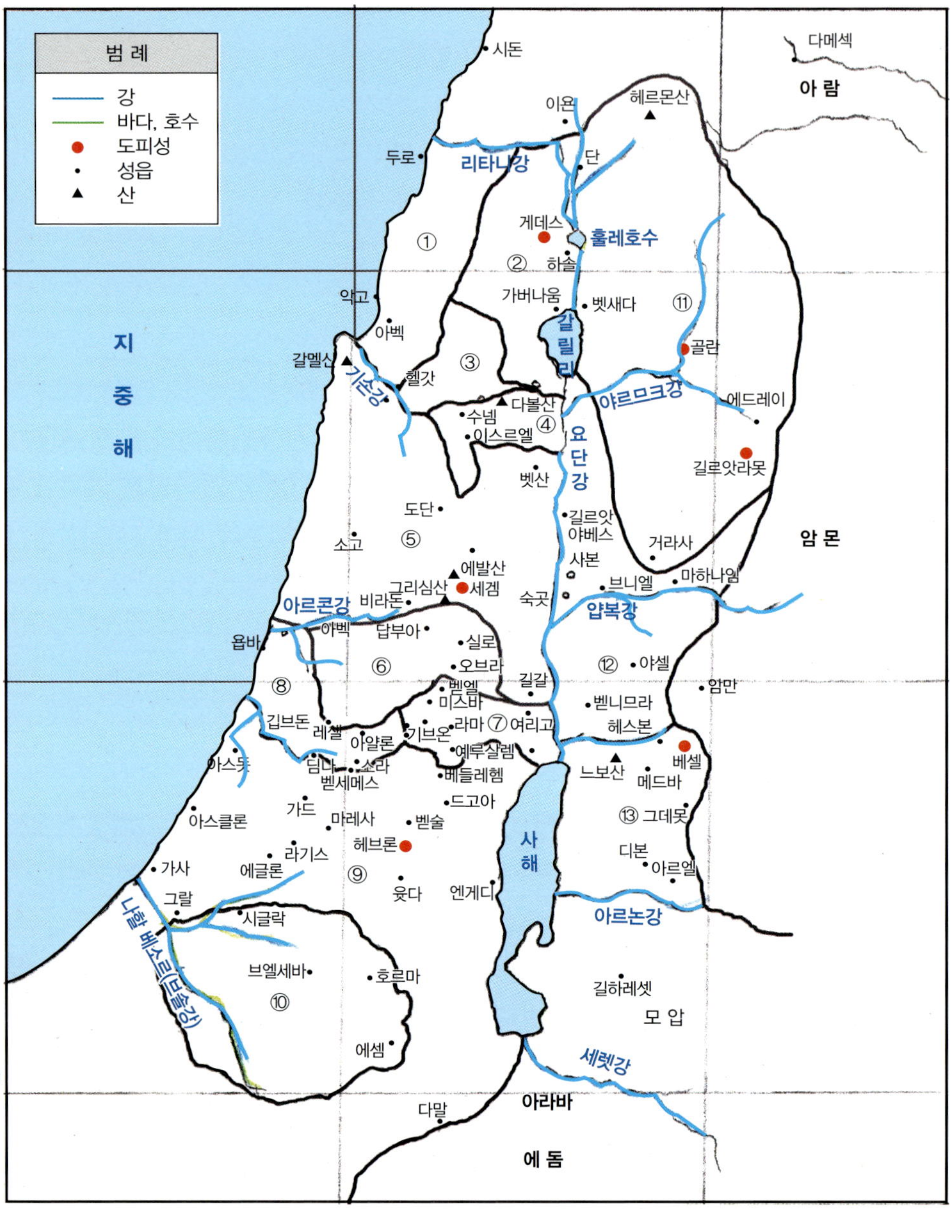

지파 : ①아셀 ②납달리 ③스불론 ④잇사갈 ⑤므낫세(서) ⑥에브라임 ⑦베냐민 ⑧단 ⑨유다 ⑩시므온 ⑪므낫세(동) ⑫갓 ⑬르우벤

지도 7 열두지파 땅 분배

3. 여호수아의 땅 분배

여호수아가 이스라엘에게 땅을 분배한다(수13:8-19:51). 이는 하나님께서 지시하신 방법대로 인구의 수와 제비를 뽑는 방법이다. 땅 분할의 총책임자는 제사장 엘르아살과 눈의 아들 여호수아이며, 가나안에 들어갈 10 지파의 대표자는 다음과 같다.

1) 유다 지파; 갈렙, 2) 시므온 지파; 스므엘, 3) 베냐민 지파; 엘리닷,
4) 단 지파; 북기, 5) 므낫세 지파; 한니엘, 6) 에브라임 지파; 그므엘,
7) 스불론 지파; 엘리사반, 8) 잇사갈 지파; 발디엘, 9) 아셀 지파; 아히훗,
10) 납달리 지파; 브다헬 등이다(민34:16-29).

땅 분배상황은 여호수아서 13장-19장의 성경 본문과 메모를 참조하고 지도 7을 참고하기 바란다.

레위 사람에게 준 성읍은 48성읍 그 중, 6 성읍은 도피성이다. 요단강 동쪽의 3 성읍(골란, 길르앗라못, 베셀), 서쪽의 3 성읍(게데스, 세겜, 헤브론)이다. 지도에 표시되어 있다. 성읍의 크기는 성벽에서 사방으로 천 큐빗(456m) 그리고 성 밖으로 4방 각 2,000큐빗(912m)을 주어 이를 목초지로 삼게 하였다. 땅을 받은 양에 비례해서 레위인의 성읍을 내놓게 하셨다(민35:1-8). 성읍의 크기는 63,011평이 되고 목초지는 대략 504,087평이 된다.

도피성은 부지중에 살인한 자를 보호하려는 조치이다.

1) 도피성의 목적: 부지중에 살인한 자가 판결받기까지 보호하는 것이다.
2) 도피성의 수: 6 성읍(3 성읍은 요단 동쪽에, 3 성읍은 요단 서쪽에 둔다.)
요단 서쪽: 게데스, 세겜, 헤브론;
요단 동쪽: 골란, 길르앗라못, 베셀(지도 7 참조)
3) 도피성에 들어갈 대상자: 의도적으로 살인한 자는 죽이고 무의식 또는 무의도적으로 살인을 한 자는 도피성에 보호한다.

■ 사사 시대와 사사의 역대기 (1376 B.C.-1050 B.C.)

배 경

이 기간의 성경 : 사사기, 룻기, 사무엘 상

가나안에서 일어난 일

1376 B.C.–1050 B.C.	사사가 이스라엘을 다스렸다.
1200 B.C. 경	블레셋이 가나안 땅에 이주해왔다.
1100 B.C. 경	모압 여인 룻의 일이 있었다.
1100 B.C.–1070 B.C.	엘리가 대제사장으로 있었다.
1075 B.C.–1040 B.C.	사무엘이 이스라엘을 치리(治理)했다.
1050 B.C.	사울이 왕이 되었다.

메소포타미아에서 일어난 일들

1500 B.C.–1200 B.C.	후기 청동기시대
1200 B.C.– 500 B.C.	철기시대

이집트에서 일어난 일들

신 왕국시대(1549 B.C.–1077 B.C.)
- 제 18 왕조(1549 B.C.–1292 B.C.)
- 제 19 왕조(1292 B.C.–1189 B.C.)
- 제 20 왕조(1189 B.C.–1077 B.C.)

제3 중간왕국시대(1069 B.C.–664 B.C.)
- 제 21 왕조(1069 B.C.–945 B.C.)
- 제 22 왕조(945 B.C.–720 B.C.)

사사 시대

가나안 정착 이후 1406 B.C. 에서 사울이 이스라엘 왕이 되는 1050 B.C. 까지 356년간은 아직 정치 체제가 확립되기 전이다. 민족의 문제가 발생하면 그때그때 하나님이 사사를 세우셔서 이스라엘을 이끌어 가셨다. 따라서 사사는 당대에 끝나고 지역이나 지파 중심의 활동을 한 경우도 많다. 그래서 동시에 두 사사가 있기도 했다.

가나안의 정복은 완전하지 못하였다. 그래서 팔레스타인 지역에 원주민들이 같이 살고 있었다. 만일 완전히 진멸(盡滅) 하였다면 이스라엘은 많이 안정되었을 것이다. 이 땅에 남은 자들은 이스라엘을 범죄 하게도 했고 범죄 했을 때 종종 하나님이 도구로 사용하시어 이스라엘을 괴롭혔다.

이스라엘이 약속의 땅에서 하나님께 순종하였다면 문제는 없었을 것이나 이들은 이방 여인과 결혼하고 이방의 우상을 받아들여서 범죄 한다. 이때 사용된 족속이 아람, 모압, 가나안 족속, 암몬, 블레셋 등이다.

하나님은 이스라엘이 고통을 당하며 구원을 호소할 때 사사를 보내시어 한정적으로 구원하신다. 따라서 사사는 당대에 끝나고 지역도 전국을 다스린 경우보다 특정 지역을 다스렸다. 특정한 적을 물리치는 경우가 대부분이다.

사사의 역대기

• 제 1 기 (삿3:7-11)

1. 옷니엘(Othniel; 삿3:7–11)

옷니엘은 갈렙의 아우 그나스의 아들이고 갈렙의 족하(足下) 이며 사위이다(수15:17; 삿1:13; 3:8; 대상4:18). 옷니엘이 이스라엘의 1대 사사(1367 B.C.–1327 B.C.)가 되어서 메소포타미아의 구산 리사다임 왕을 제압하고 나라를 40년 동안 평안하게 하였다(삿3:7–11).

옷니엘이 사사로 세움을 받은 것은 가나안 정복이 주 임무이었다.

• 제 2 기 (삿3:12-3;31)

2. 에 훗(Ehud; 삿3:12–30)

에훗(뜻은 "화합", 베냐민 지파, 게라의 아들)은 이스라엘의 두 번째 사사(1309 B.C.– 1229 B.C.)이다. 80년간을 이스라엘을 다스렸다. 이스라엘의 범죄에 대한 징벌은 이웃 국가를 도구로 사용하시는 하나님의 섭리에 따라서 모압 왕 에글론(Eglon)으로 강성하게 하시어 이스라엘을 18년간 지배하게 하신다.

에훗은 모압 왕 에글론을 죽이고(삿3:15–23), 모압의 항복을 받아서 그 후 80년간 이스라엘이 평안하였다(삿3:30).

3. 삼 갈(Shamgar; 삿3:31)

삼갈(뜻은 "술 따르는 사람", 아낫의 아들)에 관한 기록은 사사기 3장 31절 한 절 뿐이다. 삼갈은 목자였던 것 같다. 소를 치는 막대기로 블레셋 사람 600명을 죽이고 이스라엘을 구원하였다. 사사 기간은 언급이 없다. 삼갈 시대 이스라엘이 무척 위축되어 있었던 것 같다(삿5:6).

• 제 3 기 (삿4:1-5:31)

4. 드보라(Deborah, 삿4:1–11)

드보라(뜻은 "꿀벌", 잇사갈 지파로 추측됨, 랍비돗의 아내)의 시대 배경을 보면 에훗 사후에 이스라엘의 범죄와 그 결과로 이스라엘이 하솔에 근거를 둔 가나안 왕 야빈에게 지배를 받고 있었다. 야빈에게는 군대장관 시스라가 있었고 철 병거(兵車) 900대를 갖고 20년 동안 이스라엘을 압박하였다.

드보라는 40년간(1209 B.C.–1169 B.C.) 이스라엘의 사사로 부름을 받았다. 그녀는 에브라임 산지 라마와 벧엘 사이에 거주하면서 가나안 사람을 정복하고 장군 시스라를 죽였다(삿4:12–24).

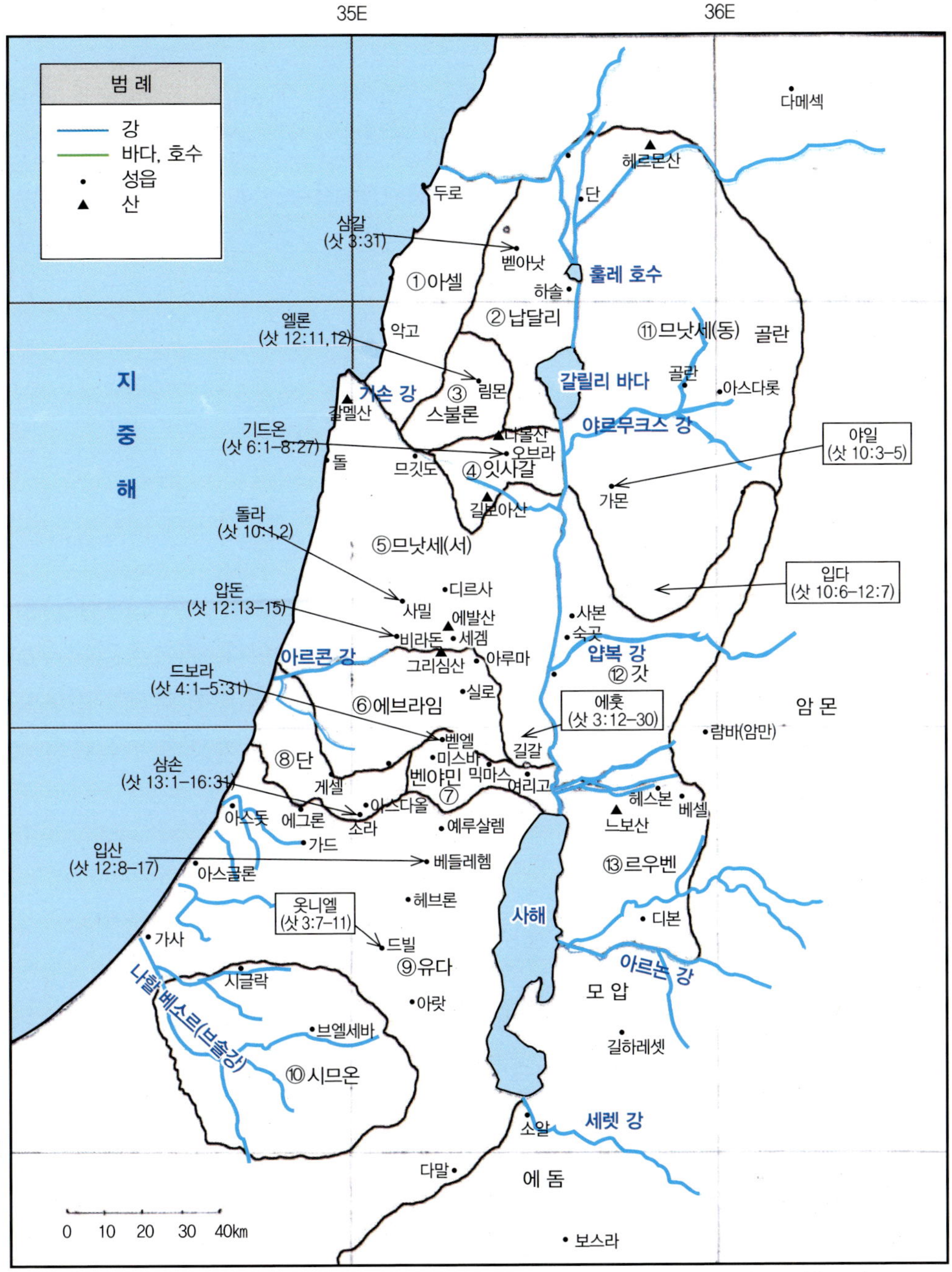

사사의 활동 지역(지파, 성읍 또는 지역) : 삼갈(②벧아낫), 엘론(③림몬), 기드온(④오브라), 야일(⑪가몬)
입다(⑪길르앗지방), 돌라(⑤사밀), 압돈(⑤비라돈), 드보라(⑦벧엘),
에훗(⑤에브라임), 삼손(⑧소라), 입산(⑨베들레헴), 옷니엘(⑨드빌)

지도 8 사사의 활동 지역

5. 바락(Barak; 삿4:6)

바락(뜻은 "천둥번개" 납달리 지파 게데스 성읍 사람, 아비노암의 아들)은 드보라의 수하 장군으로 부름을 받았다. 따라서 바락의 행적은 드보라와 같다. 바락이 시스라와 전투한 곳은 다볼산과 이스르엘 골짜기 기손 강인 것 같다(삿4:6, 7). 바락은 납달리 자손과 스불론 자손 1만 명을 이끌고 전투에 나아가지만 바락이 전투하기 전에 먼저 하나님께서 시스라의 군대를 진멸 하셨다(삿4:15).

• 제 4 기 (삿 6:1-10:5)

6. 기드온(Gideon; 삿6:11-24)

기드온(뜻은 "나무 자르는 사람", 므낫세 지파 아비에셀 사람, 요아스의 아들)은 이스라엘의 사사로 40년간(1162 B.C.-1122 B.C.) 치리(治理)하였다. 기드온은 300명의 군사로 미디안 군사 135,000명을 이겼다. 하나님은 사람의 손에 의해 역사를 이루시는 것이 아니라 하나님의 섭리대로 이루시며 인간은 도구로 사용되어 짐을 기드온의 군대와 미디안 군대의 전쟁에서 잘 보여 주신다(삿7:1-8:28).

7. 돌 라(Tola, 삿10:1, 2)

돌라(뜻은 "심홍색", 베냐민 지파, 부아 Puah의 아들)는 23년간 사사로 부름을 받아 에브라임 산지 사밀에 거주하면서 이스라엘을 구원하였다(삿10:2).

8. 야 일(Jair; 삿10:3-5)

야일(뜻은 "밝게 하다, 계몽하다", 므낫세 자손)은 므낫세 자손으로 기록된다(민32:41; 신3:14; 수13:30; 왕상4:13) 그러나 대상2:21-23에서는 유다 지파인 스굽의 아들로 기록된다. 이스라엘을 22년간 사사로 치리하였다(삿10:3). 요단강 동쪽 기르앗 지방사람(삿10:3–5)으로 요단 동쪽 므낫세 지파 땅 길르앗 가문을 중심으로 활동했다.

• 제 5 기 (삿 10:6-12:13)

9. 입 다(Jephthah the Gileadite; 삿11:1–11)

입다(뜻은 "그가 열 것이다..", 첩의 소생)는 불행한 가정환경을 지녔던 것 같다. 그러나 오히려 하나님은 그를 부르시고 암몬 왕을 쳐서 항복을 받고 암몬 성읍을 도륙한다. 또 지중해 해안에 거주하는 불레셋도 정복한다(삿10:6–12:7). 입다는 6년간 사사로 부름을 받았다(삿11;12–33; 12:7).

요단강 동쪽 길르앗 땅은 갈릴리 바다 남쪽 야르므크 강에서 얍복 강을 지나 사해 중간에 아르논 강에 이르는 지역을 이른다. 이들 땅은 모세가 개척한 땅으로 이스라엘의 동족인 에돔, 암몬, 모압의 소유지와는 관계가 없었던 땅이며 이 땅은 아모리 왕 시혼의 땅으로 하나님께서 이스라엘에게 주신 땅 이다.

10. 입 산(Ibzan; 삿12:8–10)

입산(뜻은 "날쌩")은 나사렛 서북쪽 11Km 지점에 있는 스불론 땅의 베들레헴 사람(참조 수19:15)으로 7년간 이스라엘 사사로 부름을 받았다(삿12:8, 9).

아들 30명과 딸 30명을 두었다. 이런 점으로 미루어보면 사사가 되기 전 지방의 토호가 아니었을까? 입산은 스불론 땅 베들레헴 사람으로 이 지역 중심으로 활동한 것 같다. 성경에서 입산에 관한 설명은 이것이 전부이다.

11. 엘 론(Elon: 삿12:11, 12)

엘론(뜻은 "참나무", 스불론의 아들)은 스불론 사람으로 부름을 받아 사사로 이스라엘을 10년(1076 B.C.–1066 B.C.) 치리하였다(삿12:11). 엘론 역시 성경에서는 더 언급이 없는 것으로 보아 평온한 시대에 사사였던 것 같다.

12. 압 돈(Abdon: 삿12:13-15)

압돈(뜻은 "봉사, 섬김", 힐렐의 아들) 에브라임 비라돈 사람으로 8년간 이스라엘의 사사로 부름을 받았다(삿12:13-15). 압돈에게 아들 40명, 손자 30명이 있어서 그들에게 나귀를 타게 한 점으로 보면 이 역시 사사가 되기 전 지방의 토호(土豪)였던 것 같다. 압돈 역시 성경에는 자세한 언급이 없다.

• 제 6 기 (삿13:1-16:31)

13. 삼 손(Samson: 삿13:1-7; 삿14:1-16:31).

삼손(뜻은 "태양, 태양신", 단 지파, 마노아의 아들)은 블레셋으로부터 이스라엘을 구원하기 위하여 20년간(1075 B.C.-1055 B.C.) 이스라엘의 사사로 부름을 받았다(삿16:31).

소라(Zorah) 땅에 거주(삿13:2)하면서 블레셋의 지배로부터 이스라엘을 구원하였다. 삼손의 기록을 보면 삼손은 군대나 어떤 단체에 의해 저항한 것이 아니라 단독으로 블레셋과 대항하는 형식이다.

삼손은 나실 인으로 그 부모에게 예언되어 출생한 사람이다(삿13:2-7). 그러나 종종 하나님의 법을 어겼고(삿14:1-4), 감성에 지배를 많이 받았고, 잘못된 사람들에게 하나님의 주신 비밀을 잘 털어놓고(삿16:4-19), 하나님이 주신 지혜나 은사를 잘못 사용하는 우를 범했다.

사사 시대의 이스라엘에 대한 적성 국가들

1. 메소보다미아

티그리스(Tigris) 강과 유프라테스(Euphrates) 강 유역의 땅, 아브라함의 고향 우르(Ur)가 있는 땅, 이삭이 아내를 찾은 곳(창24:10)이다.

옷니엘은 메소포타미아 왕 구산을 이겼는데 구산은 8년간 이스라엘을 괴롭혔다. 구산이 이스라엘을 점령한 것은 일부 변경 지방에 한한다는 문헌이 있다. 일부분이라도 이스라엘 공동체에서 보면 이스라엘의 문제이다(삿3:8-10).

2. 모 압

모압은 사해 동쪽의 고원지대, 롯의 큰딸의 후손들(창19:30-38)이다.

요단강 동쪽에 이들은 이스라엘이 가나안 땅에 입성하기 전에 거주하고 있었다(민22:1; 수3:1).

모압 왕 에글론이 18년간을 이스라엘을 지배하고 압제하였다. 이스라엘의 범죄로 모압 왕, 에글론의 지배를 받게 되었고 이스라엘의 간절한 기도로 하나님은 에훗 사사를 보내 주신다. 사사 에훗은 먼저 에글론을 사살하고 돌아와서 백성과 더불어 일제 공격하여 모압 사람 1만 명을 죽이는 개가를 올렸다. 에훗 사사가 모압 왕 에글론을 무너뜨린 후 80년간 이스라엘에 평화가 유지되었다(삿3:12-30).

3. 블레셋

욥바에서 가사 남쪽에 이르는 남서부 해안평야에 있는 다섯 성읍 가사(가자), 아스클론, 아스돗, 에그론, 가드 등이 그 대표적 성읍이다. 블레셋은 항상 유다를 괴롭혀왔다.

사사 삼손이 출현할 때는 이미 그들이 이스라엘을 40년간 지배하고 있을 때이다(삿13:1-16:31).

블레셋의 확장으로 단 지파가 자기 땅을 잃고 갈릴리 바다 북쪽 훌레 호수 근처 라이스로 이주했고 단 지파가 라이스를 점령함으로 성읍 이름이 단으로 바뀌었다(삿18:11-29).

4. 미디안

아라비아 북서쪽 아카바만 동쪽에 위치하며 아브라함의 후처 그두라의 아들 미디안의 후손들이다(창25:2, 6). 요셉을 은 20에 사 간 상인들(창37:28)이 이들 족속이며 모세가 이집트에서 도피하여 은신했던 곳이기도 하다(출2:15).

이스라엘이 이들과 싸움에서 다섯 왕과 발람을 죽였다(민31:1-12: 수13:21).

사사 시대 이들이 하나님의 도구로 사용되어서 7년간 이스라엘을 지배하고 압제하였다.

5. 암 몬

요단강과 사해 동쪽에 위치한 땅을 차지했고 롯의 둘째 딸의 후손(창19:38)이다. 출애굽 하여 가나안으로 행하는 여정에서 이스라엘이 이 지역을 우회(민21:24; 신2:19-21:37)하여 사해 북쪽 여리고 건너편 모압 평지에 도착한다.

이들은 사사 시대 하나님의 도구로 사용되어서 18년간 이스라엘을 지배하고 압제하였다(삿10:8).

사사와 왕조의 중간기

• 사무엘

사무엘(뜻은 "하나님의 이름", 에브라임 지파 엘가나의 아들, 어머니 한나)은 하나님 앞에 서원하여 얻은 아들이며 엘가나 부부는 나실 인으로 사무엘(Samuel)을 하나님께 드렸다(삼상1:11). 사무엘은 제사장 엘리의 지도로 성막에서 성장했고 이스라엘의 사사며 제사장(1075 B.C.-1050 B.C.)으로 부름을 받았다.

이스라엘이 가나안 땅에 들어온 1406 B.C. 에서 사무엘이 사사된 1075 B.C. 까지 320여 년은 사사가 이스라엘을 치리(治理)하여왔다. 지금까지는 신정국가로서 하나님이 직접 통치하셨다. 장로들은 이제 왕을 요구하게 되었다. 사사 시대를 마감하는 사무엘은 사사 중에서도 위대한 존재이고 또 제사장으로서도 하나님의 사랑을 받았다.

1. 사무엘이 이스라엘 사사가 되다.

엘리 시절에 블레셋과의 전쟁에서 법궤를 빼앗길 때 사무엘이 30세가 되었다. 이해(1075 B.C.)에 사무엘이 이스라엘의 사사가 되어 이스라엘의 지도자로 등장하게 된다.

블레셋을 이기는 길은 우상인 바알과 아스다롯을 제거하는 일이다. 사무엘은 백성에게 이를 선포한다. 블레셋의 지배에서 벗어나고 싶으냐? 그러면 우상숭배를 버리라고 권고한다. 그래서 모든 백성이 바알과 아스다롯을 제거하였다(삼상7:3, 4).

2. 미스바의 회개운동

사무엘의 인도로 미스바에서 회개운동이 일어나고 이는 이스라엘의 문제를 해결하는 열쇠이었다. 미스바는 예루살렘 북쪽 13km 지점에 있고 이스라엘이 동서남북에서 모이는데 중심이 될 수 있다. 이스라엘이 남북으로 분열되었을 때는 이곳이 국경지대가 된 곳이다(삼상7:5, 6).

3. 블레셋 정복

미스바 성회의 소식을 들은 블레셋이 이스라엘로 쳐들어왔다. 사무엘은 하나님께 번제를 드렸고 하나님은 블레셋을 물리치셨다(삼상7:7-11). 이스라엘의 문제는 하나님께 순종하지 않는 데서 생기는 것이며 회개와 순종은 모든 적을 물리치는 힘이다.

이 전쟁은 방어전쟁으로 끝난 것이 아니라 나아가서 유다 세펠라 지역의 에글론으로부터 가드까지를 회복하게 된다. 엘리 제사장 때 있었던 법궤 사건으로 독종의 벌을 받았던 가드와 에글론은 본래 이스라엘 영토였다. 사무엘은 이 땅을 회복하였고 블레셋이 다시는 이스라엘로 침입하지 못하게 된다(삼상7:12-14).

4. 사무엘의 치리

사무엘은 라마에 거주하면서 순회하며 다스렸다. 특별히 사무엘은 여러 지역을 순회하며 재판하고 다스렸다. 사무엘은 벧엘, 길갈, 미스바 등을 순회하였는데 이 지역은 이스라엘 중부 지방에 해당한다. 베냐민 지파와 에브라임 지파 영토가 된다. 그러나 당시 교통사정을 생각하면 상당한 거리를 순회한 것으로 볼 수 있다. 그러나 그의 근거지는 라마였다(삼상7:15-17).

5. 왕을 요구하는 장로들

이스라엘은 신정국가이다. 즉 하나님이 다스리시는 국가이다. 주변 국가에는 오래전 왕이 있어서 백성을 다스렸다. 그러나 이스라엘은 왕이 없었다. 이는 하나님이 다스리시기 때문이다. 장로들은 통일성 있는 국가 운영을 위한 왕을 요구한다. 사무엘이 장로들의 진언을 하나님께 물을 때 하나님은 왕을 세우라고 하신다. 왕은 하나님이 다스리시는 것을 부정하기 때문에 하나님과 사무엘이 기뻐하지 않았다(삼상8:4-9).

■ 통일 왕국시대 (1050 B.C.-930 B.C.)

배 경

이 기간의 성경 : 사무엘 상, 사무엘 하, 역대 상, 시편, 잠언, 전도서, 아가

가나안에서 일어난 일

1050 B.C.−1010 B.C.	사울 왕이 이스라엘을 다스렸다.
1025 B.C. 경	다윗이 기름 부음을 받았다.
1020 B.C. 경	다윗이 블레셋 장군 골리앗을 죽였다.
1010 B.C.−970 B.C.	다윗이 왕으로 이스라엘을 다스렸다.
970 B.C.−930 B.C.	솔로몬이 이스라엘을 다스렸다.
966 B.C.	예루살렘 성전 건축을 시작했다.
959 B.C.	예루살렘 성전 건축이 완공된다.
930 B.C.	이스라엘이 남(유다)과 북(이스라엘)으로 나뉜다.

이집트에서 일어난 일들

제3 중간기 왕국시대(1069 B.C.−664 B.C.)

제 21 왕조(1069 B.C.−945 B.C.)
스멘데스(Smendes: 1069 B.C.−1043 B.C.)
아메넴니수(Amenemnisu: 1043 B.C.−1039 B.C.)
프수세네스 1세(Psusennes I: 1039 B.C.−991 B.C.)
아메네모페(Amenemope: 993 B.C.−984 B.C.)
오소르콘(Osorkon: 984 B.C.−978 B.C.)
시아문(Siamun: 978 B.C.−959 B.C.)
프수세네스 2세(Psusennes II: 959 B.C.−945 B.C.)

제 22 왕조(945 B.C.–715 B.C.)

셰숑크 1세(Sheshonq I: 945 B.C.–924 B.C.)

사 울

사 울(Saul; 재위 1050 B.C.–1010 B.C.)

출생지: 베냐민의 한 성읍 아버지: 기 스

아 내: 아히노암 아 들: 요나단, 아비나답, 말기수아, 이스보셋

장 지: 길르앗 야베스

성 경: 삼상:1:1–11:15; 13:1–29:11; 31:1–13

1. 사울이 이스라엘의 초대 왕이 되다.

사울의 배경: 사울은 베냐민 사람으로 기스의 아들이다. 청년 사울은 무척 준수했던 것 같다. 기골이 장대하여 다른 사람보다 키가 컸고 아버지 명령에 잘 순종하는 아들이었다. 잃어버린 암나귀를 찾기 위하여 에브라임 산지 즉 사울이 사는 곳보다 북쪽에 있는 에브라임 지파의 땅으로 두루 찾고 다시 내려와서 베냐민 지파 땅에서도 찾았으나 찾지 못하였다. 이 과정에서 사무엘을 방문하게 되고 왕으로 우대를 받게 된다(삼상9:1–4).

사울에 대한 하나님의 명령: 하나님은 사무엘에게 사울을 이스라엘 지도자로 세우고 그가 블레셋을 멸할 것을 말씀하셨다. 사무엘은 사울에게 이스라엘이 사모하는 자가 너와 네 집안이라 이르나 사울은 자신을 겸양하여 베냐민지파는 가장 작은 지파이고 자신의 가문은 지파 내에서도 가장 미약한 가족임을 고백한다. 그러나 하나님은 이런 조건을 보시지 아니하신다(삼상9:15–21).

사무엘이 사울에게 기름을 부어 왕으로 세운다.: 사울은 라마에서 기름 부음(1050 B.C.)을 받고 이스라엘이 미스바에 모여서 각 지파에서 1,000명씩 앞으로 나아와서 제비 뽑으니 베냐민 지파가 뽑혔고 그 가족 중에서는 마드리의 가족이 뽑혔고, 그중에 기스의 아들 사울이 뽑혔다. 제비는 사람이 행 하지만 결과는 하나님에게서 나온다(삼상 10:17–27).

신정국가는 하나님이 직접 다스리시는 국가이다. 왕을 요구하는 것은 하나님을 부정하는 것임으로 패역이다. 그러나 하나님은 그들에게 왕을 주시기로 하셨다.

1) 길르앗 야베스 전투

길르앗은 요단 동쪽 두 지파 반의 거점 도시이다. 암몬은 그 동쪽에 영토를 둔 롯의 후손들의 땅이다. 암몬 왕 나하스가 길르앗 야베스로 침공하여 암몬을 섬기라고 이스라엘을 모욕하였다(삼상11:1-5).

사울은 모든 지파에 통문(通文)하여 베섹에 집결한 이스라엘은 33만 명이며 사울은 기습 작전으로 암몬을 무찔러서 괴멸시켰다. 이 전투는 사울에게 왕권을 확립하는 중요한 전투이며 백성에게 확신을 심게 하였다. 하나님이 섭리하시면 백성의 마음에 감동이 생기고 그들은 한마음이 될 수 있다(삼상11:6-11).

2) 길갈에서 사울이 왕으로 세움을 받다

길르앗 야베스에서 승전한 이스라엘은 요단 서쪽 길갈로 이동하여 거기서 사울을 왕으로 세우고 하나님께 화목제를 드리고 기뻐하였다. 이때가 1050 B.C. 이다. 이스라엘이 왕국으로 세워지는 해이다. 그러나 신정국가의 개념은 이스라엘에서 한발 물러나는 때이다(삼상11:12-15).

2. 사울의 치세와 잘못

1) 사울의 치세에 이룬 업적

사울이 왕이 된 후에 그의 업적을 보면 주변 국가인 모압, 암몬, 에돔, 블레셋을 제압하고 아말렉도 제압하여 영토를 넓히고 그들로부터 이스라엘 백성을 보호하였다(삼상14:47,48).

2) 사울의 잘못

당시 블레셋은 강성하여 철기 무기를 가졌고 그 수가 많았던 것 같다. 이런 상황에 대응하기 위하여 사울은 상비군을 설치하였다(삼상13:1-4). 그러나 오히려 블레셋의 도전을 받는 계기가 된다. 이스라엘은 그들을 두려워했고 번제를 드리기 위하여 7일 후에 오겠다던 사무엘은 나타나지 않았다. 위기의식을 느낀 군대가 흩어지게 되므로 사울이 사무엘 대신 번제를 드린다.

사울은 왕으로서 제사장의 일을 하면 아니 된다. 또 하나님의 명령을 지켜야 한다. 위기상황에서라도 사무엘을 기다려야 했었다. 이 행위가 사울은 믿음의 사람이 아니라는 것을 말한다. 분을 지키는 삶이 요구된다(삼상13:5-10).

다음 사울의 실수는 아말렉과 전쟁에서 불순종이다. 아말렉은 출애굽 1년 2월 말경 이스라엘이 호렙산 근처 르비딤에 이르렀을 때 유약 자들이 행진하는 후미를 공격하여 살육한 일이 있다(출17:8-16). 그뿐 아니라 아말렉은 이스라엘의 진로를 방해하였다. 그래서 이스라엘이 가나안에 들어갔을 때 아말렉을 진멸(殄滅) 하라(신25:17-19)고 명하였다. 이 명령이 360여 년 뒤에 실행되고 있다. 그러나 사울은 완전히 진멸 하라는 명령을 지키지 아니했다. 살찌고 좋은 염소와 소를 가져 왔다. 이는 사울 신앙의 단면을 보여 준다(삼상15:1-9).

여호와께서 사울을 버리신다. 사무엘이 사울의 죄를 지적하였으나 사울은 사무엘 앞에서 계속 변명으로 일관하고 회개가 없었다. 그래서 사무엘은 하나님이 그의 나라를 옮기신다는 것을 예언하게 된다(삼상15:10-16).

성군 다윗

다윗(David; 재위 1010 B.C.–970 B.C.)

출생지: 베들레헴(?)　　아버지: 이 새

아　내: 미갈, 아히노암, 아비가일, 마아가, 학깃, 아비달, 에글라, 밧세바

아　들: 암논, 다니엘, 압살롬, 아도니야, 스바냐, 이드르암, 삼무아, 소답, 나단, 솔로몬, 입할, 엘리수아, 네벡, 야비수, 엘리사마, 엘랴다, 엘리벨렛

장　지: 예루살렘

성　경: 삼상16:1-31:13; 삼하 전체; 왕상1:1-2:11

1. 선택함을 받은 다윗

1) 사무엘이 다윗에게 기름을 붓다.

이새의 아들 중에 하나를 기름 부으라는 명을 받은 사무엘은 생명의 위협을 받을 수 있는 상황이었고 이새의 가족도 위험해 질 수 있는 상황이었다. 그러나 하나님은 베들

레헴 이새의 집에 가서 제사를 드리면서 이새의 아들 다윗에게 기름 부을 것을 명하셨고, 다윗에게 하나님의 영이 크게 임하시어 역사하게 되었다. 하나님이 선택하시는 것이다. 사람의 외모나 그의 능력이 아니다(삼상16:1-13).

2) 다윗이 사울을 섬기다.

하나님의 영이 떠난 사울을 악령이 번뇌케 하였다. 사울의 번뇌를 없애기 위해 사울 곁에서 수금을 연주하게 하였다. 여기 수금연주자로 다윗이 선택되어 사울과 인연이 맺어진다. 사울이 다윗을 보고 사랑하게 되어서 다윗을 무기 드는 자로 삼게 된다. 무기 드는 자는 왕의 최측근이며 정예 군인이다. 자연스럽게 다윗은 사울 곁으로 가게 되고 이스라엘 무대에 나서게 된다(삼상16:14-23).

3) 다윗이 골리앗을 이기다.

골리앗의 키는 6큐빗 한 뼘(250cm), 갑옷의 무게는 5천 세겔(57kg), 창은 철 600세겔(6.84kg)의 무게를 든 블레셋의 장군으로 이스라엘에는 그를 대항할 사람이 없었다(삼상17:1-11).

전쟁터는 세펠라 지역의 엘라 골짜기(Valley of Elah)였다. 이 골짜기는 베들레헴 남서쪽 24km 지점의 비옥한 땅으로 현재 와디 에스 산티(Wady es Sant)와 동일시된다.

만군의 여호와가 같이하신 다윗은 골리앗을 물매로 돌을 던져서 그 이마에 박아 넣었다. 이로써 골리앗은 넘어지고 다윗은 골리앗을 이긴다(삼상17:41-49).

다윗은 골리앗의 칼로 골리앗의 목을 베고 이스라엘 병사들은 블레셋을 섬멸하였다(삼상17:50-54). 이스라엘이 개선하여 돌아오는 마당에서 여인들이 노래하기를 "사울은 천천이요, 다윗은 만만이라" 하는 소리를 듣고 사울은 다윗을 시기하고 죽이기로 작정한다. 질투는 자신감이 없을 때 생긴다. 사울이 믿음에서 떠나있다는 증거이다(삼상18:6-9).

사울을 왕으로 세우신 이는 여호와 하나님이시다. 다윗을 두려워해야 할 이유가 없다. 그러나 그에게 다윗은 위협적 존재이었다. 불신앙으로 인한 결과이다. 우리는 밖에 문제가 있다고 생각하게 된다. 모든 문제는 내 안에서 나온다는 것을 잊어서는 아니 된다. 믿음이 사라졌을 때 두려움과 불안이 찾아온다.

2. 사울을 피해 도피하는 다윗

사울에게는 악령이 들어 단창(短槍)으로 다윗을 죽이려 하고 다윗을 군대장에서 천 부장으로 낮추어 외지로 보내나 백성들은 오히려 다윗을 사랑한다. 우리는 행위에서 문제를 찾으려고 하기 보다는 먼저 그 심령에서 문제를 찾아야 한다. 주님이 주시는 구원은 먼저 심령의 변화이고 다음 그에 따른 행위의 변화로 이어지게 된다(삼상18:10-16).

다윗이 사울 왕을 피해 도피한 기간은 10년간이다. 사울이 길보아 산에서 블레셋에게 패하여 그 아들들과 같이 죽을 때까지 계속되었고 다윗에게는 고난의 길이었지만 이 기간은 다윗이 진정으로 하나님을 찾고 만나는 시기였다.

다윗이 도피하던 시기에 에글론, 가드, 시글락은 모두 블레셋 땅이었고 사해 동편 아르논강 남쪽은 모압 땅이었다. 다윗은 유대를 벗어나 블레셋 땅과 잠시지만 모압 땅으로 도피하기도 한다.

다윗의 도피 기간을 3기로 나누어 볼 수 있으며 지도 9와 연계하여 이해하기 바란다.

첫째 유랑 동지 형성기(1020 B.C.-1018 B.C.):

1) 기브아 → 2) 라마(삼상19:18-24) → 3) 놉(삼상21:1-9) →
4) 가드(삼상21:10-15) → 5) 아둘람 굴(삼상22:1, 2) → 6) 모압(삼상22:3,4) →
7) 헤렛 수풀(삼상22:5) → 8) 그일라(삼상23:1-5)

둘째, 사울 왕이 추적하는 시기(1017 B.C.-1015 B.C.);

8) 그일라 → 9) 마온 황무지(삼상23:6-29) → 10) 엔게디 황무지(삼상24:1-22)
→ 11) 바란 광야(삼상25:1) → 12) 유다의 갈멜(삼상25:2-44) →
13) 십 황무지(삼상26:1-25)

셋째, 시글락 체류기(1015 B.C.-1010 B.C.):

13) 십 황무지 → 14) 가드(삼상27:1-4) → 15) 시글락(삼상27:5-28:25) →
16) 아벡 출정(삼상29:1-11) → 17) 시글락 회정(삼상30:1-6) →
18) 브솔 시내 토벌(삼상30:7-25)→ 19) 시글락(삼상30:26; 삼하1:27) →
20) 헤브론에서 왕이 된다.

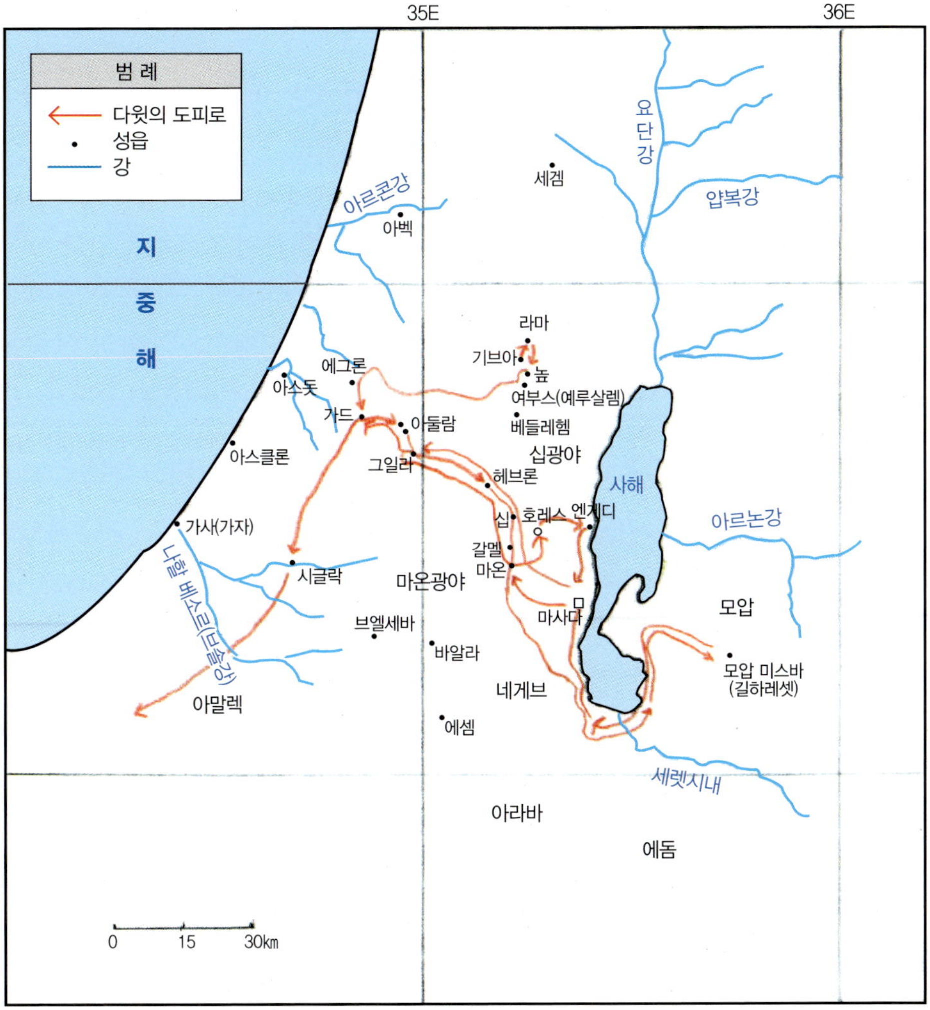

지도 9 사울을 피한 다윗의 도피경로

이 도피 과정에서 다윗은 사울을 죽일 기회가 있었으나 하나님이 기름 부어 세운 사람을 죽일 수 없었다. 판단은 하나님에게 있기 때문이다. 다윗은 엔게디 굴에서 사울을 죽이지 않았다(삼상24:1-22). 또 십 황무지에서 사울을 죽이지 않는다(삼상26:6-12). 믿음의 사람은 기름 부음을 소중히 여기고 모든 판단을 하나님의 뜻에 따른다.

길보아 산에서 사울은 그의 아들들과 같이 죽게 된다. 다윗이 보복하지 않아도 하나님은 블레셋을 도구로 사용하신다. 다윗은 깨끗한 손으로 헤브론에서 왕이 된다.

3. 다윗이 이스라엘의 왕이 되다.

사울이 죽은 후 다윗은 시글락에 잠시 더 머물러 있었던 것 같다. 이때 많은 용사가 몰려와서(대상12:16-18, 20, 21) 상당한 세력을 형성하고 다윗은 먼저 여호와께 조국 유다 땅으로 돌아갈까? 물었다. 하나님은 헤브론으로 가라고 하셨다. 그의 가족들도 그곳에서 살게 하고 유다 사람들이 헤브론에서 다윗에게 기름 부어 왕으로 삼았다.

헤브론은 아브라함이 거주하며 제단을 쌓았던 곳이고 아브라함, 이삭, 야곱의 묘가 있는 곳으로 이스라엘에 있어 매우 중요한 곳이다. 길르앗 야베스 사람들이 사울의 시체를 장례 지냈음을 듣고 그들을 칭찬하고 자신이 유다의 왕이 되었음을 알렸다. 1010 B.C. 일인데 이때 다윗은 십이지 파의 왕이 된 것이 아니고 유다 지파 사람들만이 기름을 부었다. 그러면 유다 지파와 시므온 지파가 참여했을 것이다. 나머지 지파는 다윗에게 승복하지 않았다(삼하2:1-7). 그래서 헤브론에서 다윗은 7년 반을 왕 노릇 하였다.

그다음 온 이스라엘 지파가 다 모여 헤브론에서 그를 온 이스라엘의 왕으로 기름 부었다. 온 이스라엘의 왕이 되면서 수도를 예루살렘으로 옮겼다. 이 당시 예루살렘에는 "여부스 족"이 살고 있었다. 가나안 7족 속 중 하나다. 여호수아 때 다 내어 쫓았으면 간단한 것이나 지금은 다윗이 개척해야 할 땅이다. 1003 B.C. 예루살렘을 개척했고, 970 B.C. 까지 여기서 다윗은 왕으로 이스라엘을 다스렸다(삼하5:1-5).

4. 다윗이 예루살렘을 개척하고 법궤를 옮겼다.

새 왕국은 새로운 수도로 천도해서 새로운 기운을 일으키고 정치, 군사, 문화, 경제의 새로운 축을 건설할 필요가 있었다. 예루살렘 성은 천연요새이고 주변에 깊은 골짜기가 있어 물을 얻기 좋으며 이스라엘의 중심부에 위치한 땅이다. 여부스 족이 다윗에게 들어오지 못하리라고 한 말도 이런 난공불락의 성이기 때문이었는데 여부스 족이 만들어 놓은 지하통로(수로 水路)는 기혼 샘에서 실로암 연못으로 연결되어 있었다. 다윗은 세밀한 지형정찰을 통하여 이 길을 발견하고 이리로 올라가서 성을 점령하였다.

모세 때 부터 신약시대까지 법궤가 이동해간 여정을 그림 5에서 살펴 두기 바란다.

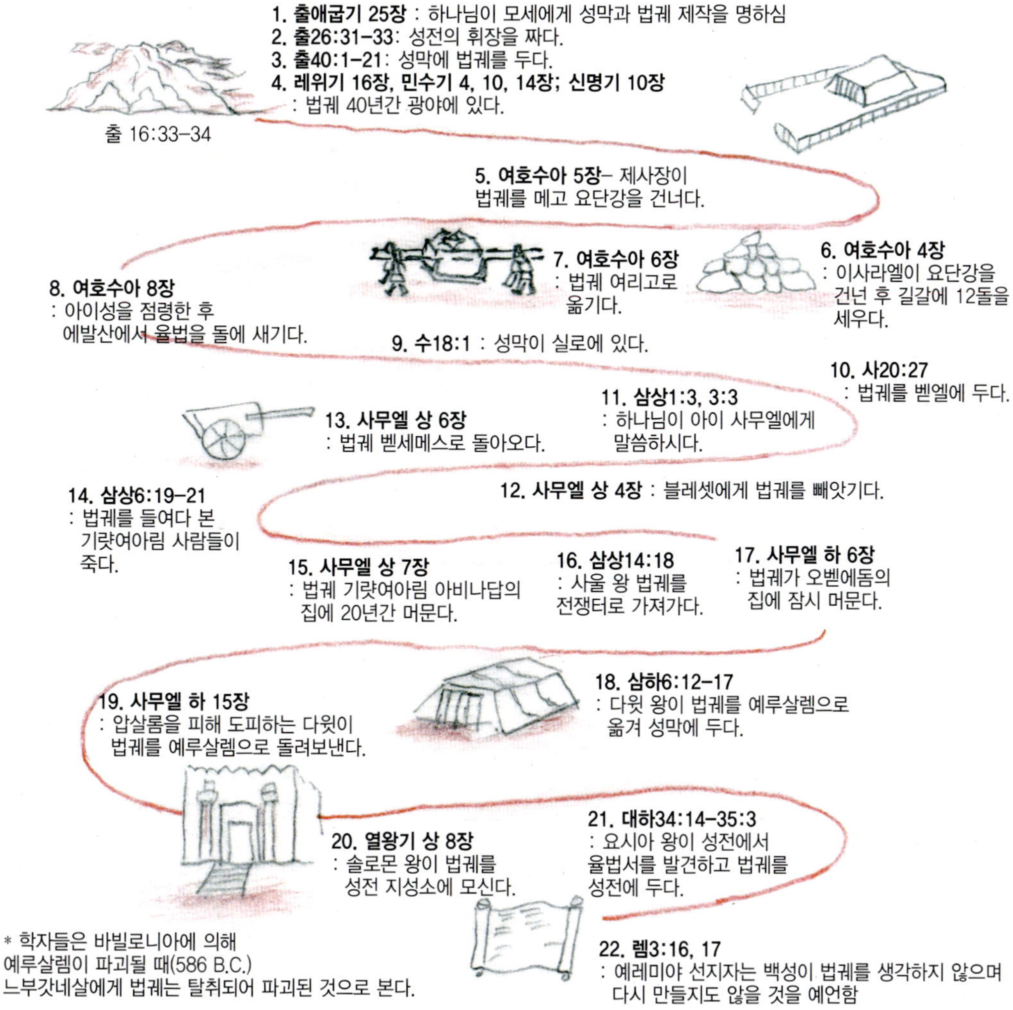

그림 5 법궤 이동경로

* 그리스도께서는 장래 좋은 일의 대제사장으로 오사 손으로 짓지 아니한 것 곧 이 창조에 속하지 아니한 더 크고 온전한 장막으로 말미암아 염소와 송아지의 피로 하지 아니하고 오직 자기의 피로 영원한 속죄를 이루 사 단번에 성소에 들어가셨느니라. (히9:11, 12)
* 이에 하늘에 있는 하나님의 성전이 열리니 성전 안에 하나님의 언약궤가 보이며 또 번개와 음성들과 우레와 지진과 큰 우박이 있더라. (계11:19)

두로 왕이 목재, 석재, 목수 등을 보내주어 다윗의 집을 지었다. 하나님이 다윗을 높이신 것이다(삼하5:6-12).

다윗은 법궤를 예루살렘으로 옮기기를 간절히 원했다. 첫 번째 시도는 벧세메스에서 기랏여아림까지 옮기고 실패로 끝난다(삼하6:1-11). 그러나 오벧에돔의 집에 법궤가 머물러 있는 동안 그가 넘치는 복을 받았음을 보고 다시 2차 시도를 한다. 다윗의 열정이라 해야 할 것이다. 하나님을 사랑함이 그 가슴으로부터 터져 나오는 열정 그것은 하나님이 기뻐하시는 왕으로 인정을 받는 행위이다. 결국, 다윗은 법궤를 예루살렘으로 옮긴다(삼하6:12-19).

5. 다윗의 주변 국가 제패

다윗 왕은 주변 국가들을 정복하여 그 영토를 넓혔다.

첫째, 블레셋을 정복하였다.

둘째, 모압과 암몬을 평정하였다.

셋째, 소바를 정복하였다.

넷째, 갈릴리 바다 동북쪽의 아람 사람들 즉 다메섹을 경영하였다.

다섯째, 북쪽의 하맛이 조공을 바치게 되었다.

여섯째, 에돔을 정복하였다.

다윗이 점령한 곳에는 수비대를 두어 지키고 그들에게서 조공을 받았다. 다윗은 가는 곳 마다 승리하고 국토를 넓혔다. 하나님이 그와 같이하셨기 때문이다. 다윗 왕 치세 판도는 지도 10을 참조하기 바란다(삼하8:1-8).

6. 다윗의 범죄

요압을 암몬 전쟁에 내보내고 다윗은 느긋한 낮잠을 즐긴다. 저녁이 되어서 일어나 민가에서 목욕하는 여인 밧세바를 보고 성욕이 발동하여 그를 침실로 불러들였다. 다윗가(家)의 불행은 여기서 시작된다. 근친상간, 아들의 반역, 칼의 심판, 다윗 아내들의 백주 음행 등등 다윗의 한번 실수는 다윗 가가 어렵게 되는 계기가 되었다(삼하11:1-5).

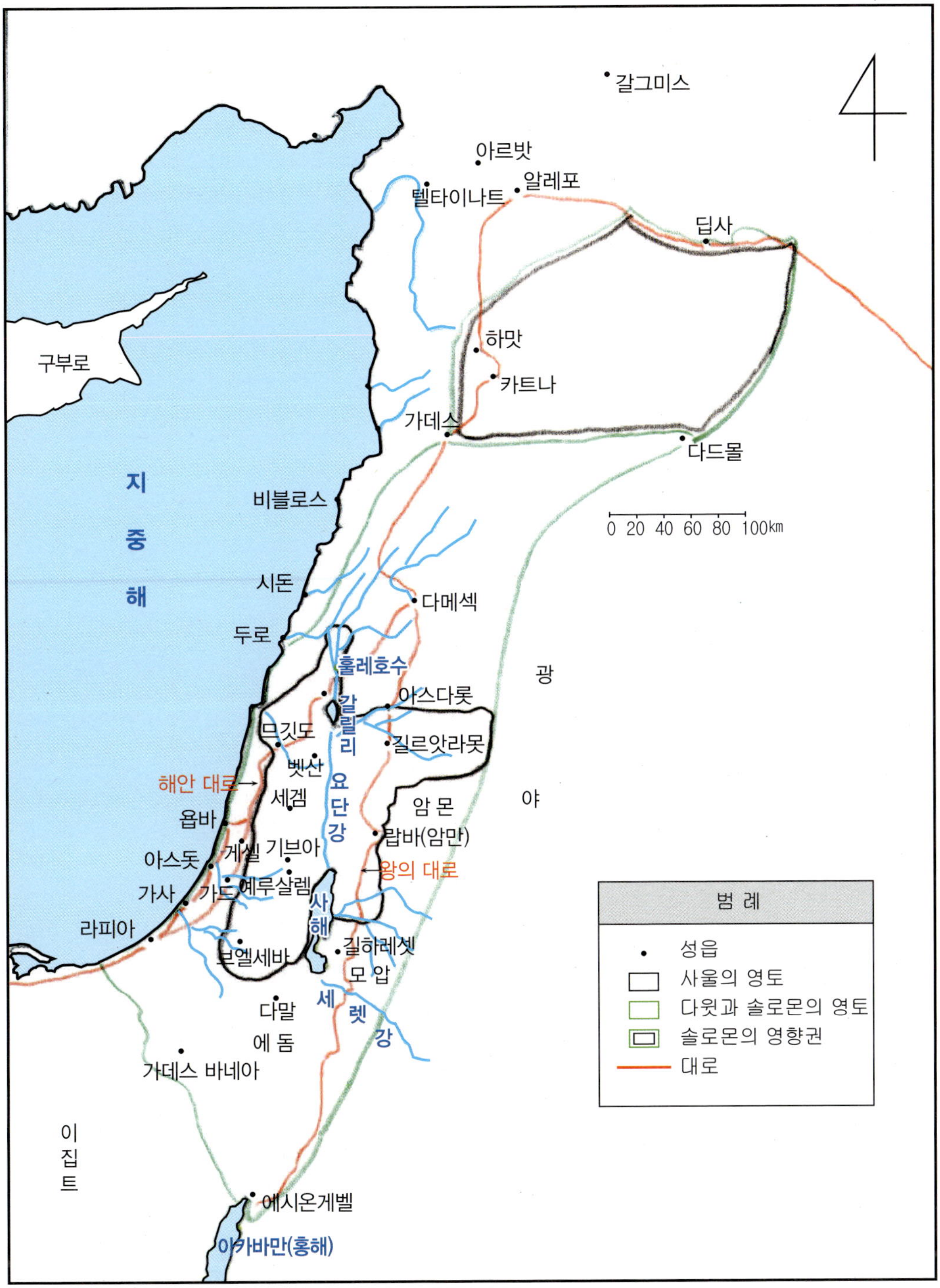

지도 10 사울, 다윗과 솔로몬 왕국의 영토

간음과 밧세바의 임신을 은폐하고자 하는 행위는 더 큰 죄악으로 연계되어서 밧세바의 남편인 우리아를 죽음으로 몰아넣는다(삼하11:6-13).

하나님은 나단을 보내시어 다윗을 책망하시게 되고 다윗은 진심의 회개를 한다. 그러나 죄는 용서 받으나 그 죄의 값을 치르게 된다.

디나 사건, 압살롬의 반역, 다윗 가(家)에 칼이 떠날 날이 없는 일 등 다윗이 비록 성군이지만 지은 죄에 대해서 용서받음과 대가를 치르는 것은 병존하는 하나님의 공의 일 것이다.

지혜의 왕 솔로몬

솔로몬(Solomon; 재위 970 B.C.-930 B.C.)

출생지: 예루살렘　아버지: 다 윗　어머니: 밧세바

아 내: 수많은 처첩　아 들: 르호보암

장 지: 예루살렘

성 경: 왕상1:1-11:43; 대하1:1-9:31

1. 예루살렘 성전 건축

1) 성전 건축의 시작과 완공

성전 건축의 시작은 솔로몬 4년(966 B.C.)이다. 성막으로 지내온 지 480년만 이다. 480년 동안 하나님의 전은 성막으로 존재해 있었다. 완공은 솔로몬 11년(959 B.C.)에 마침으로 7년이 걸렸다(왕상6:1; 6:37, 38).

2) 성전의 내부 구조와 장식

성전의 규모는 “솔로몬의 성전”에서 참조하고 성전 내부공사를 간단히 소개한다. 성전 내벽은 모두 백향목으로 입히고 마루는 잣나무로 깔았다. 성전 뒤쪽으로부터 20큐빗 되는 곳에 백향목으로 막아서 지성소를 만들었다. 따라서 지성소의 넓이는 20 큐빗(9.12m) x 20 큐빗(9.12m)의 정방형이며 높이도 20 큐빗(9.12m)로 정 입방체가 된다. 온 벽과 제단을 모두 금으로 입혔다. 따라서 그 밖 성소의 넓이는 40큐빗(18.24m) x 20

큐빗(9.12m)이 된다. 성전 안의 백향목에는 박과 꽃을 아로새기고 그 위에 모두 금으로 입혔다(왕상6:14-22).

지성소 안에 그룹은 감람나무로 만들었다. 높이는 10 큐빗(4.56m)이며, 한쪽 날개가 5큐빗(2.28m)이니 두 날개는 10 큐빗(4.56m)이라 두 그룹이 날개를 연이어 있으니 20 큐빗(9.12m)이다. 따라서 지성소 넓이와 같다. 한 그룹의 날개는 이쪽, 또 다른 그룹의 날개는 저쪽에 닿아 있게 된다. 이 그룹들도 모두 정 금으로 입혔다(왕상6:23-28).

성전의 지성소와 성소의 장식으로는 지성소와 성소 벽에는 그룹들과 종려와 핀 꽃의 형상을 조각했고 잣나무로 깐 마루에는 금으로 입혔다. 지성소와 성소에 들어가는 문은 감람나무로 만들었고 문은 두 짝이고 조각은 그룹들과 종려와 핀 꽃의 형상으로 마찬가지이며 금으로 입혔다. 문의 넓이는 지성소가 4큐빗(1.82m) 이고, 성소의 문은 5큐빗(2.28m) 이다. 그리고 안뜰은 돌 세 켜와 백향목 두꺼운 판자로 둘렀다(왕상6:29-36).

* 성소와 지성소의 벽은 백향목, 마루는 잣나무, 그룹과 문설주는 감람나무를 사용하고 문짝은 잣나무로 하고 전체를 금으로 입혔다.

3) 성전 봉헌식

법궤 안치(安置)식과 솔로몬의 연설과 기도가 끝난 후 성전 봉헌의 화목제를 드리는 일로 성전 봉헌 행사가 절정에 이른다. 제물로 소 22,000마리, 양 120,000마리를 드렸으니 그 규모가 호대하고 온 국민이 참여하여 하나님께 영광을 돌렸다. 절기는 봉헌제, 7일간과 초막절 7일간을 지켜서 모두 14일 간이었고 하맛 어귀(북쪽 끝)에서 애굽 강(남쪽 끝)까지 즉 온 이스라엘이 참여하였다(왕상8;62-66).

2. 솔로몬의 기타 업적과 재산

1) 솔로몬의 기타 업적

솔로몬은 밀로와 예루살렘 성을 수축했다. 밀로는 예루살렘 동쪽 언덕이다(東丘). 다윗 때 축성한 것(대상11:8)을 수축한 것 같다. 므깃도는 에스드렐론과 사론 평야 사이의 통로에 위치한 곳으로 군사 요충지이며 이집트에서 시리아로, 팔레스타인 내륙에서 페니키아로 연결되는 교통 요충지이기도 하다. 이의 확장과 건설은 군사적 목적으로 이루어졌을 것이다.

므깃도는 요한계시록에서는 마지막 전쟁터(계16:16)로 묘사되어있다. 하솔과 게셀 성읍을 재건하는 일도 하였다. 국고성(國庫城)은 나라의 식량과 전쟁 비축 물 등을 보관하는 창고 역할을 하는 성인데 솔로몬은 이를 건축하였다(왕상9:15-25).

2) 솔로몬의 재산

솔로몬의 세입금은 금 660달란트(약 22톤) 이며 그 외에도 수많은 수입이 있었다. 솔로몬이 만든 큰 방패 무게는 6,840g이며 작은 방패는 1,350g이고 왕좌는 상아에 금을 입혔고 솔로몬이 쓰는 그릇은 모두 금이었다. 솔로몬의 찬란함은 극에 달했다고 보아야 한다. 그러나 인간의 영화는 그것이 아무리 찬란하다 해도 잠시뿐이고 영욕(榮辱)은 항시 순환된다. 아무리 강한 국가도 쇠퇴하고 영광이 절정에 달할 때 인간은 교만해져서 타락하게 된다. 솔로몬 역시 말년의 타락이 이스라엘이 남북조로 갈리는 결과를 낳게 된다. 물질적 영화보다는 하나님이 은혜로 주시는 심령의 변화가 더 영화롭고 아름다운 것이다(왕상10:14-29).

3. 솔로몬의 범죄와 국가 분단

1) 솔로몬의 마음이 여호와를 떠나다.

극에 달하는 영화는 무엇을 가져왔는가? 교만과 불순종이다. 솔로몬은 하나님이 금하신 이방 여인과 상관하고, 그들의 우상을 용인하고 받아들였다. 시돈 사람의 여신 아스다롯, 암몬 사람의 가증한 밀곰, 모압의 가증한 그모스, 암몬 자손의 가증한 몰록을 받아들이고 그들의 신당을 짓고 제사 드리는 우를 범하였다. 이로써 하나님과의 언약을 파기한 패륜을 저질렀다. 그래서 나라를 그의 신하에게 내어주게 된다. 결과 유다 지파와 시므온 지파만이 남고 나머지 열 지파를 그 신하 여로보암에게 주게 된다(왕상11:1-13).

2) 솔로몬의 대적(對敵)과 나라분열

타락한 솔로몬에게 대적이 생겼다. 첫째는 에돔 사람 하닷이요, 둘째는 시리아 왕 르손이 일어나 솔로몬을 괴롭혔다. 솔로몬의 신하 여로보암이 솔로몬을 대적한다. 하닷이나 르손이 강한 것이 아니다. 여호와의 권능이 떠난 솔로몬이 약화되었기 때문이다. 사람이 병에 걸리는 것은 병균이 강해서가 아니다. 저항력을 상실한 경우 병에 걸린다. 하나님의 은혜에서 떠나면 별 볼 일 없는 존재들이 우리를 괴롭히게 된다. 솔로몬은 그의 영욕(榮辱)을 하나님에 대한 순종과 불순종에서 맛보게 된다(왕상11:14-25).

솔로몬이 타락함으로 이스라엘의 왕권을 예루살렘과 성전을 중심으로 한 유다 지파의 땅은 다윗의 후손에게 주지만 나머지 열 지파의 땅은 솔로몬의 신하인 여로보암에게 주실 것을 실로의 선지자 아히야가 여로보암에게 예언하였다(왕상11:30, 31). 이 일로 여로보암이 솔로몬에게 쫓기는 몸이 되어 이집트로 도피하게 된다. 이스라엘이 두 나라로 나뉘게 되는 이유가 솔로몬의 불순종에서 야기된 것이다(왕상11:26-40).

■ 왕국시대 팔레스타인의 도로

왕국 시대 가나안의 도로를 이해하는 것은 이때 교역, 문화 교류, 전쟁, 성읍 간의 관계를 이해하는 데 도움이 될 것이다. 그래서 통일왕국 시대와 분열왕국 시대 중간에 이때 지리와 도로 상황을 배치하여 시대 상황을 이해하도록 한다.

가나안의 도로는 남북으로 연결되어있는 대로가 중심이 된다. 동서는 산지, 깊은 계곡과 광야가 있어서 도로 개척이 힘들었을 것이다. 그래서 주로 남북 교통로가 국제도로로 개척되어 사용되었다.

도로는 상업이나 문화 교류에 깊이 영향을 미쳤고 전쟁에서도 매우 중요한 통로로 사용되었다. 그래서 성경을 이해하기 위해서는 먼저 가나안의 도로망을 익혀두는 것이 첩경이 될 것이다.

남북(이집트에서 메소포타미아까지)으로 연결되는 대로는 지중해 연안을 연결하는 해안대로(Via Maris), 요단강 동쪽으로 이집트에서 시작하여 아카바만, 에돔 지방, 모압 지방, 길르앗 지방을 연결하여 다메섹과 바빌로니아로 연결되는 왕의대로(King's Highway)가 중요한 국제도로로 사용되었다. 그러나 성경에서 더 중요하게 다루는 도로는 아브라함을 위시한 이삭, 야곱이 다녔던 족장의 도로(Patriarch' Road)가 있다.

그리고 동서로 연결되는 도로도 주목할 만한 것이 4개나 있다. 이들을 개관함으로 지역연결과 성경 내용을 이해하는 데 도움이 될 것이다.

해 안 대 로

가장 중요한 도로망은 남북도로로 이집트에서 바빌론(메소포타미아)까지 연결하는 제일 중요한 도로가 지중해 해안 평야에 건설된 해안 도로(Via Maris)이다, 성경에서는 해변길이라고 많이 기록되었고 이는 국제도로이었다(사9:1, 2; 19:23; 마4:15). 이 도로를 연결하는 성읍을 보면 남쪽으로부터

"이집트 – 가사(가자) – 아스클론 – 아스돗(한 지류는 에그론 통과) – 아벡 – 소고 – 므깃도 – 여기서 두 갈래 길이 열리는데 첫째, 동쪽으로 나아가면 이스르엘– 족장의 길을 만나 갈릴리 바다 남쪽 – 요단 동쪽으로 나아가 아벡 – 다메섹으로 연결할 수 있고, 둘째, 므깃도 북쪽으로 나아가 가드 헤벨 – 긴네렛 – 하솔 – 다메섹에서 다시 다메섹에서 두 길이 만나서 메소포타미아"로 연결되는 도로이며 남북을 잇는 중요 교통로이었다.

지도 11 통일왕국시대와 분열왕국시대 팔레스타인

왕의대로

두 번째 남북을 연결하는 대로는 왕들이 개척한 왕의대로(King's Highway)이다(민 20:17). 요단강과 사해 동쪽에 건설되었고 남쪽으로부터 이집트에서 시작하여 아카바만을 통하여 북쪽의 다메섹을 거쳐 메소포타미아(바빌로니아)로 연결되는 도로이다. 남쪽으로부터 지역을 중심으로 보면 "이집트 – 엘랏 – 에돔 – 모압 – 암몬 – 길르앗 – 바산 – 다메섹 – 메소포타미아"로 연결된다.

이 도로에 인접한 성읍을 보면 남쪽으로부터 "아카바만의 에시온 게벨 – 페트라 – 부논 – 보스라 – 길하레셋 – 디본 – 메드바 – 헤스본 – 랍바(암만) – 마하나임 – 라못 길르아드 – 에드레이 – 아스다롯 – 다메섹 – 바빌로니아"로 연결하게 된다.

족장의 길

성경에서는 두 국제대로보다 더욱 중요하게 다루는 도로가 족장의 길(Patriarch' Road)이다. 국제 도로는 아니지만, 유목민이던 아브라함과 이삭과 야곱과 그 족속이 가장 많이 이용하던 길이 족장의 길이다. 이 길을 연결하는 성읍들은 남쪽부터 연결해 본다.

"브엘세바 – 헤브론 – 베들레헴 – 예루살렘 – 기브아 – 라마 – 미스바 – 벧엘 – 실로 – 세겜"으로 연결된다.

동서를 연결하는 도로

남북 도로 사이를 연결해 주는 도로가 동서로 연결하는 도로인데 팔레스타인은 산맥이 남북으로 길게 뻗어 있고 중간에 사해가 가로막고 있어서 동서로 길을 건설하기가 어려웠다. 그래서 자연 현상을 이용해서 동서 도로를 개척한 것 같다. 계곡이나 평지를 이용해서 길이 열렸으며 동서를 여는 길은 네 개가 있었던 것 같고 그 길을 개관하면 다음과 같다. 남쪽 길의 서쪽 성읍으로부터 기술한다.

첫째, 가사(가자) – 브엘세바 – 남방 네게브 – 아라바 – 에돔

둘째, 욥바 – 아얄론 – 벧호론 – 기브아 – 예루살렘 – 여리고 – (요단강) – 랍바

(암만)

셋째, 해안도로 – 샤론 평야 – 사마리아 – 세겜 – 디르사 – 아담 – (요단강) – 숙곳 – 브니엘

넷째, 해안도로 – 도단 – 이스르엘 – 벳산 – (요단강) – 길르앗 라못

■ 유다와 이스라엘 왕국 시대 (930 B.C.-586 B.C.)

배 경

이 기간의 성경 : 열왕기 상, 열왕기 하, 역대 하, 시편, 잠언, 이사야, 예레미야, 에스겔, 다니엘, 호세아, 아모스, 요나, 미가, 나훔, 하박국, 스바냐

북 왕조(이스라엘)에서 일어난 일

930 B.C.–909 B.C.	여로보암 왕
885 B.C.–874 B.C.	오므리 왕; 오므리 왕조의 악명 높은 아합 왕(이세벨)
732 B.C.–722 B.C.	이스라엘 20대 왕 호세아, 722 B.C. 북조 이스라엘 멸망

남 왕조(유다)에서 일어난 일

930 B.C.–913 B.C.	르호보암 왕
792 B.C.–740 B.C.	웃시야(아사랴) 왕
715 B.C.–686 B.C.	히스기야 왕
697 B.C.–642 B.C.	므낫세 왕; 악정으로 유다가 멸망하게 된다(왕하21:11–15).
586 B.C.	남조 유다 멸망; 7월–8월에 예루살렘 성과 성전이 파괴된다.

북방 아시리아(Assyria)에서 일어난 일들

930 B.C.–746 B.C.	아시리아는 위축되어 큰 힘을 발휘하지 못하였다.
744 B.C.–727 B.C.	디글랏 빌레셀 3세(Tiglath–pileser III) 성경에서는 빌레셋을 불(왕하15:19)이라 칭하였다.
726 B.C.–722 B.C.	살만네셀 5세(Shalmaneser V), 사마리아 성을 3년간 포위하고, 북조 이스라엘을 멸망시켰다. (왕하17:5)

704 B.C.–681 B.C.	산헤립(Sennacherib) 유다 왕 히스기야를 공격(왕하18:13–16).
612 B.C.	신바빌로니아 왕 나보폴라살(626 B.C.–605 B.C.)에게 멸망한다.

북방의 신바빌로니아(Neo-Babylon)에서 일어난 일들

605 B.C.–562 B.C.	느부갓네살(Nebuchanezzar) 왕이 이집트, 시리아, 유다를 멸망시키고 포로로 잡아갔다(대하35:30; 사10:9; 렘46:2).
539 B.C.	페르시아(바사) 고레스 왕에 의해 신바빌로니아 멸망한다.

남북조(유다와 이스라엘) 왕 연대기 개관

이스라엘이 가나안 땅에 들어간 후 사사 시대를 거쳐서 왕이 다스리는 왕정을 맞아 사울–다윗–솔로몬 왕 때는 통일 왕국을 이루었으나 솔로몬의 아들 르호보암에 이르러 이스라엘은 남북으로 갈리어졌다. 그래서 남조 유다와 북조 이스라엘로 분단되고 그들은 불행한 역사를 경험하게 된다. 민족 간에 많은 전쟁과 갈등을 겪게 되고 계속되는 우상숭배와 이방 결혼 등은 스스로 멸망의 길을 걷게 하였다.

여기서 언급되는 왕들은 남조 유다와 북조 이스라엘을 시간의 흐름에 따라 우선 정리하고자 한다. 그러나 성경에서 언급한 연대가 맞지 않는 경우가 많다. 이는 왕에 따라서는 공위(共位)한 경우가 있고 일부는 연대 추정의 기준이 달라서 일어난 일이다. 따라서 왕의 연대기는 융통성 있게 고려할 필요가 있다.

북조 이스라엘과 남조 유다의 왕 역대기를 개관해서 남북조의 왕의 연대를 비교해 두기 바란다.

남북조(南北朝) 왕의 연대기

연 대(B.C.)	북조(北朝) 이스라엘	남조(南朝) 유 다
930 B.C.	여로보암(930–909)	르호보암(930–913)
920	–	–
	–	아비얌(913–910)
	–	아 사(911–869)
910	나 답(909–908)	–
	바아사(908–886)	–
900		
890	–	–
	엘 라(886–885)	–
	시므리(885 7일간 디르사에서 왕 노릇함)	–
	오므리(885–874)	–
880	–	–
	아 합(874–853)	여호사밧(872–848)
870	–	–
860	–	–
	아하시야(853–852)	–
	여호람(852–841)	–
850	–	–
	–	여호람(853–841)
	–	아하시야(841)
	예 후(841–814)	아달랴(841–835)
840	–	–
	–	요아스(835–796)

연 대(B.C.)	북조(北朝) 이스라엘	남조(南朝) 유 다
830	–	–
820	–	–
	여호아하스(814–798)	–
810	–	–
800		
	요아스(798–782)	아마샤(796–767)
	여로보암 II(793–753)	
790	–	웃시야(792–740) 아사랴
780	–	–
770	–	–
760	–	–
	스가랴(753–752)	–
	살 룸(752)	–
	므나헴(752–742)	–
750	–	요 담(750–732)
	브가히야(742–740)	–
740	베 가(740–732)	–
	호세아(732–722)	아하스(735–715)
730	–	–
	–	히스기야(715–686)
720	–	–
710	–	–
700		
	–	므낫세(696–642)
690	–	–

연 대(B.C.)	북조(北朝) 이스라엘	남조(南朝) 유 다
680	–	–
670	–	–
650	–	–
	–	아 몬(642–640)
640	–	–
	–	요시야(640–609)
630	–	–
620	–	–
610	–	–
	–	여호아하스(609)
	–	여호야김(609–598)
600		
	–	여호야긴(598–597)
	–	시드기야(597–586)

Winchester, L. L.(2004). *The Divided Kingdom: Israel & Judah.* pp. 5, 6

Rogerson J.(1999). *Chronicle of Old Testament Kings; The reign-by-reign records of ancient Israel.* London: Thames and Hudson Ltd.

CLASB(2004). *Chronological Life Application Study Bible.* Carol Stream, Il: Tyndale House Pub. Inc. pp. 690–693. 연도는 이 자료를 준용하였음.

남조 유다 왕 역대기

남조 유다는 다윗의 후손으로 그 왕통이 이어져 왔다. 이는 하나님과 다윗과의 언약에 의한 것이고 7대 왕 아합의 딸 아달랴만 돌연변이로 6년간 유다를 통치하였다. 우선 성경을 효과적으로 이해하기 위해서 남조 유다의 왕위 계승과 왕들의 면모를 살펴 두는 것이 필요하다.

분열 후 남조 유다 왕은 모두 20명이며 예루살렘을 수도로 하고 344년간 존속하였다.

* 왕의 재임연대와 기간은 CLASB(2004, 690–693)의 연대에 따랐다. 불확실한 경우 퇴임연도에서 취임연도를 빼서 그 기간을 정했다. 공위 기간이 있음을 고려해야 한다.

분열 후 남조 유다 왕국의 수도: 예루살렘

존속 기간: 344년(930 B.C.–586 B.C.)

1. 유다 왕 르호보암

르호보암은 치세 17년 동안 악을 행하여 산당을 세우고 우상과 아세라 상을 세워 숭배하는 어리석음을 보였다. 이런 결과 르호보암 5년(926 B.C.)에 이집트 왕 시삭이 올라와서 예루살렘을 침공하고 성전의 보물과 솔로몬이 만든 금 방패를 모두 가져갔다(왕상 14:21–31).

* **르호보암 왕**(Rehoboam, king of Judah; 930 B.C.– 913 B.C.)
  남조(南朝) 유다 1대 왕으로 17년간 재위(왕상 11:43–14:31; 대하 9:31–12:16) 하였다.
  솔로몬의 아들이며 어머니는 나아마(Naamah)이다(왕상14:21).
  르호보암은 산당과 우상과 아세라 상을 세우고 남색 하는 자를 허용하였다.
  (왕상14:22–24)

2. 유다 왕 아비얌

아비얌은 아비야라고도 한다. 아비얌의 치적은 기록이 없고 평가만 기록되어있다. 악정을 했으나 하나님께서 다윗과의 약속으로 오히려 다음 왕을 견고하게 하시어 예루살렘을 튼튼하게 하셨다(왕상15:1–8).

* **아비얌 왕**(Abijah, king of Judah; 913 B.C.–910 B.C.)
  남조(南朝) 유다 2대 왕으로 3년간 재위(왕상14:31–15:8; 대하13:1–14:1)했다.
  북조(北朝) 이스라엘 여로보암 18년에 왕위에 올랐다(왕상15:1).
  `르호보암의 아들이며 어머니는 아비살롬의 딸 마아가(Maacah)이다(왕상15:2)
  아비얌은 여호와 앞에 온전하지 못하였다(왕상15:3, 4).

3. 유다 왕 아사

아사는 개혁 사상을 갖고 우상을 척결하는 용단을 내렸다. 그러나 산당(山堂)까지 없애지는 못하였다. 태후 마아가가 아세라 목상을 만들었기 때문에 태후의 위를 폐하는 용단도 보였다. 그러나 북쪽 이스라엘의 바사 왕이 예루살렘 북쪽 6km 지점의 라마에 북쪽에서 남쪽의 선정을 사모하여 내려오는 백성을 차단하기 위하여 라마를 건설하였다. 이를 해결하기 위하여 보물을 보내어 다메섹 왕 벳하닷으로 이스라엘을 공격하게 하는 아이러니한 사건이 전개된다. 이 때문에 성지가 이방인에게 유린당하는 결과를 초래했다(왕상15:9-24).

* **아사 왕**(Asa, king of Judah;; 910 B.C.-872 B.C.)
  남조 유대 3대 왕으로 41년간 재위(왕상15:8-24; 대하 14:1-16:14)하였다.
  북조 이스라엘 여로보암 20년에 왕위에 오른다(왕상15:9).
  아비얌의 아들이나 10절에 그 어머니가 아비얌과 같다. 탐구과제이다(2절과 10절 비교).
  NIV 성경에서는 조모로 나온다. 성경에서 조모를 어머니로 표기된 것 같다.
  아사 왕은 정직하게 행하고 우상을 없앴으나 산당은 그대로 두었다(왕상15:11-15).

4. 유다 왕 여호사밧

비교적 정직히 행한 왕이며 이스라엘과는 우호적 관계를 유지했다. 아람 3차전에 참여하는 적극성도 보였다(왕상22:41-50).

* **여호사밧 왕**(Jehoshaphat, king of Judah; 872 B.C.-853 B.C.)
  남조(南朝) 유다 4대 왕으로 25년간 재위(대하20:31-34)하였다.
  북조(北朝) 이스라엘 아합 왕 4년에 왕위에 올랐다(왕상22:41).
  아사 왕의 아들이며 어머니는 아수바(Azubah) 이다(왕상22:42).
  여호와 앞에서 정직히 행했으나 산당(山堂)은 헐지 못했다(왕상22:43).

5. 유다 왕 여호람

여호사밧의 아들이 왕위를 계승하여 유다의 왕이 되었으나 악정을 베풀었고 이 때문에 에돔과 립나 등이 배반하였다. 하나님에게 순종하는 왕은 모든 것이 잘 풀려서 이웃의 많은 나라가 조공을 바치나 악정을 베푼 왕들은 모든 것을 잃었다. 여호람은 아합과 같은 악정을 한 왕이다(왕하8:16-24; 대하21:1-10).

* 여호람 왕(Jehoram, king of Judah; 853 B.C.-841 B.C.)
  남조(南朝) 유다 5대 왕으로 8년간 재위(왕하8:16-24; 대하21:1-20) 하였다.
  이스라엘 왕 아합의 아들 요람 5년에 왕이 되었다(왕상22:50; 왕하8:16, 17).
  여호사밧의 아들이다.
  아합의 딸을 아내로 맞아 이스라엘과 같은 악을 행하였다(왕하8:18).

6. 유다 왕 아하시야

유다 여호람 왕의 아들 아하시야가 왕이 되었다. 이 역시 아합의 사위가 되어 바알을 받아들이고 악을 행하는 왕이었다. 아하시야는 이스라엘 요람 왕이 길르앗 라못에서 아람(시리아) 왕 하사엘과 싸우다가 다치고 치료차 이스르엘로 돌아온 요람을 문병 갔다가 예후에게 둘 다 죽임을 당한다. 악한 자와 멍에를 같이 하면 아니 된다. 두 왕은 모두 악한 자들이고 이들의 죽음은 예언된 것이었다(왕하8:25-29).

* 아하시아 왕(Ahaziah, king of Judah; 841 B.C.)
  남조 유다 6대 왕으로 1년간 재위하였다(왕하8:24-9:29; 대하22:1-10).
  이스라엘 왕 요람 12년에 유다 왕이 되었다(왕하8:25, 26).
  여호람의 아들로 어머니는 이스라엘 왕 오므리의 손녀, 아합의 딸인 아달랴이다.
  아하시아가 아합의 악행을 따라 행하였다. 아합의 사위가 되었다(왕하8:27).
  이스라엘 왕 요람이 예후에게 살해될 때 아하시아도 살해 되었다(왕하9:27-29).

7. 유다 여왕 아달랴

유다 왕통에서 변이가 일어났다. 유다 왕권은 다윗의 자손에게로 이어져 왔는데 아하시야의 어머니인 아달랴는 이스라엘 오므리의 손녀이고 아합의 딸이다. 악의 소생이다. 그녀가 아들 아하시야가 왕위 계승 1년 만에 예후에게 죽임을 당한 뒤 왕의 자손을 모두 죽이고 스스로 왕이 된 악녀(惡女)이다. 이 와중에 아하시야의 누이이고 제사장 여호야다의 아내인 여호세바가 아하시야의 아들 요아스를 숨겨 성전에서 6년간을 길렀다. 이 기간에 아달랴가 유다를 통치하였다. 아달랴는 아합의 후손으로 우상을 유다에 유입한

장본인이며 다윗의 혈통을 끊으려는 획책을 했다(왕하11:1-3).

* **유다의 여왕 아달랴**(Athaliah, Queen of Judah; 841 B.C.-835 B.C.)
남조 유다 7대 왕으로 6년간 재위하였다(왕하11:1-20; 대하22:10-23:21).
북조 이스라엘 왕 요람 12년에 유다 왕이 되었다(왕하11:1-16)
왕이 되고자 자기 손자를 모두 죽였다(왕하11:2). 악녀라 할 것이다.

8. 유다 왕 요아스

7세에 제사장 여호야다의 주도로 왕이 된 요아스는 어린 시절 여호야다의 섭정 아래 하나님의 말씀에 순종하는 통치를 하였다. 이때 종교개혁도 하게 되고 성전 보수도 하였다. 그러나 이때도 산당은 헐지 못하였다. 제사장 여호야다가 죽은 후로는 우상 숭배를 허용하는 등 정직하지 못하였다. 이때 제사장 여호야다의 아들 스가랴가 순교하게 된다(대하24:20,21). 좋은 지도자 밑에서 많이 배워도 인간은 타락하게 되는가 보다. 그러나 좋은 선생을 갖는다는 것은 매우 중요하다(왕하12:1-3; 대하24:1-3).

* **요아스 왕**(Joash, king of Judah; 835 B.C.-796 B.C.)
남조 유다 8대 왕으로 40년간 재위하였다(왕하11:2-12:21).
북조 이스라엘 왕 예후 7년에 유다 왕이 되었다(왕하13:1; 왕후12:1).
아하시아의 아들이며 어머니는 시비야아(Zibiah, 왕하12:1)이다.
정직하게 행했고 성전을 수리하였다. 그러나 산당(山堂)은 헐지 못하였다(왕하12:3).

9. 유다 왕 아마샤

정직하고 나라를 반석 위에 놓았으나 산당은 헐지 못하였다. 그 부왕을 암살한 자들을 죽였고 그 암살자의 자식들은 죽이지 아니했다(왕하14:1-7).

* **아마샤 왕** (Amaziah, king of Judah; 796 B.C.-767 B.C.)
분열 후 남조 유다 9대 왕으로 29년간 재위하였다(왕하14:1-20; 대하25:1-28).
아들 아사랴(웃시아) 왕과 공위(功位) 기간(792 B.C.~767 B.C.)이 25년이다.
이스라엘 왕 요아스 2년에 유다의 왕이 되었다(왕하14:1, 2).
요아스의 아들이며 어머니는 여호앗단(Jehoaddin) 이다.
정직하나 다윗과 같지 아니하고 부왕의 수준인 것 같다. 산당(山堂)은 헐지 못했다.

10. 유다 왕 아사랴(웃시야)

아사랴왕은 웃시야 왕의 별칭으로 보인다. 부왕 아마샤왕과 연대기가 맞지 아니한다. 연구 관제이다. 여로보암 2세 27년은 766 B.C. 이다. 웃시야가 왕이 될 때 16세라니까 연대가 맞지 아니한다. 연구과제로 남기고 웃시야왕은 비교적 정직한 왕이었으나 산당을 헐지 못하였다. 그는 하나님이 치심으로 나병에 걸려 별궁(레13:46)에 기거한 모양이다. 또 왕은 왕이로되 직무는 요담 왕에게 넘겼던 것 같다(왕하15:1–7; 대하 26:1~23).

* **아사랴 왕**(Azariah king of Judah; 792 B.C.–740 B.C.)
  남조 유다 10대 왕으로 52년간 재위하였다(왕하15:1–17; 대하26:1–23).
  북조 이스라엘 왕 여로보암 II 27년(766 B.C.)에 왕이 되었다(왕하15:1, 2).
  아마샤의 아들이며 어머니는 여골리아(Jecoliah) 이다.
  아마샤왕과 아사랴(웃시아)왕의 공위 기간이 길다.
  즉 792 B.C.~767 B.C. 사이 25년간이다. 아사랴 왕은 웃시아왕의 별칭이다.
  죽는 날까지 나병 환자였다. 여호와 보시기에 정직했으나 산당을 헐지 못했다.

11. 유다 왕 요담

요담은 정직히 행했으나 산당을 헐지 못하였다(왕하15:32–38).

* **요담 왕**(Jotham, king of Judah; 750 B.C.–735 B.C.)
  분열 후 유다 11대 왕으로 16년간 재위하였다(왕하15:32–38; 대하27:1–9).
  이스라엘 왕 베가(Pekah) 2년에 유다의 왕이 되었다(왕하15:32, 33).
  웃시아(아사랴)의 아들이며 어머니는 여루사 이다(왕하15:1, 5, 7, 33).
  여호와 보시기에 정직했으나 산당을 헐지 못했다.

12. 유다 왕 아하스

아하스가 20세에 왕이 되었으나 우상을 숭배하고 정직하지 못하였다. 아들을 불 가운데로 지나게 했다. 이는 우상 몰록을 섬겼다는 말이다(왕하16:1–4; 대하28:1–27).

* **아하스 왕**(Ahaz, king of Judah; 735 B.C.–715 B.C.)
  요담과 공위 기간이 있었다. 남조 유다 12대 왕으로 16년간 재위했다(왕하16:1–20;

대하28:1–27).
북조 이스라엘 왕 베가(Pekah) 17년에 유다의 왕이 되었다(왕하16:1, 2).
요담의 아들이다.
정직하지 아니하고 우상을 섬기고 아들을 불 가운데 지나게(몰록) 하였다(왕하16:2–4).

13. 유다 왕 히스기야

히스기야 왕은 유다의 성군이다. 우상을 훼파하고 아시리아를 섬기지 않고 블레셋을 쳐서 영토를 넓혔다. 모세의 계명을 다 지키고 하나님 보시기에 선하여 가는 길이 형통하였다(왕하18:1–8).

* **히스기야 왕**(Hezekiah, king of Judah; 715 B.C.–697 B.C.)
남조 유다 13대 왕으로 29년간 재위하였다(왕하16:20; 18:1–20:21; 대하29:1–32:33).
북조 이스라엘 호세아 왕 3년에 유다 왕이 되었다(왕하18:1, 2).
아버지는 아하스 이며, 어머니는 아비요(Abijah)로 스가랴의 딸이다.
하나님 보시기에 정직하고 우상을 훼파하였다.

14. 유다 왕 므낫세

히스기야의 정직과는 거리가 먼 므낫세왕의 기록이다. 그는 아버지가 헐었던 산당을 새로 짓고 우상숭배에 열을 올렸다. 므낫세왕 때문에 하나님은 유다의 멸망을 선포하신다(왕하21:11–15). 그뿐 아니라 악정을 베풀어 무죄한 피를 흘렸다. 역대 하에서는 므낫세의 회개(대하33:17)가 기록되어 있으나 열왕기 하에서는 그의 회개에 관한 기록은 없다. 열왕기 기자와 역대기 기록자 사관(史觀)의 차이에서 생긴 것이다(왕하21:1–18; 대하33:1–25)

* **므낫세 왕**(Manasseh, king of Judah; 697 B.C.–642 B.C.)
남조 유다 14대 왕으로 55년간 재위하였다(왕하21:1–18; 대하33:1–20).
히스기야의 아들이며 어머니는 헵시바(Hephzibah)이다.
부왕이 훼파한 우상을 재건하였다. 유대가 멸망하게 되는 원인을 제공하는 악정이었다.

15. 유다 왕 아몬

아버지 므낫세와 마찬가지로 악정을 베풀어 여호와의 진노를 사게 되고 신하들의 반역으로 죽임을 당하는 불행한 왕이다. 그가 죽고 아들 요시야가 왕이 된다. 북조 이스라엘이 행한 우상숭배에 버금가는 일들이 아몬 왕 때 있었다(왕하21:19-26; 대하33:20-25)

* 아몬 왕(Amon, king of Judah; 642 B.C.-640 B.C.)
  남조 유다 15대 왕으로 2년간 재위하였다(왕하21:18-26; 대하33:20-25).
  므낫세의 아들이며 그의 어머니는 므슬레멧(Meshullemeth)이다.
  부왕인 므낫세의 행위를 따라 하였다.

16. 유다 왕 요시야

아몬 왕에 이어 유다 16대 왕이 된 요시야 왕은 하나님 보시기에 무척 정직한 왕이었다. 그리고 성전을 수축하는 일을 하여 여러 악한 왕들과 다르게 하나님 앞에 선을 행했다(왕하22:1, 2; 대하33:25-35:27).

* 요시야 왕(Josiah, king of Judah; 640 B.C.-609 B.C.)
  분열 후 남조 유다 16대 왕으로 31년간 재위하였다(왕하21:26-23:30; 대하33:25-35:27).
  아몬의 아들이며 어머니는 여디다(Jedidah)이다. 623 B.C.에 성전을 수축하였다.
  다윗의 길을 따랐으며 우상을 훼파하고 우상을 섬기는 제사장을 죽였다.

17. 유다 왕 여호아하스

3개월이란 짧은 시간 왕이었는데 악정으로 평가된다. 우상 숭배를 방조하였고 성격적으로 포악했던 것 같다. 이런 관계로 이집트 왕 느고에게 잡혀가서 하맛땅 립나에 유폐되어 거기서 죽는다. 인생의 삶이 길고 짧음은 문제 되지 않는다. 어떤 마음가짐으로 살았는가? 매우 중요한 명제이다. 남의 지도자가 되는 사람은 더욱 그러하다.

이 일로 이집트 왕 느고는 유다에 벌금으로 은 100달란트(3,400kg)와 금 1달란트(34kg)를 벌금으로 내게 하였다(왕하23:31-35; 대하36:1-4)

* 여호아하스 왕(Jehoahaz, king of Judah; 609 B.C.)
남조 유다 17대 왕으로 3개월간 재위했었다(왕하23:30-34; 대하36:1-4).
요시야의 아들이며 어머니는 하므달(Hamutal)이다(왕하23:31, 32).
이집트 바르 느고에게 포로로 잡혀가서 거기서 죽는다(왕하23:4).
아버지 요시야의 개혁을 이어받지 못하고 악정을 했다.

18. 유다 왕 여호야김

므낫세 왕의 우상 숭배로 유다는 돌이킬 수 없는 멸망의 길로 간다. 이집트 왕 바로 느고에 의해 세움을 받은 여호야김 역시 악정을 하게 된다. 그는 국민들에게 금은을 징수하여 자신을 위한 궁전과 사치스러운 생활을 하였다. 또 예루살렘의 멸망을 예언한 선지자 우리야를 죽였다(렘26:20-23). 개인의 배를 불리는 지도자 그는 누구인가? 본인과 그 국민을 도탄에 빠뜨리고 멸망을 자초하는 자이다(왕하23:36, 37; 대하36:5-8).

* 여호야김 왕(Jehoiakim, king of Judah; 609 B.C.-598 B.C.)
남조 유다 18대 왕으로 11년간 재위하였다(왕하23:34-24:6; 대하36:5-8).
요시야의 아들이며 어머니는 스비다라(Zebidah)이다.
여호와 보시기에 악을 행하다.

19. 유다 왕 여호야긴

3개월간의 왕좌에 있었으나 악정을 베풀었고 자신과 그 가족 그리고 나라의 모든 지도자가 바빌로니아에 포로로 잡혀가는 수모를 당하는 매우 불행한 왕이다. 그 마음에 악한 생각을 갖게 하신 이도 하나님이시다. 그는 복 받지 못한 사람이다(왕하24:8, 9).

* 여호야긴 왕(Jehoiachin, king of Judah; 598 B.C.-597 B.C.)
남조 유다 19대 왕으로 3개월간 재위하였다(왕하24:6-15; 25:27-30; 대하36:8-10).
여호야김의 아들이며 어머니는 느후수다(Nehushta) 이다(왕하24:8).
바빌로니아 왕 느부갓네살이 예루살렘에 올라와 모두 포로로 잡아갔다.
그의 아버지의 악한 행위를 따라 했다.

20. 유다 마지막 왕 시드기야

시드기야 역시 악정을 하고 불행하게도 유다 마지막 왕이 된다. 유다의 멸망은 시드기야가 바빌로니아 왕을 배반하려는 마음을 가짐으로 하나님의 섭리를 이루게 되는 것이다. 망할 때는 망할 수밖에 없는 마음을 가진다. 복 받은 사람은 그 심령이 넉넉하다. 하나님이 주시는 복이다. 우리의 생각은 우리가 마음대로 갖는 것이 아니다(왕하 24:18-20).

＊ 시드기야 왕(Zedekiah, king of Judah; 597 B.C.-586 B.C.)
분열 후 유다 20대 왕으로 11년간 재위하였다(왕하24:17-25:21; 대하36:10-21).
여호야긴의 숙부로 요시야의 아들이며 어머니는 하므달(Hamutal)이다.
시드기야가 바빌로니아를 배반하여 그들이 침공하여 유다를 멸망
시킨다. 불행하게도 시드기야 왕은 남조 유다 왕국의 마지막 왕이 된다.

북조 이스라엘 왕 역대기

이미 이스라엘이 분단될 것이 열왕기 상 11장에서 예언되었다. 솔로몬의 교만과 불순종의 결과이다. 북쪽 지파들이 르호보암 왕에게 요청한 것은 당연히 들어주어도 문제가 없는 것이다. 그러나 그는 원로의 조언을 듣지 아니하고 젊은 신하의 말을 들어서 낭패를 보게 되었다. 이것이 하나님의 뜻이기 때문이다. 이 세상에서 성공 실패는 하나님께서 그의 마음에 무엇을 넣어 주시는가에 달려있다. 하나님은 역사의 주관자로서 이스라엘을 나누시기로 정하신 것이다. 르호보암은 유다 지파의 왕이 되고 10 지파는 이탈하여 분리되고 새로운 왕조를 세우게 되었다(왕상12:1-19). 이것이 북조 이스라엘이다.

북조 이스라엘은 왕권 투쟁이 빈번하였고 여러 가문이 왕권에 도전하여 정권 이동이 많았다. 그중 여로보암 왕조(930 B.C-908 B.C; 여로보암 1세, 나답 등 2명), 오므리 왕조(885 B.C-841 B.C; 오므리, 아합, 아하시야, 여호람 등 4명), 예후 왕조(841 B.C-752 B.C; 예후, 여호아하스, 요아스, 여로보암 2세, 스가랴 등 5인)가 비교적 그 생명이 길었고 북조 208년 동안에 가계가 다른 9 왕조가 존재했었고 18명의 왕이 출현한다.

＊ 왕의 재임연대와 기간은 CLASB(2004, 690-693)의 연대에 따랐다. 불확실한 경우 퇴임연도에서 취임연도를 빼서 그 기간을 정했다. 공위 기간이 있음을 고려해야 한다.

분열 후 북조 이스라엘의 수도: 1. 세겜, 2. 디르사, 3. 사마리아
존속 기간: 208년간(930 B.C.－722 B.C.)

1. 북조 이스라엘의 초대 여로보암 왕

여로보암이 이집트에서 돌아와서 이스라엘의 왕이 되었다. 이는 실로의 선지자 아히야가 예언한 것과 같았다(왕상12:20).

* **여로보암 왕**(Jeroboam; king of Israel; 930 B.C.－909 B.C.)
분열 후 이스라엘 1대 왕으로 22년간 재위하였다(왕상11:26－14:31; 대하10:12－13:20).
여로보암은 북조(北朝) 이스라엘의 초대 왕으로 악정을 베푼 왕이다.
여로보암의 죄는 왕상 13:33, 34에 기록된 우상 숭배이다.

2. 이스라엘 왕 나답

여로보암의 아들 나답이 이스라엘 2대 왕이 되었으나 그의 아버지와 마찬가지로 악정을 베풀었다. 깁브돈에서 블레셋과 전쟁을 할 때 그의 부하 바아사가 모반하여 그를 죽이고 여로보암의 온 집안을 모두 죽였다. 실로의 선지자 아히야가 예언한 대로 이루어졌다. 북 왕조 이스라엘의 왕은 유다 아사왕 재위기간에 여섯 왕이 교체되었다. 이때마다 암살과 쿠데타로 정권이 바뀌는 악순환이었다(왕상15:25－32).

* **나답 왕**(Nadab; king of Israel; 909 B.C.－908 B.C.)
북조 이스라엘 2대 왕; 2년간 재위(왕상14:20; 15:25－28)하였다.
남조 유다 아사 왕 2년에 왕위에 오른다(왕상15:25).
여로보암의 아들이다(왕상14:20).
여로보암의 악정의 길을 답습하였다(왕상15:26).

3. 이스라엘 왕 바아사

이스라엘 3대 왕인 바아사 역시 악정을 펴서 온 이스라엘로 범죄 하게 하였다(왕상 15:33, 34).

* **바아사 왕**(Baasha, king of Israel; 908 B.C.-886 B.C.)
  북조 이스라엘 3대 왕으로 24년간 재위(왕상15:27-16:7; 대하 16:1-6)하였다.
  남조 유다 아사 왕 3년에 왕위에 오른다(왕상15:33).
  아히야의 아들이다.
  여로보암의 길로 행하는 악정을 베풀었다(왕상16:1).

4. 이스라엘 왕 엘라

디르사에서 왕이 된 엘라 역시 악정을 펴서 하나님의 진노가 확정된다. 왕 엘라는 깁브돈에서 병사들이 블레셋과 전투하는 중 왕궁 맡은 아르사의 집에서 마시고 취해 있을 때 엘라의 신하 시므이(왕상16:9-20)가 그를 살해하고 그 가족과 친지들까지 모두 죽여서 여로보암의 집에 내린 화와 같은 수준의 벌을 받았다. 깁브돈 전쟁 중 두 왕 즉 엘라와 시므이가 살해되어 죽었다. 시므이는 왕이 되었으나 깁브돈의 전장 터에 나가 있던 군인들이 그곳 사령관인 오므리를 왕으로 삼아서 시므이는 7일간 왕(유다왕 아사 27년; 이스라엘 역대 왕의 대수에 넣지 않았다) 노릇하고 디르사 궁전에 불을 지르고 죽었다(왕상16:8-20).

* **엘라 왕**(Elah, king of Israel; 886 B.C.-885 B.C.)
  북조(北朝) 이스라엘 4대 왕으로 2년간 재위 했다(왕상 16:6-14).
  남조(南朝) 유다 아사 왕 26년에 디르사에서 왕이 되었다.
  바아사의 아들로 여로보암과 같은 악정을 베풀었다(왕상15:26).

5. 이스라엘 왕 오므리

유다 아사왕 31년에 경쟁 끝에 왕이 되었다. 그러나 하나님 보시기에 악정으로 일관했다. 12년간 제위에 있다가 죽으매 그의 아들 즉 악정으로 유명한 아합이 뒤를 이어 이스라엘의 왕이 되었다(삼상16:21-28).

* **오므리 왕**(Omri, king of Israel; 885 B.C.-874 B.C.)
  북조 이스라엘 5대 왕으로 12년간 재위했다(왕상16:16-28).
  이스라엘 수도를 디르사에서 사마리아로 옮겼다.
  남조 유다 아사 왕 31년(왕상16:22, 23)에 왕이 되었다.
  북조 이스라엘 왕 중의 악한 왕이었을 것이다. 여로보암의 길로 갔다(삼상16:21-28).

6. 이스라엘 왕 아합

이스라엘은 계속 악정을 베푸는 왕들이 등극하여 하나님을 격노하게 하였다. 아합은 여로보암 보다 심하여 사마리아에 바알의 전을 건축하고 아세라 목상을 만들어 세우고 그 아내 시돈의 왕 엣바알의 딸 이세벨은 악의 악을 행하였다. 이방여인이 문제되는 것은 그들이 결혼하여 올 때 우상을 수입하는 일이다(왕상16:29-33).

* **아합 왕**(Ahab, king in Israel; 874 B.C.-853 B.C.)
  북조 이스라엘 6대 왕으로 22년간 재위(왕상16:28-22:40; 대하18:1-34) 하였다.
  남조 유다 아사왕 38년에 왕이 된다(왕상16:29), 오므리의 아들이다.
  북조 이스라엘 왕 중의 최악의 왕이었을 것이다. 여로보암 왕보다 더 심했다 (삼상16:30-33).

7. 이스라엘 왕 아하시야

아하시야는 부왕 아합에 뒤를 이어서 이스라엘 7대 왕이 되었다. 아합과 마찬가지로 여호와 앞에 악을 행하였다. 바알을 섬기고 하나님을 진노하시게 하였다(왕상22:51-53).

* **아하시아 왕**(Ahaziah, king of Israel; 853 B.C.-852 B.C.)
  북조(北朝) 이스라엘 7대 왕; 2년간 재위(왕상22:40-왕하1:18 대하20:35-37) 하였다.
  남조(南朝) 유다 여호사밧 왕 17년에 왕이 되었다(왕상22:51).
  북조 초대 왕 느밧의 아들 여로보암보다 더 심한 악정을 베풀었다(삼상22:53).

8. 이스라엘의 여호람(요람) 왕

아합의 아들 아하시야가 하나님 앞에 악을 행하고 죽으니 아합의 아들이요 아하시야의 동생인 여호람(요람)이 왕이 되었다. 아합만큼은 아니지만, 초대 왕 여로보암 수준의 악을 행한 모양이다(왕하3:1–3).

* **요람 왕**(Joram, king of Israel; 852 B.C.–841 B.C.)
  북조(北朝) 이스라엘 8대 왕으로 12년간 재위했다(왕하3:1–8:25; 대하22:7–12).
  아합의 아들(왕하8:25)이다.
  오므리 왕조의 마지막 왕으로 악정을 폈다.

9. 이스라엘 왕 예후

엘리사가 젊은 선지자를 보내어 예후에게 기름을 부어 이스라엘 왕이 되게 하였다. 이는 벌써 엘리야에게 호렙산에서 명하시어 하사엘을 아람 왕이 되게 하고 예후에게 기름 부어 이스라엘 왕이 되게 하라(왕상19:15–17)는 예언을 이루는 것이다. 예후의 동료 장군들이 이 기름 부음에 관한 이야기를 듣고 모두 예후에게 충성을 맹세하였다(왕하9:1–13)

* **예후 왕**(Jehu, king of Israel; 841 B.C.–814 B.C.)
  북조 이스라엘 9대 왕으로 28년간 재위하였다(왕하9:1–10:36; 대하22:7–12).
  유다 요람 왕 11년에 왕이 되었다.
  님시의 손자이며 여호사밧의 아들(왕하9:1–7)이다.
  악정을 베풀었다. 예후 왕조는 예후–여호아하스–요아스–여로보암 II–스가랴 등 5 왕이 있었다.

10. 이스라엘 왕 여호아하스

이스라엘 왕들은 계속 악정을 펴고 초대 왕 여로보암의 우상 숭배를 답습하였다. 예후의 아들 여호아하스 역시 악정을 베풀며 17년간 제위에 있었다. 이스라엘을 다스리시는 하나님의 도구는 아람의 하사엘과 그의 아들 벤하닷 이었다. 하사엘은 이스라엘에

군사력을 제한하여 마병 50명과 병거 10대와 보병 10,000명 외에는 더 두지 못하게 하였다(왕하13:1-9).

* 여호아하스 왕(Jehoahaz, king of Israel; 814 B.C.-798 B.C.)
북조 이스라엘 10대 왕으로 17년간 재위 하였다(왕하13:1-9).
남조 유다 요하스 왕 23년에 왕이 되었다.
예후의 아들이다.
북조 초대 왕인 느밧의 아들 여로보암 1세의 악을 따라가고 떠나지 않았다(삼하13:2).

11. 이스라엘 왕 요아스

예후의 손자, 여호아하스의 아들인 요아스가 등극하였다. 그러나 이 역시 악정으로 얼룩지고 우상숭배에서 떠나지 못하였다(왕하13:10-13).

* 요아스 왕(Jehoash, king of Israel; 798 B.C.-782 B.C.)
북조 이스라엘 11대 왕으로 16년간 재위하였다(왕하13:10-14:16; 대하25:17-24).
유다 요하스 왕 37년에 왕이 되었다(왕하13:10).
여호아하스의 아들이다.
북조 이스라엘의 초대 왕인 느밧의 아들 여로보암의 악을 떠나지 못했다(삼하13:11).

12. 이스라엘 왕 여로보암 2세

이스라엘의 악한 왕 중의 하나이다. 그러나 하나님이 이스라엘을 긍휼히 여기셔서 이스라엘 영토를 회복하게 하셨다. 그러나 요나서 외에는 언급이 없고 다른 곳에서 병행 기록을 찾을 수가 없다. 추측하건대 요나를 통하셔서 말씀을 주신 것 같다. 이때 여호와께서 이스라엘의 영토를 하맛 어귀에서 아라바 바다까지 주셨다. 하맛은 시리아와 이스라엘의 경계 즉 이스라엘이 생각하는 이상적 북쪽 경계이며, 아라바 바다는 사해의 다른 명칭이기도 하다. 여기서는 남쪽 경계를 의미한다(왕하14:23-29).

* 여로보암 왕 2세(Jeroboam II, king of Israel; 793 B.C.-753 B.C.)
북조 이스라엘 12대 왕으로 41년간 재위하였다(왕하14:16-29).
남조(南朝) 유다 아마샤 왕 15년에 왕이 되었다(왕하14:23).
요아스의 아들이다.

느밧의 아들 여로보암의 악을 떠나지 못하였다(삼하14:24).

13. 이스라엘 왕 스가랴

예후 왕가의 몰락은 예언된 바와 같다(왕하10:30, 31). 예후는 아합의 죄악을 징치(懲治) 하는 임무를 수행했으나 악에서 완전히 떠나지 아니하여 그의 후손이 4대(예후–여호아하스–요아스–여로보암 2새–스가랴)까지만 왕위에 있을 것을 예후에게 예언하셨다. 스가랴는 악정을 베풀었고 6개월 만에 살롬의 반역으로 실각하게 되었다(왕하15:8–12)

＊ 스가랴 왕(Zechariah, king of Israel; 753 B.C.–752 B.C.)
북조 이스라엘 13대 왕으로 6개월 재위하였다(왕하14:29–15:11).
남조 유다 아마샤 왕 38년에 왕이 되었다(왕하14:29; 15;8).
여로보암 II세의 아들이다.
느밧의 아들 여로보암의 악에서 떠나지 않는 악정을 했다.

14. 이스라엘 왕 살룸

므나헴이 디르사에서 올라와서 살룸을 죽이고 왕이 되었다. 살룸은 1개월 간 왕이 되었다. 왕하 15장 16절에 아이 밴 여인의 배를 갈랐더라고 한 점을 보면 그가 무척 포악했음을 알 수 있다(왕하15:13–16).

＊ 살룸 왕(Shallum, king of Israel; 752 B.C.)
북조 이스라엘 14대 왕으로 1개월 재위했다(왕하15:10–15).
남조 유다 아사랴(웃시아) 왕 39년에 왕이 되었다.
야베스의 아들이다.

15. 이스라엘 왕 므나헴

이스라엘 왕은 악정을 계속 펴 나아갔고 그들은 초대 왕 여로보암 1세를 따라서 우상

숭배를 하였다. 아시리아 왕 불(디글랏 빌레셀 3세)이 침범해 왔을 때 은 1,000달란트(34,000kg)를 주어 돌아가게 하였다(왕하15:17-22).

* **므나헴 왕**(Menahem, king of Israel; 752 B.C.-742 B.C.)
  북조 이스라엘 15대 왕으로 10년간 재위하였다(왕하15:14-22).
  남조 유다 아사랴(Azariah 웃시야) 왕 39년에 왕이 되었다.
  가디의 아들이다.
  아시리아에 바칠 은을 부자들에게서 수탈하여 주었다.

16. 이스라엘 왕 브가히야

브가히야 역시 악정으로 일관하고 베가의 반역으로 죽고 베가가 왕이 되었다(왕하15:23-26).

* **브가히야 왕**(Pekahiah, king of Israel; 742 B.C.-740 B.C.)
  북조 이스라엘 16대 왕으로 2년간 재위했다(왕하1:22-26).
  남조 유다 아사랴(웃시야) 왕 50년에 왕이 되었다(왕하15:23).
  므나헴의 아들이다.
  느밧의 아들 여로보암의 악에서 떠나지 않았다.

17. 이스라엘 왕 베가

베가 역시 악정을 베풀고 아시리아에 국토를 침탈당하고 호세아의 반역으로 죽임을 당하였다. 연대가 불확실하여 연구 과제이다(왕하15:27-31).

* **베가 왕**(Pekah, king of Israel; 740 B.C.-732 B.C.)
  북조 이스라엘 17대 왕으로 8년 재위하였다(왕하15:25-31; 대하28:5-8)
  남조 유다 아사랴(웃시야) 왕 52년에 왕이 되었다(왕하15:27).
  르말랴의 아들이다.
  느밧의 아들 여로보암 1세의 악에서 떠나지 않았다.

18. 이스라엘 마지막 왕 호세아

호세아는 이스라엘 마지막 왕이다. 불행하게도 이스라엘 왕은 초대 왕 여로보암 1세로부터 계속해서 우상 숭배와 악을 행하는 왕들이 대부분이었다. 930 B.C. 에 유다와 같이 분열왕국으로 세워져서 722 B.C. 에 멸망했으니 208년 존속하였다. 수도는 1. 세겜 2. 디르사 3. 사마리아 3곳이었으며 여호수아가 1406 B.C. 가나안을 정복하고 684년 만에 사마리아 등 이스라엘 땅에 아시리아 백성이 들어와 살고 이스라엘 백성은 포로로 아시리아에 잡혀가는 수치를 당한 것이다. 그 마지막 왕이 호세아이다(왕하17:1-7).

＊ 호세아(Hoshea, king of Israel, 732 B.C.-722 B.C.)
북조 이스라엘 18대 왕으로 9년간 재위했다(왕하15:30; 17:1-6).
남조 유다 아하스 왕 12년에 왕이 되었다(왕하17:1).
엘라의 아들이다.
악정을 폈으나 그전 왕들 보다는 덜 하였다(왕하17:2)

남북조 시대의 선지자

1. 남조 유다를 중심으로 활동한 선지자

번호	선지자	연대(B.C.)	성 경	남조의 왕
1.	미 가(Micha)	742-687	미 가	요담, 아하스, 히스기야
2.	이사야(Isaiah)	740-681	이사야	웃시야, 요담, 아하스, 히스기야, 므낫세
3.	나 훔(Nahum)	663-654	나 훔	므낫세
4.	스바냐(Zephaniah)	640-621	스바냐	요시야
5.	훌 다(Huldah)	632		
6.	예레미야(Jeremiah)	627-586	예레미야	요시야, 여호아스, 여호아김, 여호야긴, 시드기야
7.	하바국(Habakkuk)	612-589	하박국	예레미야와 같음
8.	오바댜(Obadiah)	598-580	오바댜	여호람

2. 북조 이스라엘을 중심으로 활동한 선지자

번호	선지자	연대(B.C.)	성 경	북조의 왕
1.	아히야(Ahijah)	934–909	왕상11:29–39	여로보암 1세
2.	엘리야(Elijah)	875–848	왕상17:1–왕하2:11 말4:5, 6	아합
3.	엘리사(Elisha)	848–797	왕상19:16–왕하13:20; 눅4:27	아합
4.	요 나(Jonah)	793–753	왕하14:25; 요나서;	여로보암 2세
5.	아모스(Amos)	760–750	아모스	여로보암 2세
6.	호세아(Hosea)	753–715	호세아	마지막 7왕;

* 연도는 CLASB(2004). *Chronological Life Application Study Bible.* Carol Stream, Il: Tyndale House Pub. Inc. pp.690–693에 따랐음.

■ 포수 시기와 귀환의 시기 (586 B.C.-420 B.C.)

배 경

이 기간의 성경

포수 시기: 열왕기 하, 시편, 예레미야, 예레미야 애가, 에스겔, 다니엘, 오바댜
귀환 시기: 에스라, 느헤미야, 에스더, 시편, 다니엘, 요엘, 학개, 스가랴, 말라기

유다 땅에서 일어난 일들

586 B.C.	5월 7일 성전 불탐, 7월-8월에 예루살렘 성 파괴, 유다왕국 멸망
538 B.C.	제1차 포로귀환
536 B.C.	스룹바벨 성전 건축을 시작함
516 B.C.	스룹바벨 성전 완공
458 B.C.	에스라 예루살렘 방문
445 B.C.	예루살렘 성벽 축성 완공
445 B.C.-433	느헤미야 페르시아의 유대 장관
432 B.C.	느헤미야 2차 예루살렘 방문: 아닥사스다 1세 치세 시

바빌로니아 제국에서 일어난 일들

605 B.C.-562 B.C.	느부갓네살 2세(Nebuchadnezzar II)
562 B.C.-560 B.C.	아멜마르덕(Amel-Marduk) : 여호야긴왕을 석방(왕하25:27-30)
560 B.C.-556 B.C.	네르갈사레셀(Nergal-shar-usur) : 예레미야를 석방(렘39:3)
556 B.C.-539 B.C.	나보니두스(Nabonidus)
553 B.C.-539 B.C.	벨사살(Belshazzar)이 아버지 나보니두스와 함께 통치(단5장)

539 B.C.	바빌로니아 왕국 페르시아 고레스 왕에 의해 멸망하다.

페르시아 제국에서 일어난 일들

559 B.C.–530 B.C.	고레스 2세(Cyrus II) 유대 포로 귀환허락(스1:1–4;6:3–5)
530 B.C.–522 B.C.	캄비세스 2세(Cambyses II) 성경에 기록이 없음
522 B.C.–486 B.C.	다리오 1세(Darius I, Hystaspes) 520 B.C. 성전 건축을 재개하도록 허락하다(스6:13–15).
486 B.C.–465 B.C.	키루스 1세(Xerxes I): 에스더서의 아하수에로 왕으로 본다.
465 B.C.–424 B.C.	아닥사스다 1세(Artaxerxes I) 458 B.C. 느헤미야 예루살렘귀환(느7:7)

바빌로니아 포수와 귀환

1차 포수: 605 B.C. 바빌로니아에 포수 되어가다(왕하24:1–7).
2차 포수: 597 B.C. 바빌로니아에 포수 되어가다(왕하24:10–17).
3차 포수: 586 B.C. 바빌로니아에 포수 되어가다(왕하25:1–7).
1차 포로귀환: 538 B.C. 스룹바벨의 인도로 49,897명 귀환하다(스1장–6장).
2차 포로귀환: 458 B.C. 에스라 인도로 1,754명 귀환하다(스7–10장).
3차 포로귀환: 444 B.C. 느헤미야 인도로 42,360명 귀환하다(느1장–13장).

* 귀환한 수는 자료에 따라 차이가 있다. 이를 고려해야 한다.

1. 바빌로니아에 포수(捕囚)

1) 1차 포수

여호야김 때(605 B.C.) 바빌로니아 왕 느부갓네살이 1차 예루살렘을 침공한다. 여호야김 당시 유다는 이집트의 지배 아래 있었다. 바빌로니아는 아시리아 지배 아래 있다가 아시리아를 멸망시키고 이집트의 지배 영역도 모두 지배하기 위해 정복하는 과정에 있었다. 물론 하나님의 도구로 사용되고 있었다. 신흥국가인 신바빌로니아는 전쟁에서 이집트를 이기고 이집트가 장악하고 있던 팔레스타인 지배권을 빼앗았다(렘46:2-12). 그래서 이집트 왕은 그의 나라밖으로 나올 수가 없게 된다(왕하24:1-7).

유다 왕 여호야긴은 3개월간의 왕좌에 있었으나 악정을 베풀었고 바빌로니아의 침공으로 자신과 그 가족 그리고 나라의 모든 지도자가 바빌로니아 포로로 잡혀가는 수모를 당하는 매우 불행한 왕이다(왕하24:8, 9).

2) 2차 포수

바빌로니아 왕 느부갓네살은 597 B.C. 예루살렘을 2차 침공한다. 이때 유다의 왕, 그 아내들, 지도계급, 장인(丈人), 군인으로 활동할 만한 사람들 즉 유다의 모든 인재를 포로로 잡아가고 성전의 금은 그릇 기물들을 모두 탈취하여 갔다. 예루살렘에 남아있는 사람들은 하류 민 만 남게 된다. 느부갓네살은 여호야긴 대신에 시드기야를 유다 왕으로 세웠다. 므낫세의 악정으로 하나님께서 유다를 멸하시고 거룩한 성 예루살렘과 그 성전을 옮기시기로 하셨는데 그 도구는 바빌로니아 왕이었다(왕하24:10-17).

3) 3차 포수

바빌로니아 왕 느부갓네살이 587 B.C. 10월 11일에 예루살렘을 공격 하여왔다. 하나님의 섭리는 시드기야로 바빌로니아를 배반하도록 하신 것이다. 그 결과 느부갓네살이 예루살렘을 포위하고 586 B.C. 4월 9일까지 포위되어 성 중에 먹을 것이 없어 굶주림이 심하였다. 시드기야는 왕의 동산 즉 힌놈의 골짜기와 기드론 골짜기가 교차하는 예루살렘 성 남단으로 도피했으나 여리고 평지에서 잡혀서 립나 즉 느부갓네살이 있는 곳으로 압송되어 두 눈을 빼게 되고 바빌로니아로 끌려가는 신세가 되었다. 하나님을 떠난 백성의 최후는 그런 것이다. 선민 이스라엘에 대한 하나님의 애정은 크시지만, 범죄 했을 때 그 대가는 치러야 한다. 그러나 도구로 사용한 나라가 포악했다면 그들에게도 심판이 뒤따르게 되어 있다(왕하25:1-7).

2. 바빌로니아 포로의 귀환

1) 1차 포로귀환

바빌로니아를 멸망시킨 페르시아의 고레스 왕(559 B.C.-529 B.C.)은 유다 백성의 귀환을 명령하고 성전을 지으라고 명하였다(스1:1-4). 고레스의 조서에 의해 이스라엘 백성은 조국 귀환과 성전 재건의 소명(召命)을 받았지만 주로 유다, 베냐민, 그리고 제사장과 레위 족속들이 중심이 되어 금과 은을 헌금하고 예루살렘에 올라가서 성전을 건축하게 되었다. 고레스는 바빌로니아에서 탈취해 간 성전 보물 중 금 접시가 30개, 은 접시 1,000개, 칼이 29개, 금 대접이 30개, 그보다 못한 은 대접이 410개, 그 밖의 그릇이 1,000개로 금, 은그릇 모두 5,400개를 유다 총독 세스바살에게 넘겨주어 가져가게 하였다(스1:5-11).

1차 귀환은 538 B.C. 포수 되어간 후 70년 만에 귀향이다. 1차 귀환 시 지도자는 스룹바벨, 예수아, 느헤미야, 스라야, 르엘라야, 모르드개, 빌산, 미스발, 비그르훔, 바아나 등 10명(스2:1, 2) 이며 귀환자는 모두 49,897명이다.

2) 2차 포로귀환

페르시아 아닥사스다 I세(465 B.C.-424 B.C.) 7년(458 B.C.) 치세에 에스라의 인도로 포로 2차 귀환이 이루어진다(스7장-10장). 에스라는 율법학자이고 서기관이고 지혜 자이었다. 그 일행은 458 B.C. 1월 1일에 출발하여 5월 1일에 예루살렘에 도착하였다. 동행자들은 제사장, 레위 인들, 노래하는 사람들, 문지기, 느디님 사람들이었다(스7:6-10).

아닥사스다왕은 에스라를 하늘의 하나님이 주신 율법에 완전한 학자 겸 제사장 에스라라고 표현한다. 에스라가 왕의 조서를 받는 사람이다. 모든 유프라테스 강 서쪽 지방 관리는 에스라를 돕고, 요구사항은 들어 주고 왕실에서 은금을 가져가서 하나님께 제사를 드리라 하였으며, 유프라테스 강 서쪽 관리들은 에스라에게 은은 100달란트까지, 밀은 100고르까지, 포도주는 100밧까지, 기름도 100밧까지[5] 주고 소금은 정량 없이 주라 명하였다(스7:11-23).

5) 달란트(talent)는 34kg, 약 3,000세겔이다(왕상16:24). 밧(bath)은 22ℓ 다(왕상7:26).
고르(kor, =호멜)는 220리터이다(겔45:14).

에스라와 함께 돌아온 2차 귀환한 백성들은 1차 귀환한 백성의 수에 비하면 아주 작은 수이다. 남자만 1,725명이니까 그 가족을 쳐도 1만 명 미만일 것이다. 십이지 파의 가계별 인원수가 아니라 유명 가계를 중심으로 계수한 수로서 유다 왕족에 관련된 가계가 중심이 되었다. 대표적 지도자는 에스라, 게르솜, 다니엘, 핫두스요, 스가랴 등을 들 수 있고 가계의 대표로 그 가족을 대동한 가계가 열두 가계였다(스8:1-14).

3) 3차 포로귀환

느헤미야는 아닥사스다왕의 허락을 받고 444 B.C. 에 유다 총독의 자격으로 공식으로 예루살렘으로 오게 된다. 그는 왕의 조서를 가지고 호위 군사의 도움을 받으며 유브라데 강 서쪽 총독의 땅을 통과하여 예루살렘으로 간다.

산발랏은 페르시아 궁의 시종으로 있다가 사마리아 총독이 된 자이고 도비야는 암몬 자손으로서 종 출신이며 산발랏의 참모였다. 이들은 느헤미야의 귀환을 우려하였고 항상 적대적이었다.

느헤미야는 성곽 수축에 필요한 목재도 허락받고 3개월 만에 예루살렘에 도착한다(느2:7-10).

에스겔이 환상으로 본 성전

에스겔이 환상을 본때는 에스겔 4장 1절에 기록한다. "우리가 사로잡힌 지 스물다섯째 해, 성이 함락된 후 열넷째 해 첫째 달 열째 날에 곧 그 날에 여호와의 권능이 내게 임하여 나를 데리고 이스라엘 땅으로 가시되" 예루살렘성이 586 B.C. 멸망했으니 이 해는 573 B.C. 일 것이다. 에스겔이 2차 포수 때 바빌로니아로 잡혀갔으니 이해가 597 B.C. 이다. 15년째 해는 573 B.C. 이다.

에스겔은 예루살렘성에 이끌리어 가서 성전 환상을 보았다. 이때는 솔로몬성전이 다 파괴되고 예루살렘이 폐허가 된 상태이었다. 이때 왜 하나님은 에스겔에게 성전을 환상으로 보여 주셨을까? 라는 의문을 갖게 된다. 많은 성경 학자가 여러 가지로 해석 하고 있는 것도 이런 의문을 풀려는 시도일 것이다. 몇 가지 견해를 제시해 본다.

첫째, 에스겔이 본 성전이 2차성전일 것이라는 가정, 그러나 스룹바벨성전은 에스겔의 환상대로 지어지지는 않았다.

둘째, 앞으로 예루살렘에 세워질 3차 성전일 것이라는 가정, 규모와 형태만 있고 언제 어떻게 지어질지에 대한 답은 없다고 보인다.

셋째, 포로생활을 하는 백성에게 희망을 주기 위한 것이라는 가정, 이는 허구이기 때문에 하나님이 주신 환상의 진실성의 문제가 있다.

넷째, 계시록에 나오는 새 하늘과 새 땅의 성전이라는 가정, 그러나 계시록에서는 성안에 성전을 보지 못하였다고 기록한다(계21:22).

다섯째 스룹바벨 성전후의 제3차 성전으로 천년왕국 때 세워질 성전으로 보는 가정이 있다.

우리는 은혜의 시대를 살고 친히 예수 그리스도가 성전이 되시고 우리도 영광스럽게 성전이 되게 하신 예수 그리스도의 은혜를 입었으며 더 나아가 왕 같은 제사장이 되게 하셨다(벧전2:9). 하나님은 사람의 손으로 지은 전에 계시지 않으며 또 사람의 손으로 도움을 받으시는 분이 아니다. 오로지 하나님은 우리에게 모든 것을 친히 주시는 분이다(행17:24, 25). 우리는 성전이 된 몸으로 깨끗하고, 참되고, 충성스럽고, 아름다운 제사장이 되어야한다. 우리의 몸으로 향기로운 냄새를 올려 드려야한다. 에스겔이 환상으로 본 성전의 평면도를 그림 6에서 익히고 성막이나 솔로몬 성전의 구조와 비교해 보면 좋겠다.

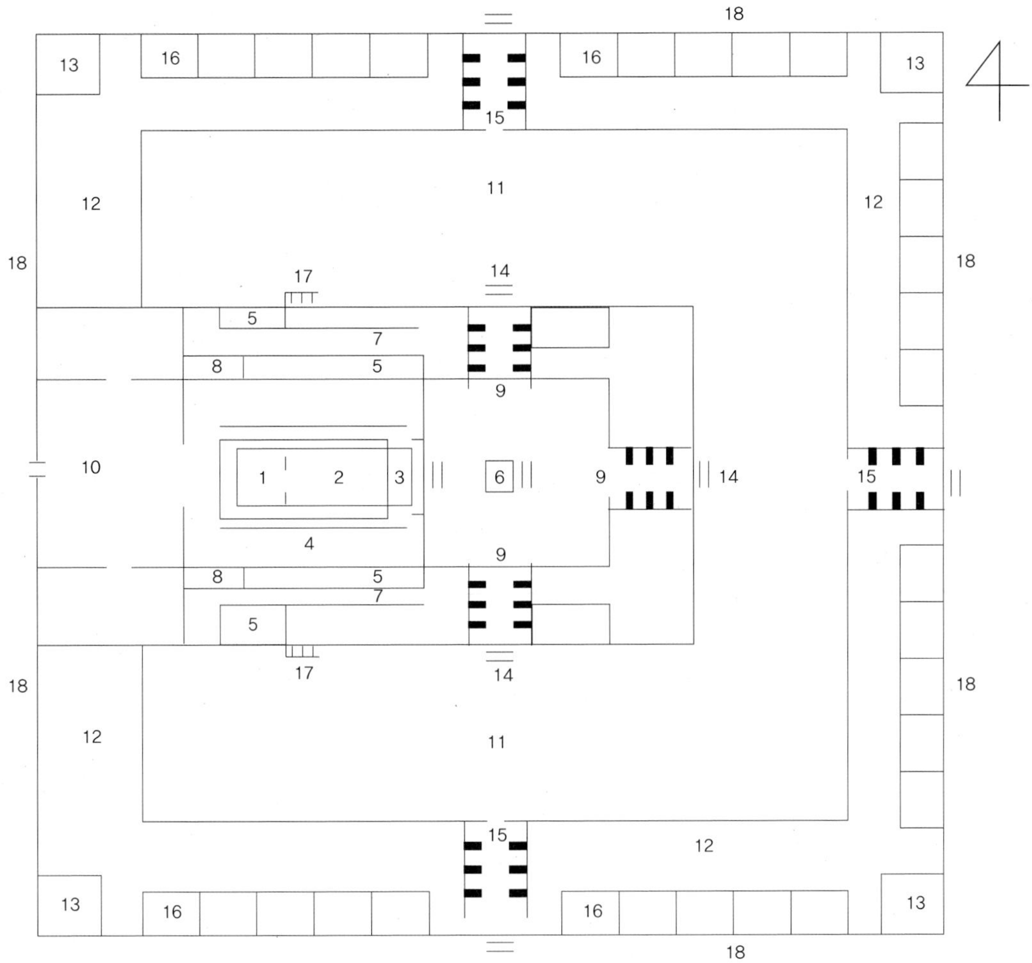

1. 지성소 2. 성소 3. 현관 4. 구별된 장소 5. 제사장의 방 6. 제단 7. 통로 8. 제사장의 부엌
9. 성전 안문 10. 서쪽 뒤뜰 11. 바깥 뜰 12. 보도 13. 부엌 14. 안문 계단 15. 성전 바깥문
16. 방 17. 통행 구 18 성전 바깥 벽

그림 6 에스겔이 본 환상의 성전평면도

느헤미야의 예루살렘 성벽 축성

느헤미야는 총독으로 부임한 후 야간에 암행으로 예루살렘 성벽의 파괴 상황을 조사한다. 느헤미야는 철저한 계획을 세운 후에 논의하고자 하였다. 그다음 방백들을 만나서 그들에게 왕의 뜻과 자신의 계획을 말하여 성벽을 수축하기로 결정한다(느2:11-18).

예루살렘 성벽 중수는 분담해서 이루어졌다. 성벽 수축 공사는 양문(羊門, sheep gate)에서 시작하였다. 대제사장 엘리아십과 그 형제들이 담당하였다. 성벽공사에 참여한 대표자 38명(또는 지역)은 영예로운 이름으로 올랐고 이들은 가문, 거주지, 직업, 직책 등이 기록되어있다. 공사는 양문에서 시작되고 양문에서 공사가 끝난다(느3:1-33).

성벽공사를 방해한 무리는 산발랏과 도비야 그리고 아라비아인, 암몬인, 아스돗인 등이 간계를 내어 예루살렘 성을 혼란스럽게 하고자 하였다. 그들은 기습 작전으로 성벽 수축(修築)을 방해하려 했다. 느헤미야는 무장한 사람들을 배치하고 모든 일꾼이 무장하고 일꾼을 반으로 나누어 일과 경계를 분담하도록 하였다. 나아가 백성들로 하나님을 의지하도록 독려하여 자신감을 갖게 하였다(느4:7-14).

성벽 공사는 52일 만에 끝이 났다. 빠른 공사 완료는 분담해서 일을 처리하였고 또 일하는 사람들에게 하나님이 힘을 공급해 주심으로 소명의식 같은 것을 가지고 있었기 때문이다. 공사 일정에 대해서는 반론이 있다. 여기서는 성경에 나타난 대로 기술했다(느6:15-19).

포로귀환시기에 활동한 선지자

민족과 국가의 수난은 그 민족의 죄악과 밀접한 관계가 있다. 그러나 선민에게는 회개와 회복이라는 은혜가 있다. 이스라엘 족속은 목이 곧은 족속이라고 누누이 지적되어 왔다. 그러나 하나님은 아브라함과의 언약을 지키신다.

하나님은 수시로 이 민족에게 하나님의 말씀을 전할 선지자를 세우시고 하나님에게로 돌아오도록 하셨다. 선민에게 주어진 축복이다. 하나님이 언약하신 70년의 포수생활은 그들에게 고난이었다. 그리고 나라를 잃는 아픔이 있었다. 이때 무수한 선지자를 세우셨다.

포로시기와 귀환 시기 선지자

번호	선지자	연대(B.C.)	성 경	포로/귀환시대의 왕
1.	다니엘(Daniel)	605–535	다니엘	바빌로니아 느브갓네살 메대 파사 다리오
2.	에스겔(Ezekiel)	593–571	에스겔	바빌로니아 느브갓네살
3.	오바댜(Obadiah)	586년경	오바댜	바빌로니아 느브갓네살
4.	학 개(Haggai)	520(8–12월)	학 개	페르시아 다리오 1세
5.	스가랴(Zechriah)	520–518	스가랴	페르시아 다리오 1세
6.	요 엘(Joel)*	440년대	요 엘	아닥사스다 1세
7.	말라기(Malachi)	430년대	말라기	아닥사스다 1세

자료: 연도는 CLASB(2004). *Chronological Life Application Study Bible*. Carol Stream, Il: Tyndale House Pub. Inc. pp. 1090, 1144, 1145.

* 요엘의 연대 추정이 어려워서 상게서. p. 1145에 따른다.

■중간시대

말라기 이후 하나님은 이스라엘에 선지자를 보내시지 않으셨다. 이때로부터 예수 때까지를 중간시대(400 B.C.-4 B.C.)라고 부르기도 한다. 즉 구약과 신약의 중간 시기이다. 이 중간시기 약 4세기 동안 팔레스타인을 지배해온 정치세력은 다양하다.

중간기를 이해하는 것은 예수님의 활동 시기를 이해하는 데 도움이 될 것이다. 간단하게 설명하고자 한다. 어떤 이는 스룹바벨의 제2 성전 시기부터 예수 때까지를 중간시대로 보는 이도 있다. 그림 2는 이런 맥락에서 중간시대를 본 것이다(CLASB 2004, 1251, 1252, 1259).

이 시기에 이스라엘에 영향을 미친 세력은 북방의 페르시아, 다음 헬레니즘을 보편화시켰던 마케도니아 세력, 남쪽의 이집트 세력, 잠시 유다가 독립하는 하스몬 왕조가 있었고 63 B.C. 로마 폼페이 장군의 내침으로 하스몬 왕조가 멸망하고 완전히 로마 세력권으로 편입된다.

중간 시대에 시리아를 중심으로 한 셀레우코스 왕조(Seleucid Kingdom)의 안티오코스 4세가 성전을 더럽히고 악정을 편 것에 대항하는 마카비 항쟁의 결과로 성전정화(결과로 하누카 Hanukkah; 수전절이 생김)와 유대 국권을 찾게 된다. 이런 결과로 바빌로니아 포로 이후 잠시지만 유대에 독립 왕국인 하스몬 왕조(Hasmonean Kingdom; 142 B.C.-63 B.C.)가 형성된다.

각 세력의 속성을 간단히 살펴보도록 한다. 그림 7의 왕조와 왕의 계통을 이해하면서 다음 내용을 살펴본다.

페르시아 지배시대

페르시아 시대(549 B.C.-331 B.C.)는 이스라엘이 종교적 자유를 누렸으며 대제사장이 유대 식민지를 통치하였다. 페르시아는 포로 귀환이나 성전 재건, 예루살렘 성벽 쌓기 등에 호의적이었다. 331 B.C. 알렉산더 대왕에 의해 페르시아가 멸망함으로 유대는 마케도니아(그리스)의 지배를 받게 된다.

그리스(헬레니즘) 지배시대

그리스 지배시기(331 B.C.−167 B.C.)는 알렉산더 대왕 시기와 그의 사후 그의 봉신들에 의해 세워진 왕국들을 포함한다. 이때를 헬레니즘 시대라고 한다.

1. 알렉산더 대왕

알렉산더 대왕(336 B.C.−323 B.C.)은 무서운 힘으로 유대, 페르시아, 이집트를 정복하였다. 유대인에게는 율법 이행을 허용하고 조공과 세금을 면제해 주었다. 그리스(헬라)인의 특권을 유대인에게도 동등하게 부여하였다.

알렉산더 대왕 요절 후 그 세력은 신하들에 의해 넷으로 나누어지나 유대와 관련이 깊었던 세력은 시리아를 중심으로 한 셀레우코스 왕조(321 B.C.−64 B.C.)와 이집트를 중심으로 한 프톨레마이오스 왕조(323 B.C.−30 B.C.)이다.

2. 프톨레마이오스왕조

프톨레마이오스 왕조(Ptolemaic Kingdom; 323 B.C.−30 B.C.)는 이집트를 근거로 한 왕조이고 유대에 영향력을 처음부터 갖고 있었다(320 B.C.−198 B.C.; 122년간). 이때 나일 강 변 알렉산드리아에 이스라엘 각 지파에서 6명씩 나와서 히브리어 성경을 헬라어(Greek)로 번역하는 작업을 하여 완성하였다. 이 헬라어 번역판(Septuagint; 270 B.C. 경)을 70인 역이라 한다. 가장 오래된 헬라어 성경이다. 한 지방의 언어인 히브리어로는 성경이 세계로 나가지 못하지만, 당시의 세계통용어인 헬라어로 번역함으로 성경이 세계화되는 길을 열었다. 이시기의 프톨레마이오스 왕조 왕들의 연대는 그림 7을 참조하기 바란다.

3. 셀레우코스 왕조

셀레우코스왕조(321 B.C.−64 B.C.)는 시리아를 중심으로 한 왕조로 유대에 대한 패권을 프톨레마이오스 왕조와 투쟁하여 장악한다(198 B.C.–142 B.C.; 54년간 패권 장악). 안티오코스 3세(223 B.C.–187 B.C.)는 유대에 대한 패권을 198 B.C. 장악하고 안티오코스 4세(175 B.C.–163 B.C.) 때 헬레니즘의 보편화를 내세워 예루살렘 성전의 헬라화를 꾀하게 된다.

이런 결과 예루살렘 성전에서 헬라방식 제사를 드리고 제단에 돼지 머리를 올려놓는 등 만행으로 성전을 더럽혔다. 이 때문에 유대인들의 반발을 사게 된다. 이것이 마카비 혁명을 일으키게 된 원인이다. 이시기의 셀레우코스왕조 왕들의 연대는 그림 7을 참조하기 바란다.

유대 항전과 하스몬 왕조

셀레우코스왕조 안티오코스 4세에 대항한 마카비 형제의 혁명기(Maccabean revolt, 166 B.C.–142 B.C.)와 그들이 건국한 하스몬 왕조(Hasmonean Kingdom, 142 B.C.–63 B.C.), 이 두 시기로 나눌 수 있다.

1. 마카비 항전

이시기에 제사장 맛다디아의 투쟁이 시작되고 그의 아들들에 의해 마카비 혁명이 본격화된다. 셀레우코스 왕조의 안티오코스 4세는 헬레니즘의 보편화를 위해 예루살렘 성전을 더럽혔다.

이에 대한 투쟁의 결과로 안티오코스 4세(175 B.C.–163 B.C.)는 물러가게 되고 독립왕국을 세우게 된다.

2. 하스몬 왕조

하스몬 왕조(142 B.C.–63 B.C.)는 마카비 형제(Maccabean)들이 세운 독립 국가이다. 왕조의 이름은 그들의 조상 하스몬에서 유래한다. 143 B.C.(또는 142 B.C.)에 마타시아스의 아들이자 유다 마카비의 형제인 시몬 마카비(Simon Maccabe: 143 B.C.–135

B.C.)가 대제사장이 되었고, 143 B.C. 셀레우코스 왕조로부터 독립하여 유대의 대제사장 겸 하스몬 왕조의 첫 번째 통치자가 되었다.

그 뒤를 요한 히르카누스 1세(John Hyrcanus I: 135 B.C.−104 B.C.), 아리스토불루스 1세(Aristobulus I: 104 B.C.), 알렉산더 얀네우스(Alexander Jannaeus: 103 B.C.−76 B.C.)와 그의 미망인 살로메 알렉산드라(Alxandra Salome: 76 B.C.−67 B.C.), 그다음 아리스토불루스 2세(Aristobulus II: 67 B.C.−63 B.C.)의 치세를 거쳐서 63 B.C. 에 로마 장군 폼페이에 의해 멸망한다.

로마 지배 아래 로마가 임명한 왕으로 요한네스 히르카누스 2세(John Hyrcanus II: 63 B.C.−40 B.C.)가 왕위를 계승했으며, 하스몬 왕조의 마지막 인물인 안티고누스(Antigonus: 40 B.C.−37 B.C.)는 파르티아의 봉신 왕이었으나 로마의 안토니우스 장군이 이끄는 로마군에게 폐위당한 뒤 처형당함으로 마카비 가문은 역사에서 사라진다.

유대 종파인 사두개파, 바리새파, 에세네파들은 마카비-하스몬 시대인 기원전 2세기의 하시디안(경건한 평민들의 운동) 운동으로부터 발생했다. 로마제국에 대한 무장투쟁단체인 젤롯당은 바리새파의 한 분파로서 기원전 6년에 발생한다.

3. 새로 생겨난 당(종)파

이때 마카비 항쟁은 종교적 이유에서 시작되었지만, 권력을 장악한 하스몬 왕조는 세속 권력에 집착함으로 많은 대항 세력을 만들어 내게 되었다. 신약의 기록 가운데 많이 나오는 바리새, 사두개, 에세네파 등 당파가 이때 생겨났다. 신약의 이해를 위해 여기서 이들 당을 간단히 언급해 두고자 한다.

1) 바리새파

바리새(뜻; 분리된 자들)파가 탄생한 것은 하스몬 왕가의 "교권 장악" 때문으로 볼 수 있다. 바리새파는 율법에 충실히 하려고 했다. 즉 바리새파는 유대인들이 율법 앞에서 평등함을 강조함으로써, 하스몬 왕조 통치자들의 영향력과 권력을 제한하려 했다. 또 바리새파는 하스몬 왕조의 헬레니즘 정책에 항거하였다.

바리새파는 문서로 작성된 성문 율법과 함께 그것을 진보적으로 해석하는 구전 율법(예로 장로의 유전 등)에 같은 권위를 인정하였다. 그들은 종교란 진보하는 것으로 생각했으므로, 모세의 율법을 재해석하는 구전 율법을 존중했다. 바리새파는 율법을 일상생활에서 현재화하려 노력하는 사람들로서, 종교적으로는 진보적 태도를 보였으나, 대외 정치적으로는 민족주의 노선을 고수하였다. 바리새파는 당시 사회변혁을 추구하는 재야세력으로서 일반대중의 공감과 지지를 얻었다. 그래서 바리새파는 다수의 농민대중, 하위 성직자 그리고 소규모 상인과 장인들의 이익을 대변하였으며 유대교 회당, 랍비 제도, 기도를 소중히 여겼다.

2) 에세네파

에세네파는 바리새파와 유사한 입장을 지녀 율법에 충실해지려 했다. 오히려 율법 적용에서는 한층 더 엄격했다. 그러나 에세네파는 부패한 사회를 떠나 분리되고 은둔하는 비타협적으로 종교적 삶을 실천하는 공동체를 형성하였다. 사회와 타협하는 것은 악과 통하는 것이라 보았다. 이들이 쿰란으로 숨어든 것도 이런 이유이다. 이런 점에서 바리새파보다 훨씬 더 엄격하였다.

이들은 묵시 사상을 지니고 있어서 묵시 문학적인 종말론, 율법 중심의 근본주의, 선민주의적 배타의식, 이런 점들이 당시 에세네파 사람들이 지니고 있던 특성이라 할 수 있다.

3) 사두개파

사두개(제사장 사독에서 유래된 듯)파는 문서로 작성된 전통적 '율법'을 제외한 모든 문서에 대한 종교적 지위를 인정하지 않았다. 사두개파는 성전, 제사장 중심의 성직제도, 희생 제사를 강조함으로써 사제들의 권위를 고수하였으며, 종교생활의 영역을 좁히면서 헬레니즘식의 무력정치, 문화, 개인 활동 등의 분야에서는 재량권을 허용하려 했다. 즉 사두개파는 종교적 측면에서는 보수주의 경향을 보였으나, 정치적으로는 헬레니즘을 추진한다는 의미에서 진보적 성향을 띄고 있었다.

사두개파는 하스몬 왕조의 헬레니즘 정책을 지지했다. 대체로 정치적인 정책 결정에서 사두개파는 하스몬 왕조와 고위 사제들, 그리고 팽창주의적인 상인계급과 지주계급의 이익을 대변하였다.

로마 지배시대(63 B.C.-135 A.D.)

중간 시대의 로마 지배는 63 B.C. 에 시작된다. 로마 장군 폼페이우스가 예루살렘을 점령함으로 하스몬 왕조는 멸망하고 마카비 가의 인물로는 히르카누스 2세와 안티고누스가 명맥을 유지하다가 37 B.C. 경 이두메(에서의 후손) 출신 헤롯왕을 로마가 그들의 친구로 또 유대 왕으로 임명함으로 유대에 헤롯 왕가를 형성하게 된다.

예수님이 나실 때 팔레스타인은 로마의 속방(屬 邦)이며 그들이 임명한 헤롯이 다스리던 때이다. 헤롯 가(家)는 예수 탄생부터 초대교회에 이르는 동안 많은 영향을 미치게 된다.

예수님이 활동하신 시기로부터 초대교회에 이르는 시기는 거대 제정(帝政) 로마가 세계를 지배하는 시기이고 따라서 로마제국은 기독교와 많은 인연을 맺게 된다. 예수님을 십자가에 못 박은 일, 초대교회 핍박과 4세기 A.D. 에 기독교를 공인하는 일까지 깊은 관련이 있다.

■ 예수 시대 (6 B.C.-30 A.D.)

배 경

이 기간의 성경 : 마태복음, 마가복음, 누가복음, 요한복음

유대 땅에서 일어난 일

37 B.C.-4 B.C.	로마가 임명한 유대 왕 헤롯 대왕의 치세
6 B.C.	예수 탄생
4 B.C.-39 A.D.	헤롯 안티파스(Antipas; 안디바) 갈릴리와 베레아 지방의 왕
4 B.C.-6 A.D.	헤롯 아켈라오 유대와 사마리아 지방의 왕
6 A.D.	예수님 그 부모와 같이 예루살렘성전에 오르심
6 A.D.-15 A.D.	대제사장 안나스(Annas)
18 A.D.-36 A.D.	대제사장 가야바(Caiaphas)
26 A.D.	세례 요한 사역 시작
27 A.D.	예수님 사역 시작
26 A.D.-36 A.D.	유대 총독 폰티우스 필라테(Pontius Pilate; 빌라도)
29 A.D.	세례 요한 갈릴리 왕 안티파스에게 체포되어 죽음
30 A.D.	예수님 십자가에서 돌아가심, 부활, 승천

로마에서 일어난 일

27 B.C.-14 A.D.	로마황제 옥타비안 아우구스투스(제정 로마의 초대 황제)
14 A.D.-37 A.D.	로마황제 티베리우스(성경에서는 디베료 이며 2대 황제)

예수님 시대 팔레스타인의 정치

예수님 시대의 팔레스타인은 헤롯 대왕 때의 상황과는 많이 달라졌다. 헤롯 대왕이 다스리던 영토를 그의 아들들에게 분할(分割)해 주었고 유대, 사마리아, 이두메를 분할 받았던 아켈라오는 폭정과 민심 이탈로 그 지배권을 빼앗기고 로마가 직할하는 상황이었다.

헤롯 대왕이 죽기 전 로마의 양해를 얻어 유대, 사마리아, 이두메는 아들 아켈라오(Archlaus)에게 주었고, 갈릴리(갈릴리 바다 서쪽의 지역 훌레 분지 포함)와 베레아(펠라에서 아르논강까지, 사해와 요단강에서 왕의대로 근처까지)는 헤롯의 아들 안티파스(Antipas)에게 주었다. 빌립(Philip)에게는 갈릴리 바다 동북쪽의 이두레아(Iturea), 가울라니티스(Gaulanitis), 바타니아(Batania), 트레고니티스(Trachoniyis) 등지를 주었다.

사마리아(Samaria), 유대(Judea), 이두메(Idumea)를 영지로 받은 아켈라오는 폭정으로 6 A.D. 추방당하고 예수님 당시 이 지역은 로마 황제직할령으로 성경에서 많이 언급되고 있는 총독이 다스린 영토였다.

로마의 식민지 정책은 안정된 평화지역은 원로원이 파견하는 총독이 다스렸고 분쟁과 불안한 지역은 황제 파견 총독이 다스렸다. 따라서 당시 팔레스타인은 불안정 지역으로 분류되었었다.

이때 행정 수도는 카이사레아 마리티마(Caesarea Maritima; 카이사레아)여서 후에 바울이 총독 재판을 받기 위해 카이사레아로 가게 되고 이곳에 2년간 구금되어 있다가 로마로 이송되게 된다(행24:24-27).

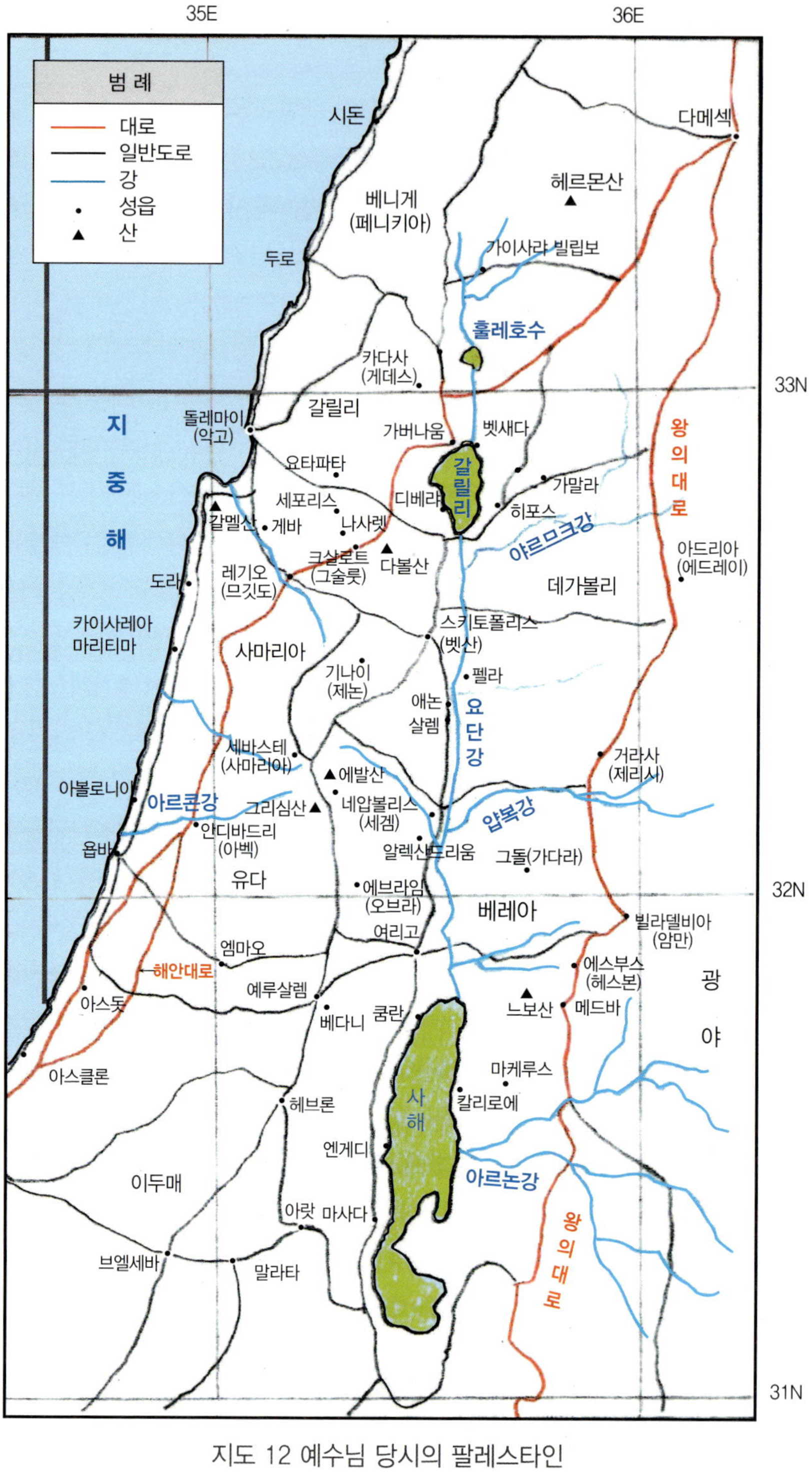

지도 12 예수님 당시의 팔레스타인

예수님 시대 팔레스타인의 도로

예수님 당시에 팔레스타인의 도로는 구약시대 왕정 때보다 동서도로가 많이 확장된 것 같다. 팔레스타인지형으로 보면 동서 관통 도로의 개통이 쉽지 아니했지만 주로 지형을 따라서 계곡을 중심으로 개발된 것 같다.

왕국 시대와 비교하면 지역명이나 성읍 이름이 많이 바뀌게 되었다. 당시 국제 도로는 왕국시대의 도로에 비해 크게 변경되지 않은 것 같고 동서도로의 확충이 이루어진 것으로 보인다.

1. 해 안 대 로

신약시대에도 역시 가장 중요한 도로망은 남북관통 도로로 이집트에서 메소포타미아까지 연결하는 지중해 해안평야에 건설된 해안 도로(Via Maris)이다, 성경에서는 해변길이라고 많이 기록되었고 이는 국제도로이었다(사9:1, 2; 19:23; 마4:15).

이 도로를 연결하는 성읍을 보면 남쪽으로부터 "이집트 – 라피아 – 가사(오늘 우리가 일반적으로 부르는 명칭은 가자) – 아스칼론(아스클론) – 아소도(아스돗; 한 지류는 룻다를 통과) – 안드바드리(아벡) – 레기오(므깃도) – 에스드렐론 골짜기(이스르엘 골짜기)를 지나 – 크실로트(그술롯) – 가버나움 – 기스칼라(구시 할라브) 곁을 지나 훌레호수 남단을 통과하여– 가올라니티스 지방을 경유 – 다메섹에 이른 다음 – 메소포타미아 지방"으로 연결된다.

예수님 시대에도 이 해안도로는 매우 중요한 남북을 잇는 교통로이었다.

2. 왕의대로

두 번째 남북관통대로는 왕들이 개척한 왕의대로(King's Highway)이다(민20:17)이다. 이집트에서 시작하여 요단강 동쪽으로 아카바만을 거쳐서 다메섹을 지나 메소포타미아로 연결되는 도로이다.

남쪽으로부터 지역을 중심으로 보면 "홍해 아카바만 – 나바테아 – 베레아 – 데카볼리 – 바타네아 – 아빌레니 – 메소포타미아"로 연결된다.

이를 성읍 중심으로 보면 남쪽으로부터 "아카바만의 에시온 게벨 – 페트라 – 부논 – 보스라 – 길하레셋 – 디본 – 메드바 – 에스부스(헤스본) – 필라델피아(암만) – 거라사(제리시) – 아드리아(에드레이) – 다메섹 – 메소포타미아"로 연결된다.

3. 족장의 길

성경에서는 두 국제대로보다 더 중요하게 다루는 길이 족장의 길(Patriarch' Road)이다. 이 도로는 예수님 시대에도 상당히 많이 쓰이는 도로였다. 특히 예루살렘과 연결되는 도로이다. 국제 도로는 아니지만, 이스라엘 족속이 가장 많이 이용하던 길이 족장의 길이다.

이 길을 연결하는 성읍들은 남쪽부터 "브엘세바 – 헤브론 – 베들레헴 – 예루살렘 – 사바스테(사마리아) – 에스들렐론 골짜기를 지나서 – 동으로는 스키토폴리스(벳산)으로 나가서 갈릴리 바다에 이르고 서쪽으로 나아가면 에스들렐론 골자기를 따라서 나아가 레기오(므깃도)를 거처 돌레마이(악고)" 까지 연결된다.

4. 동서를 연결하는 도로

남북 도로 사이를 연결해 주는 도로가 동서로 연결하는 도로인데 팔레스타인은 요단 계곡이라는 깊은 계곡이 있고, 남북으로 산지와 광야가 있어서 동서 길을 여는 것이 어려웠다. 그래서 자연 지형을 이용해서 동서도로를 개척한 것 같다. 동서의 길을 개관하면 다음과 같다. 남쪽 길의 서쪽 성읍으로부터 먼저 기술한다.

첫째, "가사(가자)– 브엘세바– 말라타– 아라드– 아라바 지역"으로 내려와서 왕의대로와 연결된다.

둘째, "욥바– 엠마오– 예루살렘– 여리고– (요단강)– 필라델피아(암만)"

셋째, "해안도로– 샤론 평야– 세바스테(사마리아)– 코레아이– (요단강) – 얍복강"을 따라서 왕의대로로 연결한다.

넷째, "돌레마이(악고)– 레기오(므깃도)– 스키토폴리스(벳산)– (요단강)을 건너– 왕의대로"에 연결한다.

다섯째, "돌레마이(악고)- 갈릴리 바다 남단 (요단강)을 경유 - 히포스 - 가말라 - 왕의대로로 연결한다.

예수님의 연대와 사역

예수의 유년시절(6 B.C.-6 A.D.)

8 B.C.	세례 요한 출생 예고(눅1:5-25)
7 B.C.	예수 출생 예고(눅1:26-38)
6 B.C.-4 B.C.	예수 출생(눅2:1-7), 동방박사 내방(마2:1-17), 이집트 피신(눅2:13-18), 헤롯의 유아 살해 사건(마2:13-18) 예수의 나심과 준비(마1:1-4:11; 막1:1-13; 눅1:1-4:13; 요1;1-2:12) CLASB (2004). pp. 1260-1261. event no: 1-26.
6 A.D.	예수 예루살렘 성전 방문(눅2:41-52)

예수의 공생애 시절(27 A.D.-30 A.D.)

27 A.D. 세례 요한의 사역(마3:10-12; 막1:1-8; 눅3:1-18; 요1:19-28)

28 A.D.
1. 예수님 세례받으시다. (마3:13-17; 막1:9-11; 눅3:21-23; 요1:29-34) 세례받으신 곳은 여리고 건너편 모압 평지 요단강 사해 북쪽의 여리고 평지 건너편의 요단강으로 추정한다.
2. 예수의 첫 4 제자 갈릴리해변에서 부르신다(마4:18-22; 눅5:1-11). 베드로와 그 형제 안드레, 야고보와 그 형제 요한 등 네 사람
3. 갈릴리 가나에서 행하신 첫 이적(요2:1-12) 공생애 첫 이적으로 물로 포도주를 만드셨다.
4. 예루살렘 중심 사역(마4:12; 막1:14; 눅3:19-20; 요2:13-4:3) CLASB(2004). p. 1261. event no: 27-31.
5. 사마리아 사역(요4:4-42)

CLASB(2004). p. 1261. event no: 32-34

29 A.D. 1. 제1차 갈릴리 사역(마4:12-8:4, 8:14-9:17, 12:1-21; 막1:15-3:19; 눅4:14-6:49; 요4:43-5:47)

CLASB(2004). pp. 1261-1262 event no: 35-70

2. 제2차 갈릴리 사역(마8:5-13, 11:1-15:20; 막7:1-35, 3:20-7:23; 눅4:16-30, 7:36-9:17, 11:14-32; 요6:1-71)

CLASB(2004). PP. 1262-1264. event no: 71-106.

3. 예수님 갈릴리 지역 밖의 사역(마15:21-39; 막7:24-8:10)

CLASB(2004). p. 1264. event no: 107-109. 지도 12 참조

4. 예수의 열두 제자 세우심(마10:2-4; 막3:13-19; 눅6:12-16)

1. 베드로(Peter)와 2. 그의 형제 안드레(Andrew)
3. 세베대의 아들 야고보(James)와 4. 그의 형제 요한(John)
5. 빌립(Philip) 6. 바돌로매(Bartholomew) 7. 도마(Thomas)
8. 세리 마태(Matthew) 9. 알패오의 아들 야고보(James)
10. 다대오(Thaddaeu) 11. 가나안인 시몬(Simon)
12. 가룟 유다(Judas) 이다(마10:2-4).

5. 산상설교(마5:1-8:1), 평지설교(눅6:17-49).

30 A.D. 1. 열두제자 파송(마10:1-15; 막6:6-13; 눅9:1-6)

2. 제3차 갈릴리 사역(마16:1-18:35; 막8:11-9:50; 눅9:18-50; 요7:1-9)

CLASB(2004). p. 1264. event no: 110-125.

3. 예루살렘을 향해 가심(마18:18-22, 19:1-20:34, 23:37-39, 26:6-13; 막10:1-52, 14:3-9; 눅9:51-19:27; 요7:10-12:11)

CLASB(2004). pp. 1264-1266. event no: 126-185.

4. 예루살렘 사역(마21:1-25:46; 막11:1-13:37; 눅19:28-21:38; 요12:12-50)

CLASB(2004). pp. 1266-1267. event no: 186-207.

5. 예수의 죽음과 부활과 승천(마26:1-28:20; 막14:1-16:18; 눅22:1-24:49; 요13:1-21:25)

CLASB(2004). pp. 1267-1268. event no: 208-250.

예수님의 예루살렘 사역

예루살렘(Jerusalem) 성은 다윗 왕이 개척하여 다윗성(삼하5:7)으로 불려 왔다(대상11:7). 이스라엘이 점령하기 전에는 모리아(창22:2), 여부스(수18:28), 시온(왕하19:21) 등으로 불렸다.

예루살렘 성의 동쪽에는 기드론 골짜기, 서남쪽으로는 힌놈의 아들 골짜기가 있고 기드론 골짜기 동쪽으로 감람산이 있다. 예루살렘 성안에 남북으로 티로포이온 골짜기(Tyropoeon valley)가 있어서 성을 동서로 분할(分割)한다. 동쪽의 제일 높은 산이 성전산이 된다. 다윗성은 그보다는 낮은 위치가 된다.

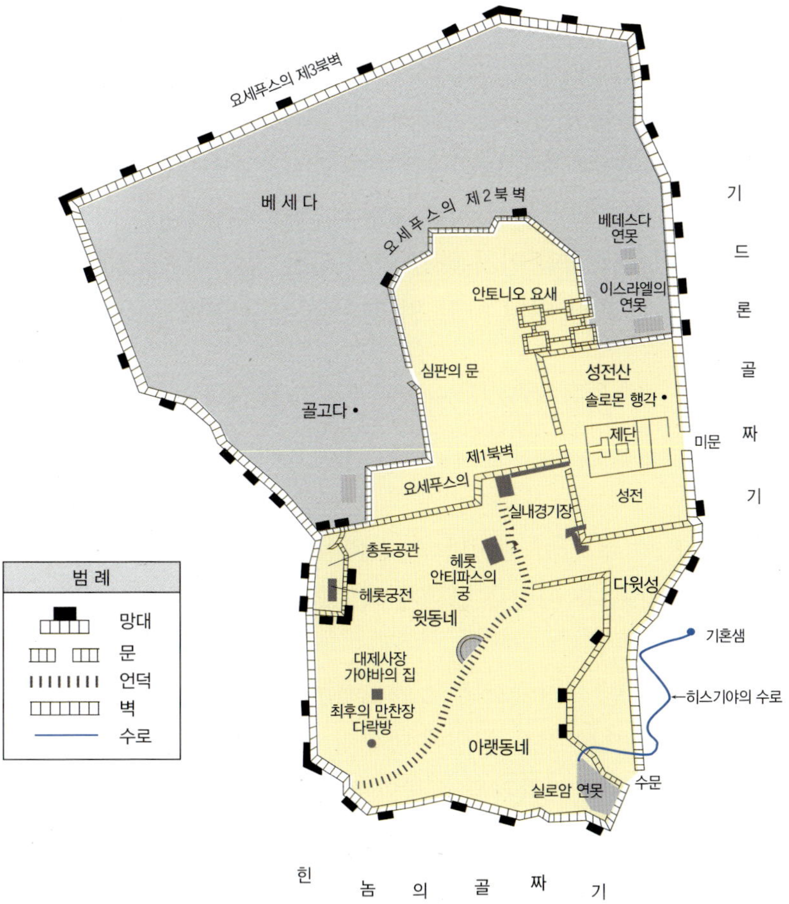

그림 8 예루살렘

자료: Brisco(1998). p. 229. Wright(2005)

감람산에 겟세마네 동산이 있다. 예루살렘 성은 처음 성전산과 다윗성만 있었는데 점차 확장되어 예수님 당시에는 그림 8에서 보는 바와 같은 성벽이 축성되어있었다. 요세프스 제1 성벽, 제2 성벽, 제3 성벽으로 차츰 확장되었고 예수님이 십자가에서 돌아가신 곳은 제2 성벽 심판의 문을 나서서 제3 성벽 안의 골고다 언덕이 된다. 우리에게 잘 알려진 예수님이 십자가를 지고 가신 길 즉 "고난의 길"(Via Dolorosa)은 그림의 안토니오 요새에서 심판의 문을 지나 골고다까지이다(그림 8 참조).

예수님이 공생애 전에 그 부모를 따라서 유월절을 지키기 위하여 12세에 성전에 올라오신 일(눅2:42)이 있고 여리고 평지와 모압 평지 사이에 요단강에서 요한으로부터 세례를 받으시고(마3:13-17; 막1:9-11; 눅3:21, 22), 유대광야 즉 여리고 서북쪽의 산지 즉 요단 계곡 서쪽 광야가 될 것으로 본다. 여기서 40일간 금식하시고 그다음 마귀의 시험을 받으신다(마4:1-11; 막1:12, 13; 눅4:1-13). 그리고 갈릴리 가나 혼인 잔치에서 첫 이적으로 물로 포도주를 만드신다. 그 의미는 무색, 무취, 무미한 존재가 유색(有色), 유취(有臭), 유미(有味)한 존재로 바뀐다는 뜻으로 보면 어떨까?

예수님의 공생 시작은 예루살렘에서 시작하셨다. 그해 유월절을 지키시는 일로부터 시작된다. 이때 예루살렘에서 제일 먼저 하신 일은 성전 정화이다(요2:13-22). 예수님이 고난주간 예루살렘에서 제일 먼저 하신 일 역시 성전 정화이었다(마21:12-17; 막11:15-19; 눅19:45-48).

이때 니고데모를 만나신 일(요2:23-3:21)이 있고 세례 요한이 예수를 증거 한다(요3:22-36). 갈릴리 지방의 왕인 헤롯 안티파스가 세례 요한을 구금 하는 일이 일어난다(눅3:19, 20).

성경에 나타난 기록은 이런 일이 있었던 후에 예수님은 유대를 떠나시어 사마리아로 이동하신다. 사마리아에서 수가 여인을 만나게 되고(요4:4-26) 이 때문에 사마리아 사람들이 예수를 많이 믿게 된다.

예수님은 갈릴리와 그 주변 지역에서 주로 전도하셨고 이적과 기사를 많이 행하셨다. 그리고 예루살렘을 다시 찾으신 것은 공생애 마지막 해인 것 같다. 이때 많은 가르침이 있었고 제사장, 바리새, 사두개 인들과의 논쟁이 많았다. 이들은 예수님을 메시아로 인정할 수 없었기 때문에 예수께서 "자신이 하나님의 아들"이라고 하는 권위의 문제와 "죽은 뒤 3일 만에 부활하신다."는 부활신앙에 대해서 도무지 수용할 수 없었다.

더욱이 이들은 성전을 중심으로 한 상당한 이익을 챙기고 있던 집단들이고 예수님의 가르침과 행동은 이에 배치되기 때문에 수용할 수 없었다.

1. 지성소
2. 성소
3. 성전 현관
4. 제사장의 뜰
5. 이스라엘 남자의 뜰
6. 번제단
7. 짐승을 두는 곳
8. 짐승을 잡아 가죽을 벗기는 곳
9. 물두멍
10. 재사장 예복 보관소
11. 빵 굽는 방
12. 안뜰 북문
13. 안뜰 남문
14. 동문
15. 여인의 뜰
16. 나실인의 뜰
17. 장작 헛간의 뜰
18. 문둥병자의 방
19. 셰마니야(의 기름)
20 여인들의 전망대
(성전 제사 참관)
21. 미문(美門)
22. 테라스
23. 돌담(높이 140㎝ 정도로
경계의 표)
24. 이방인에게 주는 경고문

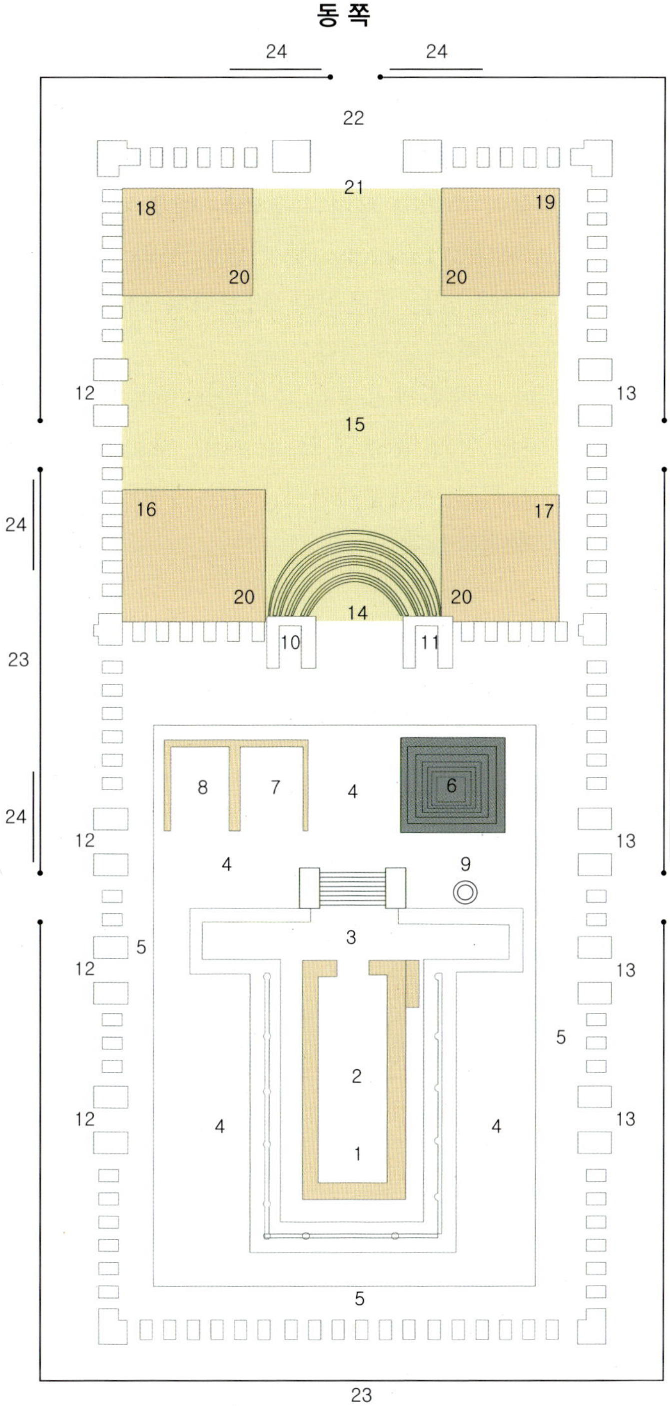

그림 9 헤롯 성전 평면도

예수님은 예루살렘 성전에서 많이 가르치셨다. 이때 성전은 헤롯이 스룹바벨의 성전을 재건축한 성전으로 아직 완공된 상태는 아니었으나 상당히 아름다웠던 것 같다. 이 성전의 평면도를 그림 9에 제시 한다. 예수님이 가르치신 여인의 뜰이나 성전의 뜰 등 성경 읽기에서 이 그림과 대비해서 읽으면 도움이 될 것이다.

예수님 예루살렘 사역과 베다니 동리는 매우 깊은 관계가 있어서 간단히 베다니 마을을 소개한다. 베다니(Bethany: 뜻 가난한 자의 집)는 예루살렘 동남쪽 3.2km 지점에 있고 감람산 동편에 있는 성읍이다. 마르다와 마리아 그리고 나사로가 살던 성읍이며 예수님 고난주간에 여기 머무셨다.

여기서 마리아는 예수의 죽음을 준비하는 향유를 붓고 머리털로 예수님 발을 닦았던 곳이다(요12:1-8; 마26:6-13; 막14:3-9). 오늘날 "엘 아자리에"와 같은 곳으로 본다. 베다니 마을은 도보로 예루살렘까지 1시간 이내의 거리이며 예수님 고난주간에 이곳에서 예루살렘을 왕래하셨다.

예수님의 갈릴리 사역

나는 성경의 연대를 맞추는 것이 어려워서 미국에서 간행된 연대중심의 생활적용 연구 성경(Chronological Life Application Study Bible: CLASB)의 연대를 주로 따르기로 하였다. 그리고 많은 도움을 받았다고 생각한다.

이 성경은 4 복음서에서 250가지 사건(events)을 추출하였고 그 내용을 살펴보면 갈릴리 중심의 사건은 88건이고 예루살렘에서 행하신 사건은 87건, 사마리아에서 3건, 갈릴리지방 밖에서 행하신 사건 3건, 예수님 나심과 준비 그리고 돌아가심과 부활 등 사건 69건이 된다. 사건 빈도로 보더라도 예수님의 주 사역 지는 갈릴리와 예루살렘이었다.

1. 갈릴리 사역의 주요 내용

예수님의 갈릴리 사역을 기록한 성경은 마태복음 4:13-15:20; 16:1-18:35; 마가복음 1:15-7:23; 8:11-9:50; 누가복음 4:14-9:50; 요한복음 4:43-7:9이다.

여기서 제자들을 부르시고(마4:18-22; 눅5:1-11), 가르치시고, 병자를 고치시고(마8:14-17; 막1:29-34; 눅4:38-41), 죽은 자를 살리시고(눅7:11-17), 먹이시고(마

14:13-21; 막6:30-44; 눅9:12-17; 요6:1-14), 바다 위를 걸으시고(마14:22-33; 막6:45-52; 요6:16-21), 산상설교(마5:1-8:1), 평지설교(눅6:17-49)를 하시는 매우 활발하신 활동을 전개하셨다.

2. 갈릴리 지역의 주요 성읍

성경 본문을 통해 예수님의 활동을 더 잘 이해하기 위하여 갈릴리 바다를 중심으로 갈릴리 지역을 이해해두면 좋겠다. 지도 14를 참조하여 갈릴리 지방 지리를 이해하기 바란다. 예수님이 활동하신 갈릴리 바다를 중심으로 보면 북쪽으로부터 요단강 서편에 가버나움, 그리고 그 북쪽에 고라신, 조금 서쪽으로 내려와서 게네사렛, 그 남쪽에 타리케아이(마가단/막달라) 일곱 귀신들렸던 마리아의 출신지, 남쪽으로 내려오면 디베랴(갈릴리 바다를 디베랴바다라고도 한다.), 요단강 서쪽으로 벳새다, 게르게사가 있고 그 남쪽에 히포스가 있다. 이들 성읍 중에서도 예수님의 주요 활동 무대는 가버나움과 벳새다이었다.

벳새다, 가버나움, 고라신 등의 성읍에 대해 간단한 이해를 해 두기로 한다.

벳새다: 벳새다(Beth-saida; 뜻 고기잡이의 집)는 갈릴리 바다 북쪽 1.6km 지점에 요단강 동편에 위치한다. 베드로, 안드레, 빌립의 고향(요1:44; 12:21)이며 벳새다 들에서 이적으로 오천 명을 먹이신 곳(눅9:10-17)이다.

베드로와 그의 형제 안드레, 야고보와 그의 형제 요한을 먼저 제자로 부르셨다. 베드로 형제와 요한의 형제를 제자로 삼으셨다. 이들은 모두 어부이었다.

가버나움: 가버나움(Capernaum; 위로의 성읍)은 갈릴리 바다 북쪽 훌레호수 에서 내려오는 요단강 서쪽에 위치한 성읍이다. 예수님이 나사렛을 떠나신 후 가장 많이 사역하신 곳(마4:13)이다. 예수님 당시 가버나움은 국제도로인 해안 대로변에 위치하여 지중해와 다메섹을 연결하는 교통요충지였다. 따라서 상업과 문화의 흐름이 원활한 곳이었다.

이곳에는 회당(눅7:5)도 있었고, 로마세관(막2:14)도 있던 곳이다. 이곳에서 제자 다섯 명을 부르셨다. 즉 베드로 안드레 야고보 요한 마태를 부르셨다(마4:13, 18-22, 9:9). 또 많은 이적과 기사를 행하셨다. 백부장의 종(마8:-10), 베드로의 장모(마8:14-

17; 막1:29-34; 눅4:38-41), 네 사람이 메고 온 반신불수 장애인 등에게 여러 가지 이적을 행하셨다(마9:1-8; 막2:1-12; 눅5:17-26). 그러나 가버나움, 고라신, 벳새다는 진정한 회개가 없었던 모양이다(마11:20-24; 눅10:13-15). 그래서 예수님은 이 성읍들을 저주하신다(마11:21-23).

고라신: 고라신(Chorazin)은 가버나움에서 북쪽으로 약 4Km 지점의 산 위에 있는 성읍으로 하솔로 올라가는 육로로 돌아가게 되면 약 12Km 거리에 있는 지역이다. 유대인들의 주요 밀 경작지였으며 올리브 생산도 했던 모양이다. 고라신 주위에 사람이 처음 거주한 것은 주전 6000-4000년경으로 추정되며 신약시대에는 갈릴리 호수에서 어업으로 생계를 이어가는 유대인 어부들의 주요 거주지였다고 한다.

수리아: 시리아(수리아 Syria)는 '높은 곳이란 뜻'이고 구약에서는 히브리어로 '아람', 신약에서는 헬라어로 '시리아(수리아)'로 표기한다. 현재의 시리아이다. 갈릴리 북쪽 지역이고 다메섹, '메소포타미아'가 포함 된다(창24:10; 사7:8).

가다라: 가다라(Gadara=Gergesenes) 지방은 갈릴리바다 동남쪽 9.6km 지점에 있는 해발 365m의 고원지대(高原地帶)이다. 요단강 동쪽 고원지대이며 성경에서는 거라사로 불리기도 한다(막5:1; 눅8:26). 데가볼리 지역의 한 부분이다.

예수님의 이방 사역

연대중심의 생활적용 연구 성경(CLASB)에 따르면 갈릴리 밖 사역에 대해 3사건만 다룬다. 두로에서 가나안 여인 딸의 귀신 내어 쫓은 일, 데가볼리 지방에서 병자 고치신일, 광야에서 4 천명을 먹이신 일이다.

예수님이 갈릴리 밖에서 전도 사역하신 것은 지도 13을 참조하기 바란다. 두로는 페니키아 지방이며 지중해 무역항이었다. 여기서 가나안 여인의 딸이 귀신들린 것을 고쳐 주신다(마15:21-28; 막24-30).

예수님은 데가볼리 지방에서 수많은 병자 특히 신체손상으로 생활에서 장애를 갖게 된 지체부자유인, 농아인, 맹인 등 장애인들을 고치신다(마15:29-31; 막7:31-8:1).

그리고 떡 7덩어리와 물고기 2마리로 4,000명을 먹이시는 이적을 행하신다(마15:32-39; 막8:1-9).

그리고 카이사레아 빌립보에서 베드로가 신앙고백을 하게 되고 이후 헤르몬 산이 변화산이었으리라고 본다. 갈릴리 밖에서의 전도하신 기록은 마태와 마가만 기록하고 있다.

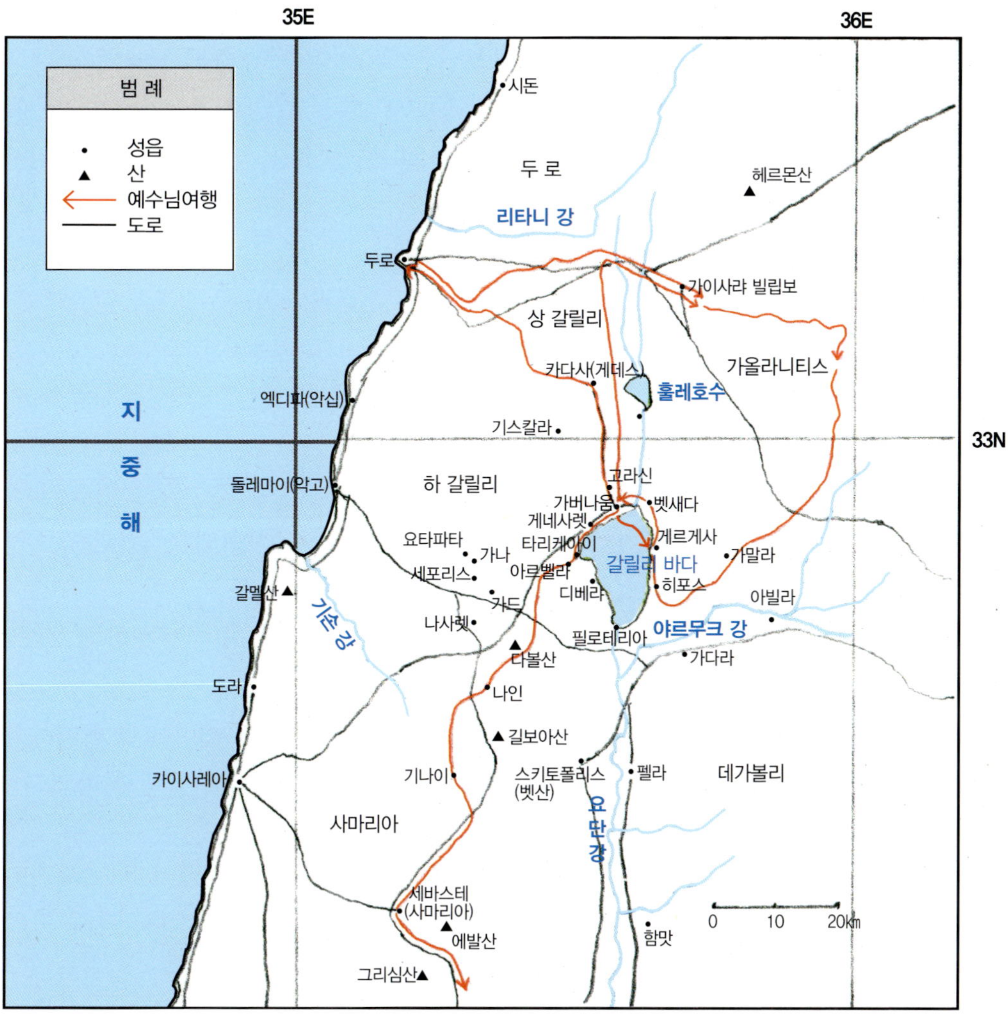

성경 : 마 15:21–28 ; 16:13–20 ; 17: 1–13 / 막 7:24–37 ; 8:27–38 ; 9:1–13 / 눅 9:28–36 ; 18:22–35

지도 13 예수님의 전도 여행

■ 초대 교회 시대 (30 A.D.-100 A.D.)

배 경

이 기간의 성경

사도행전, 로마서, 고린도 전서, 고린도 후서, 갈라디아서, 에베소서, 빌립보서, 골로새서, 데살로니가 전서, 데살로니가 후서, 디모데 전서, 디모데 후서, 디도서, 빌레몬서, 히브리서, 야고보서, 베드로 전서, 베드로 후서, 요한 1, 2, 3 서, 유다서, 요한계시록

유대 땅에서 일어 난일

4 B.C.–39 A.D.	헤롯 안티파스 왕
26 A.D.–36 A.D.	로마 총독 빌라도
37 A.D.–44 A.D.	헤롯 아그립바 1세, 44 A.D. 아그립바 사망(행12:20–25).
50 A.D.–100 A.D.	헤롯 아그립바 2세
52 A.D.–60 A.D.	로마 총독 벨릭스(Felix)가 바울을 2년간 카이사레아에 가두어 두다.
60 A.D.–62 A.D.	로마 총독 베스도(Festus)가 바울을 카이사레아에서 재판하다.
66 A.D.–70 A.D.	유대 전쟁(로마와 유대의 전쟁): 70 A.D. 예루살렘 훼파되고 헤롯 성전이 파괴된다.

초대 교회에서 일어난 일

30 A.D.	* 예수님 십자가에서 돌아가시고 부활, 승천하신다. * 오순절에 초대 교회가 탄생한다.
31 A.D.–35 A.D.	사울이 교회를 핍박하다. 35 A.D. 바울이 회심한다.
37 A.D.–38 A.D.	바나바와 바울 예루살렘을 방문하다.

41 A.D.–44 A.D.	헤롯 아그립바 1세 교회를 핍박하다.
46 A.D.–48 A.D.	바울과 바나바 1차 선교 여행
49 A.D.	예루살렘에서 사도 회의 개최
49 A.D.–52 A.D.	바울의 2차 선교 여행
53 A.D.–57 A.D.	바울의 3차 선교 여행
57 A.D.–59 A.D.	바울 예루살렘에서 체포되어 카이사레아에 구금된다.
60 A.D.	바울 로마로 호송되어 62년까지 구금된다.
62 A.D.–64 A.D.	바울 석방되다.
65 A.D.	마가복음 기록되다.
70년대 A.D.	마태복음, 누가복음 기록되다.
85 A.D.	요한이 요한복음, 요한 1, 2, 3 서를 기록하다.
95 A.D.	밧모 섬에서 요한이 계시록을 기록하다.
100 A.D.	사도 요한이 에베소에서 죽다.

로마에서 일어난 일

14 A.D.–37 A.D.	로마 2대 황제 티베리우스(디베료)
37 A.D.–41 A.D.	로마 3대 황제 칼리굴라
41 A.D.–54 A.D.	로마 4대 황제 클라디우스(글라우디오)
54 A.D.–68 A.D.	로마 5대 황제 네로: 기독교 박해, 로마 지역 내
68 A.D.–69 A.D.	1년 동안 3 황(갈바, 오토, 비텔리우스)이 일어나고 몰락했다.
69 A.D.–70 A.D.	베스파시아누스 황제: 티투스의 아버지, 유대전쟁 사령관
70 A.D.–81 A.D.	티투스(디도) 황제: 70년 예루살렘 성 훼파, 성전 파괴한 자
81 A.D.–96 A.D.	도미티아누스 황제: 기독교를 박해했다.

초대 교회 시대의 세계

1세기경 팔레스타인의 정세는 로마가 제정(帝政)으로 바뀌고 가장 왕성한 세력 확장기로 보아야 할 것이다. 지중해를 중심으로 아프리카 북안 모두를 지배하고, 유럽에서 도나우 강 남쪽, 라인 강 남쪽, 흑해 남쪽 아시아 지역을 통치하면서 정치체제는 제정으로 황제가 다스렸고 본토 이탈리아를 제외하고는 황제 직할령이나, 원로원 파견 총독 또는 황제 파견 총독이 다스렸다.

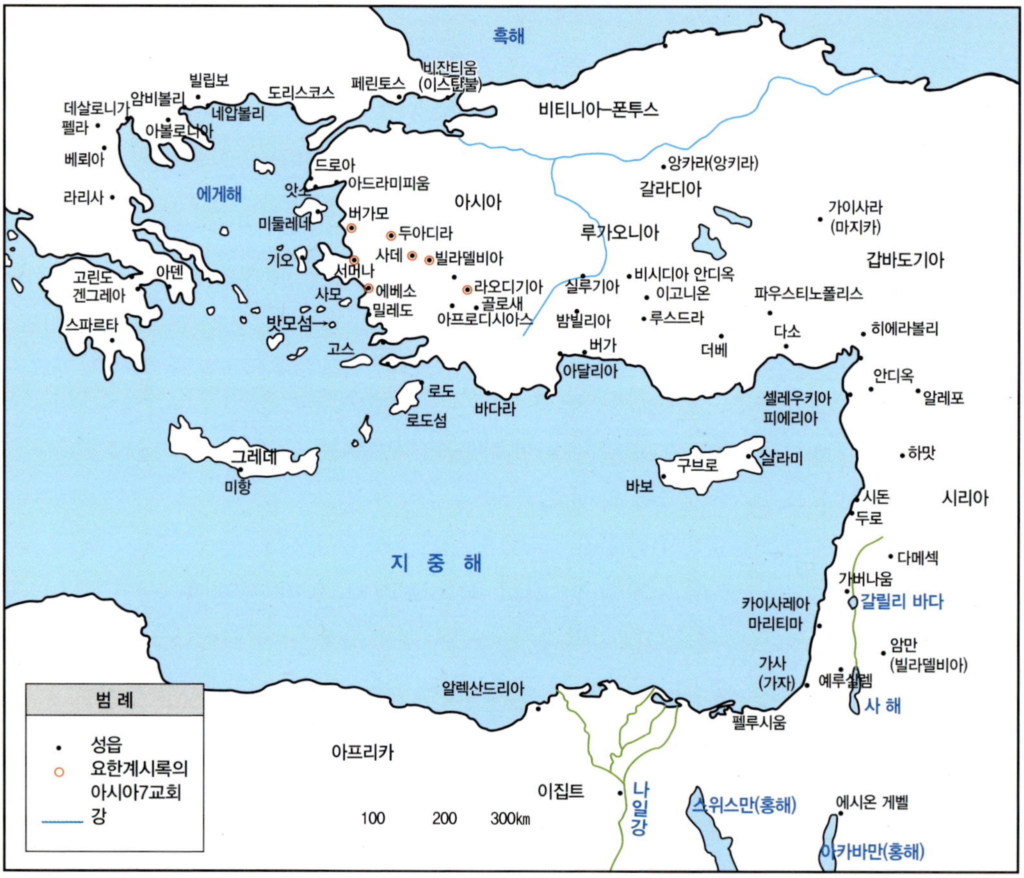

지도 14 초대교회시대 팔레스타인과 주변 세계

이집트는 황제 직할령으로 장관이 다스렸지만, 팔레스타인은 황제가 임명한 총독이나 로마가 임명하는 왕이 다스렸다. 이곳은 언제고 반란이 일어날 수 있는 위험지역으로 분류되었기 때문이다. 치안이 안정되고 평화가 정착된 곳은 원로원이 파견하는 총독이 다스렸다.

팔레스타인의 수도는 카이사레아(가이사랴, Caesarea)이며 총독 주재 성읍이었다. 예루살렘에는 총독이 주재하지 않았다. 아마 유대인의 반감이나 정치적 배려를 한 것으로 보인다. 초대 교회가 확장되어 나간 모든 지역이 로마가 통치(統治) 아래 있었다.

이 당시 초대 교회와 깊은 연관이 있는 성읍들을 보면 유대 지방, 사마리아지방, 다메섹, 안디옥, 구브로, 갈라디아, 마케도니아, 아카이아(아가야, Achaea), 에베소, 카이사레아, 로마, 맛모 섬 등을 들 수 있을 것이다.

유대(Judea)는 예루살렘을 중심으로 예수님이 사역하시고 돌아가신 곳이며, 예루살렘 성 밖 감람산 근처는 예수님이 승천하신 곳이며 그의 문도(門徒)들이 성령을 받아 새로운 사람으로 거듭나며 초대 교회를 이루는 곳이다. 여기서 스데반이 순교하고 사도들이 핍박을 받은 곳이다(행1:1-7:60).

사마리아(Samaria)는 스데반의 순교와 핍박이 있었던 후 흩어진 사도들과 성도들에 의해 복음이 전파된 곳이다. 빌립과 베드로 요한 사도의 전도로 성령의 세례를 받은 곳이다. 북조 이스라엘의 수도였던 사마리아는 아시리아에 멸망한 후 이방인들이 거주하는 지역으로 남조 유대인들은 이들을 개로 취급하고 사마리아 통과를 꺼렸다. 그러나 복음은 그들에게도 들어갔다.

다메섹(Damascus)은 시리아의 수도였으며 바울이 성도를 잡으러 갔던 곳으로 유명하다. 그러나 그는 예수님을 만나고 그의 제자로 사도가 된다. 그리고 바울은 복음을 이방 세계에 전하는 사도가 된다. 다메섹은 시리아(아람)의 수도로 항상 이스라엘과 충돌을 하던 나라이다. 이곳은 해안대로와 왕의대로가 만나는 교통 요충지이며 전쟁이나, 통상, 문화교류의 거점이 되었던 곳이다.

안디옥(Antioch)은 지중해 동안 북부에 위치한다. 오늘도 선교를 표방하는 교회는 안디옥 교회라고 한다. 최초의 선교사를 파송한 교회이며 바울과 바나바 선교사를 파송한 곳으로 초대 교회 시대 무척 왕성했던 교회이다. 예수의 십자가를 대신 지고 간 구레네 시몬이 이 교회의 지도자가 되었던 모양이다(행13:1). 안디옥 교회 지도자들은 바나바(Barnabas), 니게르라고 하는 시므온(Simeon), 구레네 사람 루기오(Lucius), 헤롯의 젖

동생 마나엔(Manaen), 그리고 사울(Saul, =바울) 이 다섯 사람인데 니게르라고 하는 시므온이 십자가를 대신 진 사람으로 본다. 이 5명 중 제일 탁월한 사람 즉 바나바와 바울을 안디옥교회는 선교사로 파송한다.

예루살렘교회의 파견을 받아 안디옥에 와서 목회하던 바나바는 바울을 찾아 다소로 간다. 바나바는 바울을 예루살렘교회에 소개했고 또 다소에 가서 그를 찾아서 안디옥교회 지도자로 영입한다. 초대 교회 안디옥교회는 선교 활동의 기지가 된다.

구브로 섬(Cyprus)은 안디옥에서 떠난 바울과 바나바가 처음으로 선교활동을 한 곳이다. 구브로는 길리기아와 시리아에 가까운 지중해에서 세 번째로 큰 섬이다. 이 섬은 바나바의 고향이다(행4:36; 15:39). 구약 지명으로는 깃딤(Kittim)이다.

갈라디아(Galatia)는 로마의 행정 구역으로, 1차 선교여행 중, 구브로에서 복음을 전한 바울과 바나바가 갈라디아 지방의 여러 성읍으로 다니면서 복음을 전한다. 비시디아 안디옥(Antioch in Pisidia), 루스드라(Lystra), 더베(Derbe), 이고니온(Iconium)등 성읍에서 교회를 세우고 복음이 전파되는 역사가 있었다. 바울은 이들 교회에 보내는 편지로 갈라디아서를 써서 보냈다(행13:13-14:28).

마케도니아(Macedonia)는 동쪽에서 유럽으로 간다면 유럽의 첫 관문이 된다. 지중해의 에게해와 흑해를 연결하는 마르마라(Marmara Sea)해가 경계가 된다. 사도 바울은 제2차 선교 여행 때 성령의 인도하심으로 마케도니아로 가게 된다. 본래 바울은 아시아 북쪽의 비티니아-폰투스(본도)로 가려 했다. 그러나 성령께서 그 길을 막으시어 마케도니아의 부름을 받게 된다.

빌립보(Philippa)를 거쳐서 데살로니가(Thessalonica)에서 교회를 설립하고 베뢰아(Berea)를 거처 아가야 지방 아덴으로 내려간다. 복음이 유럽으로 확산하는 첫 지역이 마케도니아 지역이다.

아가야(Achaia)는 고대 희랍의 한 지방인데 우리에게는 희랍, 그리스 등으로 잘 알려졌고 성경에서는 이들이 사용한 언어를 헬라어(Greek)라고 한다. 당시 헬라어는 서방세계의 공통어이었고 유식한 사람들은 헬라어를 사용하였다. 이집트 알렉산드리아(Alexandria)에서 번역한 구약성경 70인 역(Septuagint)은 히브리어로 된 성경을 헬라어로 바꾼 첫 번째 번역서이다. 당시 로마가 세계를 지배하고 있었으나 로마의 언어인 라틴(Latin)보다 헬라어가 더 통용되었다. 이유는 유명한 철인들의 저술이 모두 헬라어로 되어 있기 때문이다.

아가야 지방에서 바울이 처음 들린 곳은 세계 학문의 중심지인 아덴(Athens)이다. 아덴은 우상숭배의 박물관이었고 철학, 과학, 의학, 예술 등에서 당시 세계의 중심지였다. 바울의 말을 들어보기를 원하는 철학자들 즉 스토아학파(Stoic) 사람, 에피쿠로스(Epicurean) 사람들에게 아덴 외곽 아레오바고(Areopagus) 광장에서 우상의 허무와 하나님의 존재하심과 하나님과 인간의 관계를 철학적으로 변론을 한다(행17:22-34).

아덴을 떠난 바울은 고린도(Corinth)로 간다. 고린도는 지중해 중심 무역항이고 경제적으로 부를 누리고 우상이 왕성하던 곳이다. 바울은 여기서 1년 반(행18:9-11)을 머물며 교회를 확고히 하고 겐그리아(Cenchrea)에서 배를 타고 에베소로 갔다가 예루살렘을 거쳐 안디옥으로 가게 된다. 여기서 데살로니가 전 후서를 쓰고, 로마서도 쓰게 된다.

에베소(Ephesus)는 '인내'란 뜻이며 소아시아 서쪽 해안에 위치하며 북쪽에 헤르므스 강 하구에 있는 서머나와 남쪽의 메안더 강 하구에 있는 밀레도 중간을 흐르는 카이스터(Cayster River)강 하구에 위치한다. 에게해와 연결된 강 하구에 있었기 때문에 아시아 최대의 도시로 발전해 있었다. 우상 아데미의 도시, 은장색 데메드리오 사건이 있었던 곳(행19:23-41), 바울이 2년 강론한 두란노서원이 있던 곳(행19:8-10)이다.

에베소는 바울의 3차 전도여행과 깊은 관련이 있는 성읍이다. 바울이 전도여행 중, 한곳에 오래 머물러 있던 곳은 고린도에 1년 반, 이 에베소에 2년이었을 것이다.

카이사레아(Caesarea, =가이사랴)는 지중해연안 북부 팔레스타인에 위치하며 욥바 북쪽 48km, 예루살렘 서북방 104km 지점에 있다. 물의 흐름이 빠르고 수심이 얕아서 이류(二流) 항만이었으나 헤롯 대왕 때 공공사업으로 도시와 항만을 재구축하여 번성한 도시가 되었다. 초대 교회 시대에 팔레스타인의 중심도시로 정치, 행정, 무역의 중심지였다. 선교 사역자들이 선편으로 유럽을 왕래할 때 많이 이용한 항구이다.

로 마(Rome)는 예수님 당시 세계 중심지이며 로마제국의 수도이다. 바울은 로마를 보기를 간절히 원했다. 하나님은 바울을 죄수의 신분으로 로마로 보내셨고 충분히 그의 사역을 수행하도록 인도하셨다. 바울은 여기서 그의 선교 동역 자들에게 편지를 보냈다. 2년 여간 석방되었을 때는 그리스도의 복음을 전파하였다.

이곳 로마에서 바울과 베드로가 순교하는 영광을 입었다.

밧모섬(Patmos)은 요한이 계시록을 쓴 곳이다. 로마 황제 도미티아누스 때 요한은 밧모섬에 유배된 것 같다. 밧모섬은 아시아 서쪽 끝 소아시아 일곱 교회가 있는 서쪽의 지중해의 조그마한 섬이다. 지도 14를 참조하기 바란다.

요한은 여기서 아시아 일곱 교회에 충고와 권면을 하고 앞으로 올 미래에 관한 비전을 받아 계시록을 썼다.

아시아 일곱 교회(버가모, 두아디라, 사대, 빌라델비아, 라오디기아, 서머나, 에베소)는 밧모 섬에서 동북쪽 서아시아 지역에 흩어진 교회들이다. 바울의 에배소 두란노서원에서 2년간 강론 한 일과 기록으로 남지 않았지만 많은 사도와 문도들의 선교 사역으로 이루어진 교회들일 것이다. 요한은 에베소에서 많이 가르쳤고 또 다른 사역자들에 의해서 아시아 지역에 폭넓게 복음이 전파되어 있었음을 알 수 있다. 지도 14를 참조하라.

초대 교회 시대 구분

초대 교회 시대(30 A.D.–100 A.D.)를 4시기로 나누어 시대별로 로마 황제를 제시(적색)하고 그때 일어났던 중요한 일들을 기술했다. 초대 교회를 이해하는 데 도움이 될 것이다. 확인되는 사항에 대해서는 그 연도도 기술했다.

1. 초대 교회 형성기(30 A.D.–33 A.D.)

이 시기 로마 황제는 티베리우스(성경에서는 디베료, 14 A.D.–37 A.D.)이며 제정 로마의 2대 황제이다.

1) 성령강림(30 A.D., 행2:1–4)
2) 사도들에 대한 핍박(행4:1–22)
3) 일곱 집사 선택(행6:1–6)
4) 스데반의 순교(행7:1–60)

2. 초대 교회 기반 조성기(34 A.D.–46 A.D.)

이 시기 로마 황제는 티베리우스(디베료, 14 A.D.–37 A.D.), 칼리굴라(37 A.D.–41 A.D.), 클라우디우스(글라우디오, 41 A.D.–54 A.D.)이다. 로마 총독 제1기(6 A.D.–41 A.D.)이다.

1) 빌립의 전도사역(34 A.D. 행8:5–13)
2) 베드로와 요한 사마리아 방문(37 A.D. 행8:14–25)
3) 사울의 회심(35 A.D. 행9:1–19)
4) 바울의 제1차 예루살렘 방문(행9:26–30)
5) 야고보의 순교와 베드로의 투옥(행12:1, 17)
6) 팔레스타인의 대 흉년(행11:28)
7) 바울 제2차 예루살렘 방문(행11:30)

3. 초대 교회 확장기(47 A.D.–63 A.D.)

이 시기의 로마 황제는 클라우디우스(글라우디오, 41 A.D.–54 A.D.), 네로(54 A.D.–68 A.D.)이다.

1) 바울과 바나바의 제1차 선교여행(47 A.D.–49 A.D. 행13:1–14:28)
2) 바울의 제2차 선교여행(49 A.D.–52 A.D. 행15:36–18:22)
3) 바울의 제3차 선교여행(53 A.D.–57 A.D. 행18:23–21:36)
4) 바울이 체포됨(58 A.D. 행21:27–36)
5) 바울 로마 감옥에 구금됨(60 A.D.–62 A.D. 행28:16–31)
6) 바울 석방됨(62 A.D.–64 A.D.)

4. 초대 교회 시련기(64 A.D.–100 A.D.)

이때 로마 황제는 네로(54 A.D.–68. A.D.), 네로 자살 이후 혼란기에 갈바, 오토, 비텔리우스 이 3인이 1년 사이에 흥망 했다(68 A.D.., 69 A.D.), 베스파시아누스(69 A.D.–79

A.D.), 티투스(디도 79 A.D.-81 A.D.), 도미티아누스(81 A.D.-96 A.D.), 네르바(96 A.D.-98 A.D.), 트라야누스(98 A.D.-117 A.D.) 황제 등이 다스렸다.

1) 로마 대화재(64 A.D.)
2) 네로의 기독교 박해와 유대의 반란(64 A.D.-70 A.D.)
3) 바울의 순교(67 A.D.)
4) 베드로의 순교(68 A.D.)
5) 로마 장군 베스파니우스의 69년 예루살렘 침공과 70년 티투스 침공으로 예루살렘 성 훼파(毁破)되고 성전이 불타 버린다(70 A.D.).
6) 로마 도미티아누스 황제의 기독교 박해(81 A.D.-96 A.D.)
7) 요한 밧모 섬에 유배(90 A.D. 연대, 95 A.D. 후 계시록 기록, 100 A.D. 에베소에서 죽음)
8) 로마 트라야누스 황제 기독교 박해(100 A.D.)

사도행전은 교회 확장기까지만 기록하고 있다. 그 후의 일들은 바울의 옥중서신, 베드로 전후서, 요한 1, 2, 3서, 요한계시록의 배경이 되었을 것이다. 이 수난의 시기에 4복음서도 기록된다.

자료

* CLASB(2004). New Living Translation 2nd Ed. Carol Stream, Ill: Tyndale House Pub. Inc. pp. 1502-1503의 자료를 기반으로 하였고
* Brisco, Thomas V.(1998). *A Complete Guide to the Expansive Geography of Biblical History*. Nashville, Te. pp. 207, 210를 참조했다.

초대 교회 탄생

1. 오순절 성령의 역사와 초대 교회 탄생

초대 교회 형성기(30 A.D.-33 A.D.)의 총 주제는 성령이다.

오순절에 모여 기도하는 120 문도에게 성령이 임하시었다. 초실절은 이스라엘 백성이 하나님께 보리의 첫 열매를 드리는 절기이며 오순절은 밀 추수를 하여 그 열매를 드리는 절기이다. 초실절에 예수님이 부활하시었고 이제 오순절에 제자들에게 성령이 강림하셔서 그리스도의 사역을 이루신다. 이때 제자들이 변화를 입어 믿음에 굳게 서게 된다(행2:1-13).

이 성령의 역사로 예수님의 메시아사상과 제자들의 메시아사상이 일치된다. 이로써 제자들이 죽음을 초탈하게 된다. 성령이 임하심으로 비로소 교회가 탄생한다. 살아있는 생명체가 생긴 것이다.

베드로의 오순절 설교는 능력이 있었다. 베드로 사도는 요엘이 예언한 말씀 자녀들이 예언할 것이요, 젊은이들이 환상을 볼 것이요, 늙은이들이 꿈을 꾸리라(욜2:28)는 말씀을 인용한다. 미래에 대한 비전을 보인다는 뜻이다.

성령강림으로 주의 종들에게 주의 영을 부어주시고 각종 징조를 보여 주실 것을 설교로 전했다. 예수의 십자가와 믿는 자에게는 구원이 있음을 전하였다. 누구나 "주의 이름을 부르는 자는 구원을 얻으리라", 핵심사상은 믿고 구원을 얻는 것이다. 설교를 들은 백성이 회개하고 성령을 받음(행2:37-42)으로 베드로의 설교를 통해서 초대교회 초석이 놓이게 되었다(행2:14-42).

2. 초대 교회 확장과 박해

그러나 종교적 기득권을 가진 제사장, 서기관과 바리새인 등은 사도들의 권위와 행위를 제지하고 위협을 가하여 예수의 복음을 전하지 못하게 하였다. 그러나 베드로 등 사도들은 공회 앞에서 조금도 두려움 없이 이 도(道)를 전하였다(행4:1-22; 5:25-28).

초대 교회는 조직도 확장되고 성도 간의 유무상통하는 나눔도 보편화 되었다. 이런 성령의 역사가 커질수록 종교 정치 지도자들은 교회를 박해하기 시작하였다. 사도들의 수난에 이어서 그 첫 순교자가 생겼다. 즉 스데반의 순교이다(행7:1-60).

그러나 이런 수난은 복음을 유대 각 지방으로, 아시아로, 이집트로 확산하는 하나님의 섭리였다. 뿐만이 아니라 유럽으로 퍼져나가는 계기가 된다. 핍박은 초대교회를 세계로 확산하는 계기가 된다. 모든 것을 합동하여 선을 이루시는 하나님의 뜻이었다.

초대 교회 기반조성

초대 교회 기반 조성기(34 A.D.–46 A.D.)는 박해와 관련이 있고 유대 지방으로부터 이방에 이르는 전도사역이 확장된다. 사도행전에 기록된 내용을 보면 이때 빌립의 전도와 베드로와 요한의 전도가 있었다. 이들의 전도를 지도 15에서 보도록 한다.

1. 사마리아에서도 성령세례를 받는다.

빌립이 사마리아에 복음을 전하였다(지도 15의 6). 빌립이 세례를 베풀었으나 성령세례는 없었다. 예루살렘 교회는 선교지원을 위하여 베드로와 요한을 사마리아에 파견한다. 두 사도가 사마리아에 가서 그들에게 성령세례를 베풀었다. 마술사 시몬이 이 권능을 돈으로 사고자 하는 해프닝이 있었다. 하나님의 일이 돈으로 사고파는 것이 아니며 이런 행위는 망할 행위임을 가르친다. 성령의 세례를 통하여 권능을 얻지만, 이적과 기사는 주를 믿게 하기 위한 수단이며 결코 목적이 아니다(행8:4–25).

2. 빌립이 에티오피아 왕의 내시에게 세례를 베풀다.

사마리아 전도를 하던 빌립은 남쪽 예루살렘으로 내려와서 여기서 다시 아스칼론으로 내려가는 길에서 에티오피아 여왕의 내시를 만나서 이사야의 글(사53:7–11)을 해석해 준다. 그 내용은 메시아 예언 부분으로서 메시아가 십자가에 돌아가실 것과 그가 만민을 구원하실 이이심을 예언 한 부분이다. 이것을 해석해 줄 때 그가 자청하여 세례받기를 원했고 필립은 물이 있는 곳에 내려가서 내시에게 세례를 베풀었다(행8:26–40).

필립(빌립)은 세례를 베풀고 아스칼론을 거쳐서 아소도(아스돗)로 간다. 그리고 욥바와 룻다를 거쳐 카이사레아로 간다. 초대 교회는 이렇게 퍼져갔다.

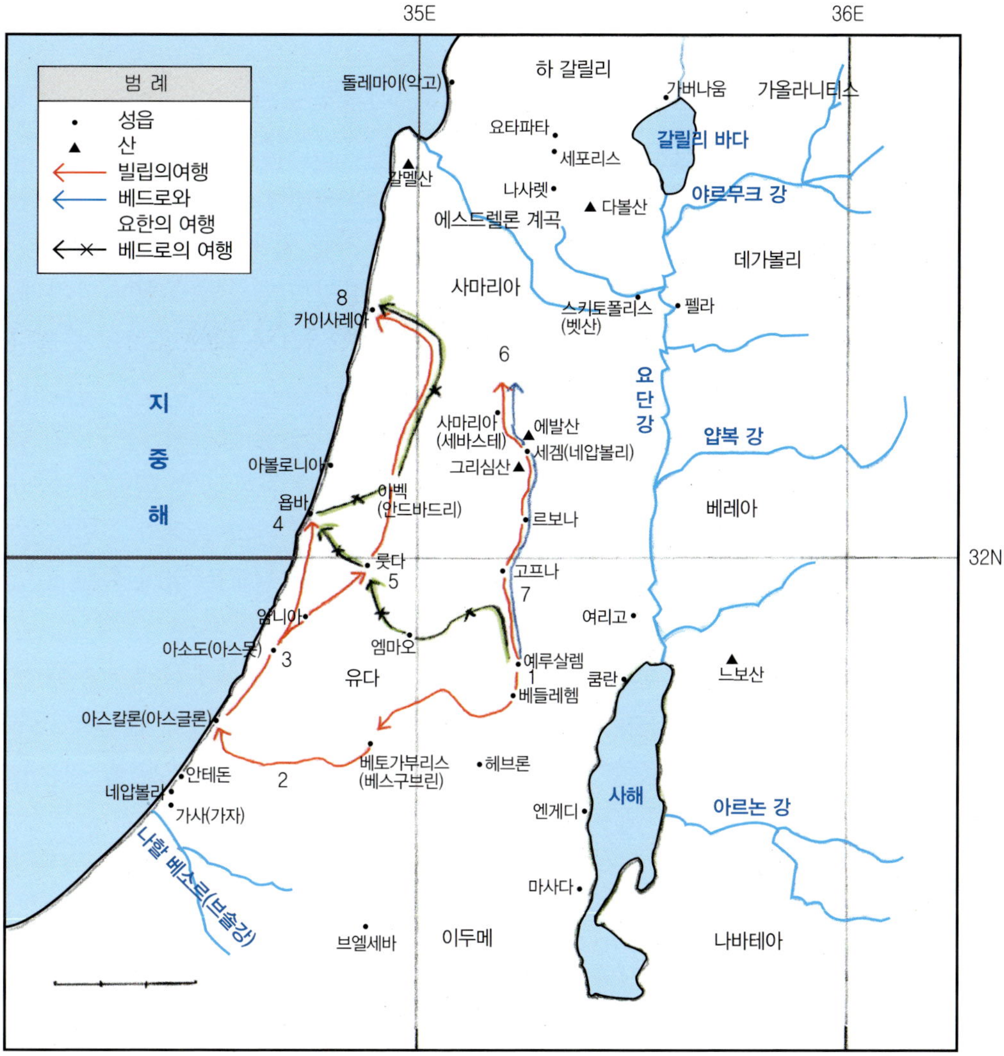

성경 : 사도행전 4장 – 11장

지도 15 베드로와 빌립의 선교여행

지도 15의 번호 설명

1. * 스데반의 순교 * 베드로, 요한이 체포됨 2. 빌립이 에티오피아 내시에게 세례를 배품
3. 빌립이 아소도에 복음을 전함 4. 베드로가 죽은 다비다(도르가)를 살림
5. 베드로가 중풍 병자 애니아를 고침 6. 빌립이 사마리아 여러 곳에 복음을 전함
7. 사마리아인이 빌립이 전한 복음을 받아들였음을 확인하기 위해 베드로와 요한을 파견함
8. * 베드로가 고넬료를 만남 * 빌립이 카이사레아에 정착함

3. 베드로의 이방 선교

베드로는 예루살렘을 떠나서 이방으로 나아갔다. 이는 바울의 이방 선교와 더불어서 세계로 복음이 전파되는 시작이다. 베드로는 예수의 이름을 힘입어서 룻다에서 중풍 병자 애니아를 고쳐서 믿는 이들을 얻게 되고(행9:32–35) 여기서 욥바의 죽은 여 제자 다비다(도르가)를 살림으로 하나님께 영광을 돌리며 믿는 자를 얻게 된다(행9:36–43).

베드로는 환상을 보고 카이사레아의 로마 군인 백부장인 고넬료의 초빙에 응하게 된다(행10:1–8). 이 당시 카이사레아는 팔레스타인의 수도 격으로 로마 총독이 주재하던 곳이다. 고넬료는 로마병영 이탈리아부대의 백부장이었다.

베드로의 설교를 들은 이방인들에게 성령이 임하시어 방언을 말하며 하나님을 높이는 것을 보게 되었다. 이 역사가 이방인에게 하나님의 은혜가 임하신 첫 열매일 것이다. 베드로를 위시한 제자들은 이방인들도 성령을 받으며 세례를 받고 은혜가 충만함을 보고 놀랐을 것이다. 베드로는 그들에게 세례를 베풀므로 이방 전도는 널리 확산 되었다(행10:44–48).

베드로는 이방 선교의 당위성과 과정 그리고 성령의 임하심을 예루살렘 교회에 보고한다(행11:1–18). 이방에 복음이 전파되어야 하는 것은 주의 명령이니 반드시 이루어져야 한다. 박해로 흩어진 성도들이 안디옥에서 큰 부흥을 일으키고 있음을 장로들이 듣고 바나바를 파견하여 견고하게 하는 조치도 취한다(행11:19–30).

초대 교회 확장

초대 교회 확장기(47 A.D.–63 A.D.)에 교회는 세계로 확산한다. 아시아를 넘어서 유럽으로 또 기록은 많지 않지만, 이집트로 복음이 전파된다. 성경 기록에는 복음전파의 주역이 바울이지만 수많은 사도와 문도들 그리고 사역자들이 있었고 그들의 복음전파로 교회가 확장되고 복음이 널리 전파되었다.

제1차 바나바와 바울의 선교 사역이 끝난 후 2차 선교 여행 이후 바나바의 기록은 찾아보기 어렵다. 만일 누가가 바나바를 수종 했더라면 그의 기록도 많았을 것이다. 기록되지 않으면 역사로 남지 않는다는 것을 알게 된다.

초대 교회의 확산은 사도행전 중심으로 볼 수밖에 없다. 사도행전의 집필자가 누가이고 누가가 바울을 근접 수행했음으로 바울의 선교 사역이 주로 기록되었음을 감안(勘

案)해 두는 것이 좋겠다.

안디옥교회에서 선교사 파송: 교회가 성령의 인도하심으로 선교사를 파송한 첫 기록이 될 것이다. 안디옥 교회는 5명의 선지자와 선생 중에서 제일 탁월한 바울과 바나바를 따로 세워서 금식하며 기도하고 안수하여 선교사로 파송한다. 사도행전 13장 1절-3절을 보아두자.

> 13: 1 안디옥 교회에 선지자들과 교사들이 있으니
> 곧 바나바와 니게르라 하는 시므온과 구레네 사람 루기오와
> 분봉 왕 헤롯의 젖동생 마나엔과 및 사울이라.
> 13: 2 주를 섬겨 금식할 때에 성령이 이르시되
> 내가 불러 시키는 일을 위하여 바나바와 사울을 따로 세우라 하시니
> 13: 3 이에 금식하며 기도하고 두 사람에게 안수하여 보내 니라(행13:1-3).

안디옥(Antioch)은 시리아 서북쪽에 있는 성읍이며 헬레니즘 도시였다. 오늘날 안타키아(Antakya)에 해당한다. 이 도시는 오렌테스(Orontes) 강 하구에 위치하여 지중해 무역의 중심지였다.

1. 바울과 바나바의 1차 선교 여행과 아시아교회

바울과 바나바의 1차 선교 여행(행13:1-14:28)은 46 A.D.-48 A.D. 에 있었던 것 같다. 1차 선교 여행을 통해서 갈라디아지방의 비시디아 구브로 섬의 살라미와 바보, 비시디아 안디옥, 이고니온, 루스드라, 더베 등지에 아시아교회가 세워지며 이들에게 복음이 전파되고 확산한다.

안디옥을 떠난 선교단은 셀레우키아(Seleucia, =실루기아)항에서 배타고 구브로 섬으로 간다. 이 섬이 최초의 선교지역이 될 것이다(행13:4).

1) 구부로 살라미(Salamis in Cyprus, 행13:5)

(1) 하나님의 말씀을 유대인의 여러 회당에서 전했다(행13:5상).

(2) 바울과 바나바의 수종 자는 요한이었다(행13:5하).

2) 바보(Paphos, 행13:6-12)

(1) 이곳 총독 서기오 바울이 하나님의 말씀을 듣다.

(2) 거짓 선지자 바예수가 총독이 바울을 믿지 못하게 방해한다.

(3) 바울이 바예수를 책망하고 소경이 되게 하였다.

(4) 총독이 믿으며 바울의 가르침을 기이히 여기게 된다.

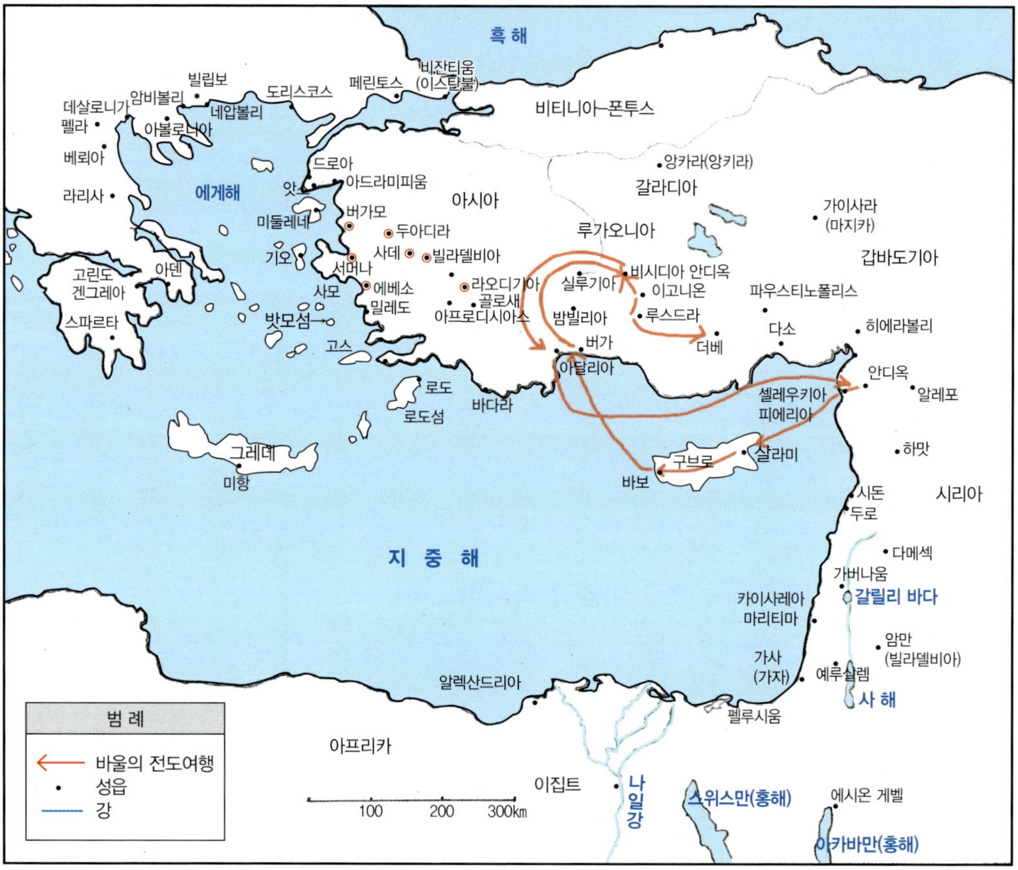

지도 16 바울과 바나바 1차 선교 여행

구브로 섬의 전도를 마친 일행은 바보에서 배를 타고 버가(Perga) 항을 통해 육지에 오른다. 그리고 비시디아 안디옥으로 간다.

3) **비시디아 안디옥**(Antioch in Pisidia, **행13:14-52**)

(1) 안식일에 바울이 회당에서 설교를 했다(행13:14-41).

(2) 주의 복음을 좇는 자가 많았다(행13:42,43).

(3) 그다음 안식일에 말씀을 강론하고, 유대인은 시기하는 변박을 하지만 이방인이 많이 믿게 되었다(행13:44-49).

(4) 유대인들이 바울과 바나바를 핍박하고 그 지방에서 쫓아냈다(행13:50, 51).

(5) 제자들은 기쁨과 성령이 충만했다(행13:52).

4) **이고니온**(Iconium, **행14:1-14:7**)

(1) 회당에서 두 사도가 강론하여 많은 사람을 믿게 했다(행14:1).

(2) 불순한 유대인이 이방인을 선동하여 대적하였다(행14:2).

(3) 두 사도가 표적과 기사를 행하며 주의 말씀을 증거 했다(행14:3).

(4) 무리 중 사도를 비방하는 자들이 사도를 돌로 치려했다(행14:4,5).

5) **루스드라**(Lystra, **행14:8-20**)

(1) 앉은뱅이를 고친 것을 보고 지방민들이 바나바는 쓰스(Zeus), 바울은 허메(Hermes)라 하여 섬기려 했다(행14:8-12).

(2) 두 사도에게 제사하고자 함으로 옷을 찢고 만류했다(행14:13-18).

(3) 사도들을 반대하는 유대인들이 안디옥과 이고니온에서 와서 무리를 선동하여 바울을 돌로 치게 하고, 바울이 죽은 줄 알고 성 밖에 버리는 일이 있었다(행14:19).

(4) 바울이 깨어나서 성에 들어갔고 바나바와 더베로 떠난다(행14:20).

6) **더 베**(Derbe, **행14:21**)

(1) 더베에서 복음을 전하여 많은 사람을 제자로 삼았다(행14:21).

아시아의 4성읍의 전도를 마치고 더베에서 이미 전도를 한 루스드라, 이고니온, 비시디아 안디옥을 돌아 나오며 성도들을 믿음에 굳게 서도록 격려한다. 돌아오는 길에 버가(Perga)에서 말씀을 전(행14:24)하고 아달리아(Attalia, =앗달리아)에서 배를 타고(행14:25) 안디옥으로 돌아옴(행14:26-28)으로 1차 선교 여행을 마친다.

이 선교 여행이야말로 바울이 이방의 선교사로 나서는 최초의 사역이었고 기쁨과 고난과 환란이 많았던 여행이었다. 이 전도과정에서 야기된 문제를 가지고 예루살렘 공회에 부의하여 초대 교회 교리의 안정을 가져오게 된다.

2. 이방 교회에 대한 예루살렘 총회

바울과 바나바가 1차 선교 여행을 하면서 불거진 문제는 할례를 행하여야 구원을 얻는다는 율법주의자들의 주장과 믿음으로 구원을 얻는다는 예수님의 가르치심 이 두 가지 원리가 충돌하는 데서 오는 혼란이었다. 이를 해결하기 위해 안디옥교회가 바울과 바나바를 예루살렘에 파견했다(행15:2-5). 바울과 바나바는 육로로 페니키아와 사마리아를 거쳐 예루살렘에 도착하게 된다. 그리고 장로 회의에서 결론을 내려 안디옥교회에 그 내용을 통보해 주게 된다.

1) 할례(割禮) 및 율법에 대한 총회의 결의

첫째, 은혜의 믿음으로 구원함을 받는다(행15:9).
둘째, "믿음으로 구원을 얻는다."는 큰 원리는 누구에게나 같다(행15:9).
셋째, 이방 제자들에게 할례와 율법의 멍에를 지울 수 없다(행5:10).
넷째, 이방인들이 주를 찾게 된 것은 이미 예언된 바이다(행15:13-18; 암9:11,12).
다섯째, 우상의 더러운 것과 음행과 목매어 죽인 것과 피를 멀리하도록 한다(행15:20)

예루살렘의 사도와 장로회의는 분명하게 구원은 은혜로 주시는 믿음으로 이루어진다는 대원리를 정하여 이방 선교에 지표를 만들었다. 그 후 초대 교회에서 이단으로 활동한 영지주의나 유대 율법주의에 대해 확실한 구원의 원칙을 정한 것이다.

2) 예루살렘 총회 결과를 안디옥교회에 보내는 편지

예루살렘 총회 결과를 안디옥교회에 보내는 편지(행15:22-29)는 비시디아 안디옥, 수리아, 길리기아 등에 있는 형제들에게도 보내되 전달자로 유다와 실라를 보내고 바울과 바나바도 동행하여 떠나서 바울과 바나바는 안디옥교회에 가서 예루살렘회의 결과를 보고하고 모두 기뻐하게 된다(행15:22-35).

이 회의에서 행위로서가 아니라 오직 믿음으로 구원에 이르는 복음의 원리를 확정한 것이니 매우 중요한 회의 결과를 도출했다고 볼 수 있다.

3. 바울의 2차 선교 여행과 아시아와 유럽의 교회

바울의 2차 선교 여행(행15:36-18:22; 49 A.D.-52 A.D.)은 1차 선교 여행 보다 먼 거리를 다녔으며 유럽으로 복음이 확산하는 계기를 만들었다. 2차 선교 여행은 바나바와 나뉘어서 바울 혼자 다니는 여정이었다. 지도 17을 참조하면서 그 여정을 살펴두면 좋을 것 같다. 시리아 안디옥(Antioch in Syria; 행15:36-40)에서 바나바와 헤어지고 실라와 같이 선교하게 된다. 바울은 실라와 같이 시리아(Syria)와 길리기아(Cilicia)로 다니며 교회를 굳건히 하였다(행15:40, 41). 이때 바나바는 요한(마가)과 더불어 구부로로 갔다(행15:39). 바울의 2차 선교 여정을 살펴보기로 하자

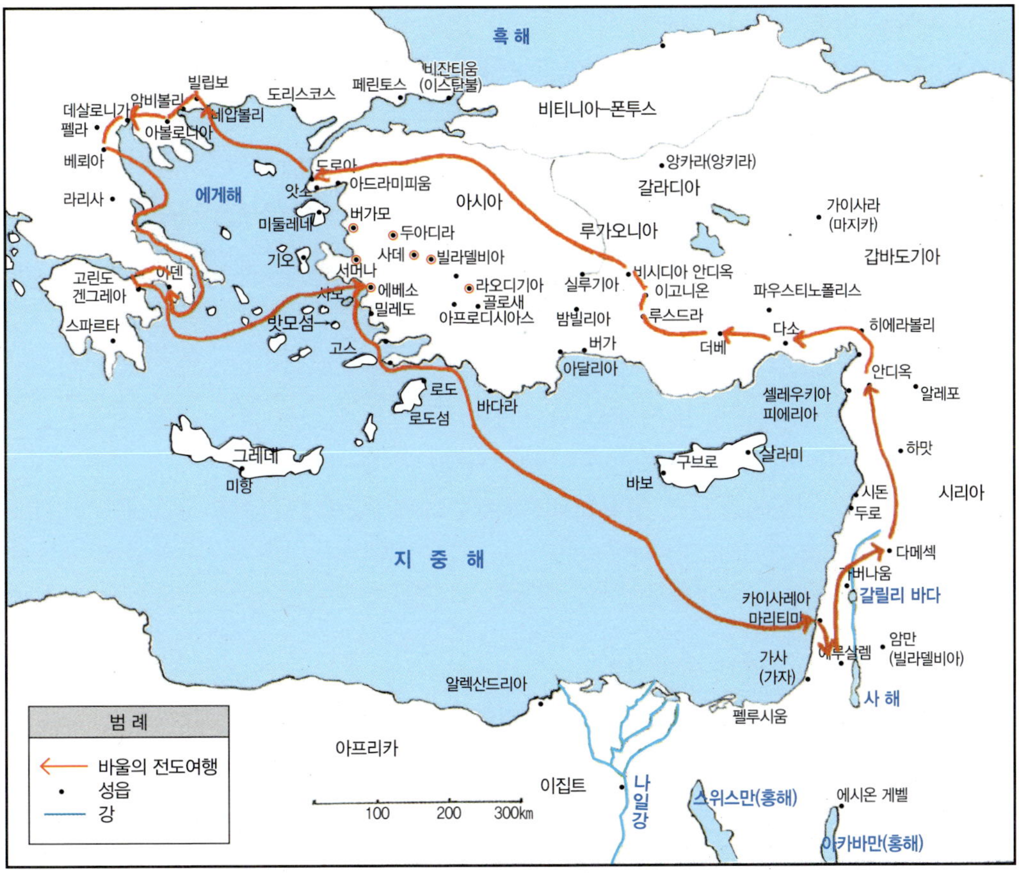

지도 17 바울의 2차 선교 여행

1) 더베(Derbe; 행16:1)

제1차 전도여행 때 마지막으로 전도한 곳이었으며 제2차 전도여행의 첫 번째 도시이다.

2) 루스드라(Lystra)와 이고니온(Iconium; 행16:1-5)

(1) 이때 루스드라에서 칭찬 듣는 제자 디모데를 만나게 된다.

(2) 바울이 디모데에게 할례를 행했다(행16:3).

(3) 예루살렘 장로회의에서 정한 규례를 행하게 함으로 교회가 믿음이 더욱 굳어지고 그 수가 증가했다.

3) 무시아(Mysia; 행16:6, 7)

(1) 성령이 아시아에서 전도하는 것을 허락하지 않았다.

(2) 북쪽 비두니아로 가려 했으나 예수의 영이 허락하지 않았다.

(3) 무시아는 지역(地域) 이름이고 드로아는 무시아의 한 성읍(城邑)이다.

4) 드로아(Troas; 행16:8-10)

(1) 무시아를 거처 아시아 서쪽 끝에 있는 드로아로 내려갔다.

(2) 바울이 마케도니아 사람이 도움을 청하는 환상을 보았다(행16:9).

(3) 바울이 마케도니아로 떠나기를 힘썼다(행16:10).

드로아(Troas)는 아시아의 서쪽 끝 부분에 있는 항구도시이다. 에게 해 북안(北岸)이며 마르마라 해에서 에게해로 나와서 바로 동쪽에 있는 항구이다. 바울은 여기서 배를 타고 사모드라게(Samothrace) 섬을 거쳐 유럽의 첫 항구도시인 네압볼리(Neapolis; 행16:11)로 상육하여 마케도니아 지역에서 처음 전도한 빌립보에 도착하게 된다.

5) 빌립보(Philppi; 행16:12-40)

(1) 빌립보는 마케도니아 첫 성이며, 당시 로마의 식민지이었다. 여기서 자주(紫詸) 장사 루디아(Lydia)를 만난다(행16:13, 14).

(2) 루디아와 그 집안이 다 세례를 받고 그 집이 선교 거점이 된다(행16:15).

(3) 점하는 귀신 들린 자에게서 귀신을 내어 쫓는다(행16:16-18).

(4) 이 점하는 자의 주인들이 바울을 잡아 관원들에게 넘겼고, 관원들이 바울을 많이 때린 뒤에 옥에 가두었다(행16:19-24).

(5) 바울과 신라가 기도하며 하나님을 찬미할 때 지진이 나서 옥문이 열리고 매인 것이 풀렸다(행16:25, 26).

(6) 간수(看守, 교도관)가 회개하고 온 가족이 세례를 받고 예수를 믿었다(행16:7-34).

6) 데살로니카(Thessalonica, 행17:1-9)

(1) 안식일에 바울이 성경을 강론했다.

(2) 예수의 그리스도 됨을 증명하여 많은 신자를 얻었으나 시기하는 자들도 생겼다.

(3) 바울과 신라를 영접한 야손과 형제를 핍박하는 자들이 잡아갔으나 보석으로 나온 일이 있었다.

7) 베뢰아(Berea, 행17:10-15)

(1) 바울 사도가 유대인 회당에서 강론을 하였다(행17:10하).

(2) 베뢰아 인은 데살로니카 사람보다 더 신사적 이어서 간절한 마음으로 말씀을 받았다(행17:11, 12).

(3) 데살로니카 유대교 유대인이 베뢰아 까지 쫒아와서 바울을 핍박함으로 베뢰아 형제들이 바울을 아덴(Athens)으로 보내게 된다.

(4) 베뢰아의 인도자가 배편으로 바울을 아덴까지 인도한다.

8) 아덴(Athens, 행17:15-34)

(1) 당시 아덴은 세계적 도시였으나 우상이 가득하였다(행17:16).

(2) 바울은 회당에서 날마다 사람들과 진리를 변론을 하였다(행17:17).

(3) 신기성(新奇性)을 좋아하는 에피쿠로스 철학자(Epicurean)와 스토아학파 철학자(Stoic), 호기심 많은 외국인이 아레오파구스(Areopagus) 광장에서 바울과 종교적, 철학적 논쟁을 벌였다(행17:18-21).

(4) 아레오파구스 광장에서 바울의 변론 요지(행17:22-31)는
첫째, 아덴의 범신론적(凡神論的) 행태를 지적 하였다(행17:22, 23).
둘째, 하나님의 존재성과 인간과의 관계를 밝혔다(행17:24, 25).
셋째, 우상의 허구와 하나님에 관한 믿음의 확증을 밝혔다(행17:26-31).

(5) 바울의 설교에 대한 상반된 반응과 아레오파고스 관리인 디오누시오(Dionysius)와 다마리(Damaris)라 하는 여자 등이 믿게 되었다(행17:32-34).

9) 고린도(Corinth, 행18:1-17)

(1) 아굴라(Aquila)와 부리스길라(Priscilla) 부부를 만나 힘이 되었다.

(2) 안식일에는 회당에서 강론하였다.

(3) 바울이 그리스도를 전함으로 유대교 유대인의 대적(對敵) 자가 되었다.
(4) 회당 근처에 있는 디도 유스도(Titius Justus)의 집이 선교 거점이었다.
(5) 회당장 그리스보(Crispus)와 그의 온 가정과 허다한 고린도 사람이 주를 믿고 세례를 받아 교회가 세워졌다.
(6) 밤에 주께서 바울에게 환상을 보이시고 담대 하라. 이르셨다.
(7) 1년 반 고린도에 머물면서 교회를 견고하게 하였다.
(8) 유대교 유대인들이 아가야 총독 갈리오에게 바울을 송사하였고 회당장 소스데네를 잡아 때렸다(행18:12-17).

지중해 북안(北岸)에서 유럽지역을 보면 가장 동쪽에 그리스반도가 있다. 이 반도는 동쪽에 에게해, 서쪽에 아드리아 해(그리스와 이탈리아 즉 로마와 사이에)가 있다. 그리고 이 반도 북쪽이 마케도니아(Macedonia) 지방이고 그 남쪽이 아가야(Achaia) 지방이다. 마케도니아 지방에 바울의 전도로 교회가 세워졌다. 즉 빌립보 교회(Philppi), 데살로니카(Thessalonica)교회, 베뢰아(Berea)교회 등이다. 아카야 지방에는 고대 사회의 학문의 도시인 아덴(Athens)시가 있고 이 외에 고린도, 겐그리아(Cenchreae), 에피다러스(Epidaurus), 스파르타(Sparta) 등의 유명한 고대도시가 있었다.

고린도는 아덴과 같은 학문의 도시는 아니지만, 이 지역 전체가 그리스문화에 젖어있었고 그리스(헬라) 철학의 깊은 영향을 받아서 상당히 수준 높은 문화를 형성하고 있었다. 고린도와 겐그리아는 항구 도시로서 지중해 무역에 중심지였다. 따라서 경제적으로 무척 부유하였고 이런 부는 도덕적 타락으로 이어져 있었다. 또 우상숭배가 극심한 지역이었다.

고린도 사역을 마치고 그 옆 성읍인 겐그리아에서 서원하는 바가 있어서 바울이 머리를 깎고 브리스가와 아굴라 부부와 같이 선편을 이용하여 아시아 에베소로 떠난다(행18:18-20).

2차 선교 여행 중 에베소에는 잠시 들렸고 다시 오기를 약속한다. 그리고 3차 선교 여행에서 2년간 두란노서원에서 강론한다. 에베소를 떠나 바울 일행은 카이사레아(Caesarea; 행18:21, 22)에 들려서 교회 안부를 전하고 예루살렘(Jerusalem)에 들러서 선교보고를 한다(행15:1-30; 갈2:1-21). 그리고 다메섹을 거쳐 안디옥으로 간다. 이로써 2차 선교 여행이 막을 내린다.

2차 선교 여행에서 아시아 교회를 확고히 하는 추수지도가 있었고 유럽으로 건너가서 마케도니아 지방에서 빌립보 교회, 데살로니카 교회, 베뢰아교회를 일으키고 아가야 지방으로 내려가서 아덴서 철학적 변론을 하고 고린도 교회를 일으키고 겐그리아에도 영향을 미쳤던 것 같다.

4. 바울의 3차 선교 여행과 에베소와 고린도 교회

바울의 제3차 선교 여행(53 A.D.–57 A.D. 행18:23–21:26)은 역시 안디옥에서 출발하여 육로로 갈라디아지방과 브르기아 지방을 돌며 제자들의 믿음을 확고히 한다(행18:23하). 이들 지방에서 바울 일행은 다소(Tarsus)→더베(Derbe)→루스드라(Lystra)→이고니온(Iconium)→비시디아 안디옥(Antioch in Pisidia)을 거치면서 이미 세워진 교회를 견고히 하는 일을 했을 것이다. 그리고 에베소에 이르게 된다. 3차 선교 여행의 초점은 에베소교회이다.

바울의 제3차 전도여행은 지도 18을 참조하여 그 여정을 이해하기 바다.

1) 에베소(Ephesus; 행18:24–19:41)
   (1) 에베소 사람들이 예수의 이름으로 성령의 세례를 받았다(행19:1–7).
   (2) 바울이 회당에서 3개월을 가르치고, 두란노서원(the lecture hall of Tyrannus)에서 2년간 가르쳤다(행19:8–10).

에베소에서 3개월을 가르친 바울은 비방하는 무리가 생겨서 두란노 서원으로 옮긴다. 두란노에 대한 정확한 정보는 없으나 유명한 철학자나 수사학자들이 강론 하던 곳으로 보이며 어떤 유명인이 그의 이름을 따라 만든 것이든지 아니면 특별 출연으로 만든 강연장이라 보여 진다. 바울은 주로 오전 11시부터 오후 4시까지 강론했을 것으로 추론한다. 그리고 나머지 시간에는 생계를 위해 노동을 한 것으로 본다.

   (3) 바울에게 하나님이 희한한 능력을 주셔서 이적과 기사를 행함으로 주의 말씀이 흥왕하게 되었다(행19:11–20).
   (4) 데메드리오(은장색)의 아데미 사건이 있었다(행19:23–41).

바울의 3차 선교 여행 기간 중 2년 3개월을 에베소에서 보낸다. 에베소는 당시 큰 도시이고 소아시아 여러 성읍의 중심이었을 것이다. 바울이 에베소에 머물러 있었지만, 그 주변 도시로 복음이 전파되는 역사가 있었을 것이며 많은 지도자가 바울에게 와서 강론을 들었을 것으로 추측할 수 있다.

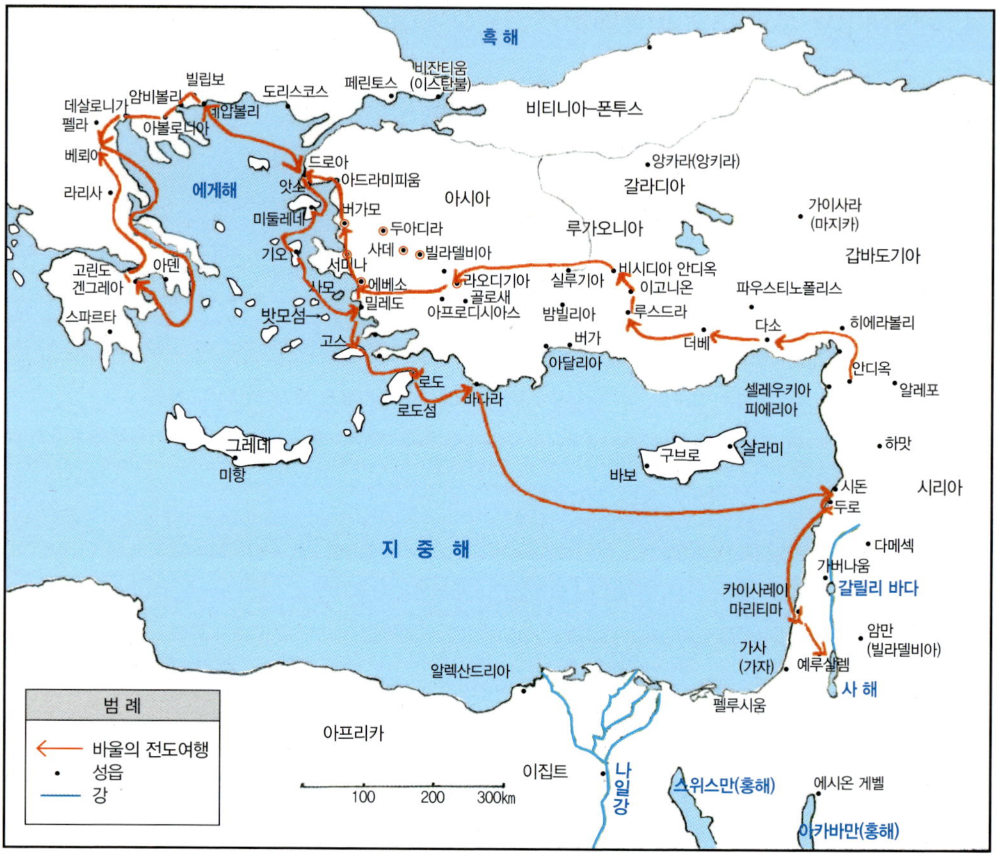

지도 18 바울의 3차 선교여행

바울은 은장색 데메드리오 사건을 계기로 에베소를 떠나 유럽 마케도니아 지방으로 이동하여 2차 선교 여행 때 1년 반을 머물며 교회의 기반을 다진 고린도 교회에서 다시 그들과 애정 어린 회우를 하게 된다.

고린도 교회의 당 짓는 일과 도덕적 해이에 대해 마음 아파한 바울은 에베소에서 고린도 전서를 써서 고린도 교회에 보낸다. 바울의 걱정은 무척 심각했던 것 같다. 그러나 그들의 회심과 바울을 사랑하는 심정을 이해한 바울은 고린도 교회 사람들과 기쁨으로 만날 수 있었다.

2) 마케도니아(Macedonia)지방의 빌립보, 데살로니카, 베뢰아 등 교회를 돌며 권면하여 교회를 굳건히 하였다(행20:1, 2상). 사도 바울이 마케도니아에 머물 때 고린도 후서를 고린도 교회에 보냈다.

3) 사도 바울은 아가야(Achaia) 지방의 아덴, 고린도 등지에서 3개월 유했다(행20:2하-3)

바울은 고린도에서 선편(船便)으로 시리아지방으로 가고자 하였으나 유대인들이 바울을 죽이려 함으로 육로를 이용해 마케도니아로 돌아가게 된다. 마케도니아 지방 네압볼리에서 고린도까지 와서 다시 돌아 나오는 길을 보면

"네압불리 → 빌립보 → 암비볼리 → 아볼로니아 → 데살로니카 → 베뢰아 → 아덴 → 고린도 → 베뢰아 → 아볼로니아 → 빌립보 → 네압볼리를 경유했다." 고린도까지 갔던 길과 돌아오는 길이 거의 일치한다.

이때 바울과 아시아까지 동행하는 사람은
베뢰아 사람 부로의 아들 소바더(Sopater),
데살로니카 사람 아리스다고(Aristarchus)와 세군도,
더베 사람 가이오(Gaius), 사랑하는 제자 디모데
아시아사람 두기고(Tychicus)와 드로비모(Trophimus) 등이다.

이들은 드로아에 먼저 가서 바울을 기다렸다. 바울은 무교절이 끝난 후 빌립보에서 배타고 5일 만에 드로아에 도착했다. 바울은 오순절까지 예루살렘에 도착하고자 길을 재촉한 것 같다. 이번 예루살렘으로 가는 길은 목숨을 내놓는 길이었다. 그러나 그를 성령이 인도하셨다.

4) 드로아(Troas, 행20:6-12)
(1) 드로아에 7일간 머무르며 강론했는데
(2) 유두고(Eutychus)가 3층에서 추락하여 죽은 것을 바울이 살렸다(행20:8-12).
바울은 드로아에서 출발하여 앗소(Assos, 행20:13, 14)에서 선편으로
미둘레네(Mitylene, 행20:14), 기오(Chios), 사모(Samos, 행20:15, 16)를 거쳐
밀레도(Miletus; 행20:17-38)에 도착해서 에베소 장로들을 초청하여 뒷일을 간절

히 부탁하고 기도하며 떠나서 고스, 로도, 바다로, 두로, 돌레마이를 거쳐 카이사레아(가이사랴)에 도착하여 제자들과 만나고 예루살렘으로 올라간다. 이로써 3차 선교 여행이 끝이 난다.

예루살렘에서 갈등과 변론

- 3차 선교여행 후에 예루살렘에서 일어난 일들 -

1. 사도 바울 예루살렘 입성과 잡힘

3차 선교여행 후에 예루살렘에서 일어난 일들(행21:18-26:32)은 바울의 잡힘과 카이사레아에 2년간 구금 그리고 로마로 호송되는 일까지로 보면 된다. 사도 바울은 죽음을 무릅쓰고 예루살렘에 입성한다.

3차 선교여행 귀환 길에 바울이 카이사레아(가이사랴)에 도착하여 빌립의 집에 머물 때 선지자 아가보가 예루살렘에 입성하면 유대인들에게 잡힐 것을 예언하였지만 바울은 죽음을 각오하고 예루살렘으로 갔다. 바울의 심정은 "죽으면 죽으리라"는 마음이며 자신의 사역 말기에 로마를 볼 생각이 간절하였을 것이다(행21:1-16).

아시아에서 예루살렘에 절기를 지키려고 온 유대인들이 바울을 고발하고 모함하였다. 고발의 이유는 "바울은 율법을 지키지 않는 다는 것과 이방인 드로비모를 성소에 데리고 들어갔다"는 것이다. 아시아에서 온 유대인들이 성전에서 바울을 보고 무리를 충동하여 바울을 잡았다. 당시 성소에는 이방인이 들어갈 수 있는 영역과 유대인의 뜰이 벽으로 갈려져 있었다. 그들의 모함으로 바울이 잡힌다. 그리고 바울은 성전 밖으로 끌려나가게 된다(행21:27-30).

2. 사도 바울 로마병영에 구금됨

예루살렘이 요란하다는 소문을 들은 천부장이 출동하여 바울을 체포하여 영내로 압송하였다. 유대인들이 바울을 죽이려고 많이 때리는 중에 천부장이 나타나서 바울을 군중들과 분리시켰다. 천부장은 이 상황을 수습하기 위하여 바울을 영내로 데리고 갔다

(행21:31-36).

이런 어수선한 가운데서도 사도 바울이 성난 백성에게 자기변호를 한다. 바울이 성난 군중에게 자기 소견을 밝혀 사실과 군중이 알고 있는 것이 다름을 변명하기 위하여 자신의 출신이 유대주의 전통에 토대하며 가말리엘 문하에서 율법을 배웠으며 예수를 핍박한 사람임을 말했다. 그리고 예수 그리스도의 부르심과 이방인의 사도로 부르심을 받았음을 설파한다(행22:1-21).

사도 바울이 공회 앞에 서게 된다. 천부장은 산헤드린 공회 앞에 나아가 진상을 규명하고자 하였다. 제사장이나 바리새인들은 율법을 지키는 것이 가장 선하게 사는 방법이라고 생각했다. 그러나 그들은 율법의 진수를 빼고 형식적으로 율법을 지키는 회칠한 무덤과 같은 백성들이었다. 그래서 그들은 참 진리를 받아들이지 못했다(행22:30).

3. 사도 바울의 산헤드린 공회 앞에서 증언

소요가 생김으로 천부장이 바울을 보호하여 영내로 이동시켰다. 공회원들 앞에서 바울이 변명하였지만, 유대인들 특히 공회원들은 바울을 죽이고자 하였다. 그러나 바울은 모인 무리가 바리새인과 사두개인으로 나누어짐을 간파하고 자신이 바리새인임을 강조하여 사두개인과 바리새인 사이에 논쟁이 벌어지게 되고 바리새인들은 죄를 발견하지 못하였다고 바울을 옹호하게 되었다.

성령이 현몽하여 바울로 담대하게 하시고 예루살렘에서 증거 하였지만, 로마에서도 증거 할 것을 이르신다(행23:1-11).

4. 사도 바울 카이사레아로 이송

바울을 죽이려는 간계가 있어서 천부장이 바울을 카이사레아에 있는 로마 총독에게 밤에 압송하였다(행23:12-30). 여기서 사도 바울은 총독 베스도에게 변론하며 로마 황제에게 재판받기를 청원한다(행25:8-12). 베스도는 유대 지도자들 앞에서 바울을 재판했다(행25:1-7). 또 사도 바울은 헤롯 아그립바와 만나서 자신을 변호하고 그리스도가 구주이심을 증언한다(행25:13-26:3). 그러나 베스도가 총독으로 있었던 그 후 2년간을 카이사레아에 구금되어 있다가 로마로 이송된다.

사도 바울은 간절한 심정으로 로마에 가기를 원했다. 이 당시 세계는 학문과 문화에서는 아가야 지방 아덴이 중심지이고 정치적으로는 로마가 중심지이었다. 자연 복음은 로마에 전파되어야 한다. 물론 바울이 로마에 가기 전에 이미 로마에 복음이 전파되어 바울이 3차 선교 여행 시 고린도에서 로마서를 쓸 때 로마에 있는 문안 자가 상당했으며(롬16:21-27), 바울이 로마에 도착했을 때 영접하는 무리가 많았음을 보면 알 수 있다(행28:15). 그뿐 아니라 이 당시 로마 행정구역 제14구에 기독교인들이 부분적이지만 살고 있었다.

여호와 하나님은 바울을 죄인의 신분으로 선교지로 파송하시고 그분의 뜻을 이루신다. 아멘

초대 로마 교회

1. 바울의 로마 여행

사도 바울의 로마(Rome) 여행(旅行)은 59 A.D. 카이사레아를 떠나므로 이루어졌다(행27:1-28:31). 하나님의 크신 섭리는 사도를 죄수로 만드시어 로마로 파송하신다. 율법주의 유대인들로부터 보호하시어 안전하게 로마로 향한다. 당시 세계의 수도 로마에는 할 일이 많이 기다리고 있었다.

카이사레아로부터 로마까지의 여정과 의미를 살펴본다.

1) 이탈리아 즉 로마를 향해 카이사레아를 떠난다(행27:1, 2).
   데살로니카 사람 아리스다고도가 바울과 동행한다.
2) 페니키아의 시돈(Sidon, 행27:3-5)을 경유 한다.
3) 루기아의 무라 성(Myra in Lycia, 행27:5-7)
   무라 성에서 이탈리아(이달이야)로 가는 알렉산드리아 호를 만나 승선한다(행27:6, 7).
4) 그레데섬의 미항(美港, Safe Harbors, 행27:8-44)
   (1) 그레데 해안을 의지하고 행선(行船)하여 미항에 도착했다(행27:8).
   (2) 행선에 날씨가 적절하지 않으리라고 예상해서 미항(美港)에서 겨울을 나기를 바울이 제안하였으나 무시당한다(행27:9-11).

(3) 백부장과 선주의 의견을 따라 그레레섬의 서쪽에 있는 뵈닉스(Phoenix)를 향해 항해를 시작했다(행27:12-12, 13).

(4) 유라굴로라 광풍을 만나 위기에 봉착한다(행27:14-38).

(5) 배는 파선하고 사람은 구원받을 것을 계시로 받는다(행27:39-44).

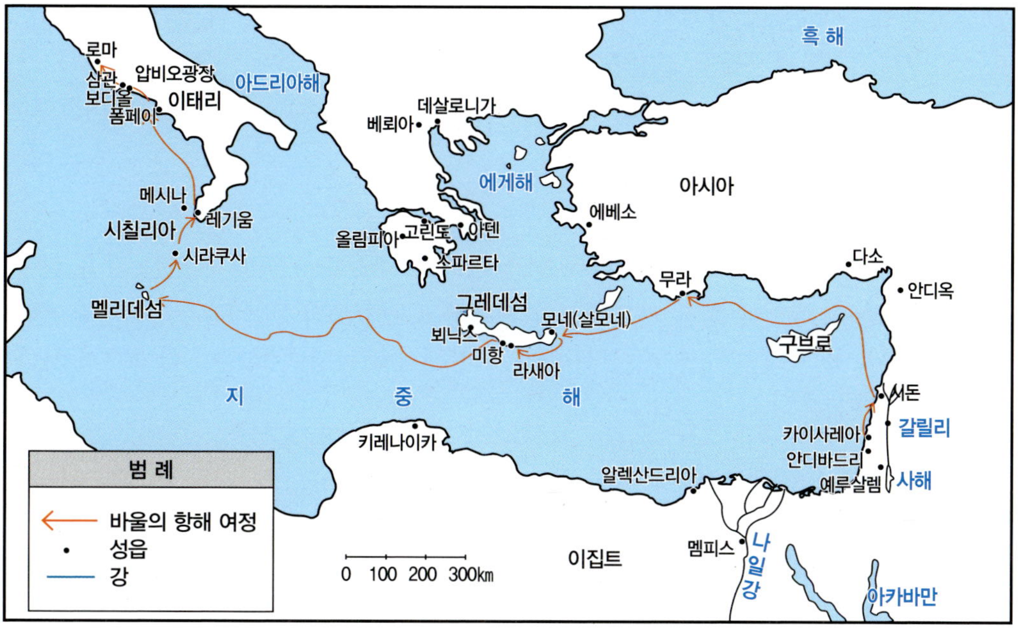

지도 19 바울의 로마여행

유라굴로라 광풍(북동풍 "northeaster," 일종의 허리케인 hurricane, NIV 성경)을 만나 배가 표류하였다. 미항에서 뵈닉스까지는 65km 정도로 그리 멀지 않은 거리이다. 그러나 이 광풍은 적어도 865km를 단번에 항해하게 하였다.

바울은 인명에 손상이 없을 것이라 예언하였다. 배는 파손되어도 인명에는 피해가 없을 것을 말하여 안심을 시킨다. 당시 항해는 나침판을 이용하는 것이 아니라 해와 별을 이용하였다. 이것을 볼 수 없음은 방향을 알 수 없다는 뜻이 된다. 단순한 일기불순이 아니라 항해에 치명적 결함을 갖게 한다. 바울은 배에 탄 사람들에게 생명에 이상이 없음을 전하여 사람들을 안심시키는 것은 하나님의 계시를 믿는 믿음의 증언이었다(행27:14-26).

5) 멜리레섬(Malta, 행28:1-11)

(1) 광풍을 견디어내고 멜리데섬에 도착하였고 섬 주민이 일행을 동정하여 영접했다(행28:1, 2)

(2) 바울이 독사에 물렸으나 이상이 없으므로 멜리데 섬사람들이 바울을 신(神)으로 여겼다(행28:3-6).

(3) 바울 사도는 이 섬에서 지위가 제일 높은 보블리오의 부친의 열병과 이질을 고치고 다른 병자들도 고친다(행28:7-10).

(4) 3개월간 이 섬에서 겨울을 나고 이 섬에서 과동(過冬)한 알렉산드리 아호를 타고 로마를 향해 떠난다(행28:11).

멜리데(Melita =말타) 섬은 시칠리 섬 남쪽으로 약 95km 떨어져 있는 작은 섬이다. 시칠리아와 멜리데 섬은 카르타고가 지배하고 있었으나 218 B.C. 제2차 포에니 전쟁 때 로마의 지배 아래 들어간 섬이다. 이곳에서 하나님의 역사가 나타나서 하나님의 살아 계심을 증거 하신다.

6) 시칠리 섬의 시라구사(Cyracuse, 행28:28:11)에 3일간 유숙하고 떠난다.

7) 이탈리아 본토의 레기움(Rhenium, 행28:28:13)에 도착해서 하루를 유숙하고 떠난다.

8) 이탈리아 본토 서해안을 따라 항해하여 폼페이를 지나 보디올(Puteoli, 행28:13-14),에 도착하여 형제들을 만나 7일간 함께 머문 다음 로마로 떠난다.

9) 로마(Rome, 행28:15-31)

(1) 로마의 믿음의 형제들이 바울의 소식을 듣고 압비오 광장(Forum of Appius)과 삼관(三館;Three Taverns)까지 마중을 나와 환영함으로 사도 바울이 담대한 마음을 갖게 되었다.

(2) 바울은 로마에 있는 유대인에게 자신에 대한 변호와 그리스도에 관한 강론을 하였다(행28:16-31). 바울 당시의 로마는 인구 100만 정도가 사는 대도시였다. 로마시가지를 흐르는 테베레 강이 있고 그 동쪽으로 로마시의 행정구역 제1구(區)에서 13구까지가 있었고 강 서쪽에 제14구가 있었다. 제14구에 유대인이 주로 거주하였었다.

초대 교회 시련기

초대 교회 시련기(64 A.D.-100 A.D.)는 로마시의 64 A.D. 대화재로부터 시작한다. 아직 체제를 갖추지 못한 기독교회는 그 사회에서 미미한 존재에 불과했지만 예수님이 십자가에서 돌아가시고 불과 30여 년이 지난 이때 벌써 기독교는 박해의 대상이 될 정도로는 성장해 있었다.

기독교의 박해는 유대교 유대인들과 세속정부 이 두 세력에게서 왔다. 박해는 오히려 기독교회를 급속히 성장시키는 계기를 만들었다. 또 알곡과 쭉정이를 갈러 내는 역할도 했다. 모든 것은 하나님의 섭리 때문에 이루어지는 것임으로 감사함으로 받아야 한다.

1. 로마 교회와 박해

바울 당시의 로마는 인구 100만 정도가 사는 대도시였다. 로마시가지를 흐르는 테베레 강 동쪽에 로마시의 행정구역 제1구(區)에서 13구까지가 있었고 강 서쪽에 제14구가 있었다. 유대인들은 오래전부터 세계 여러 곳에 흩어져 살아왔기 때문에 이때 많은 유대인이 테베레 강 서쪽 14구에 모여 살고 있었다. 이곳에 살도록 로마 황제의 허락을 받았기 때문이다.

이 제14구가 현재 로마교황청이 있는 바티칸이며 베드로의 순교한 자리에 베드로 대성당을 지었다고 한다. 예수님이 십자가상에서 돌아가신 것이 30 A.D. 라고 한다면 바울이 로마에 도착한 60 A.D. 은 십자가 사건이 있었던 후 30년이 지난 때이다. 이때 벌써 로마에 기독교 신자가 상당수 있었다. 이들은 제14구에서 유대교 유대인과 기독교 유대인이 혼거(混居)했을 것이다.

그러나 이들 사이에 갈등은 심하였다. 율법주의 유대인들이 바울을 죽이고자 하는 이유가 율법을 지켜야 구원을 얻는다는 것과 믿음으로 구원에 이른다는 교리의 차이에서 온 것이다. 예수님이 희생양으로 돌아가신 이유는 믿음으로 구원에 이르는 길을 여시기 위한 것이었다.

이런 갈등은 기독교 유대인들을 테베레 강 동쪽 제13구로 거주지를 옮기게 하였고 나중에는 제12구역까지 그 지역을 넓혔던 것 같다. 기독교 교인들은 유대교 유대인과의 갈등을 이겨야 했고 또 세속정부의 박해도 견디어야 했다.

바울이 로마를 방문했을 때는 네로 황제 치세였다. 이때 64 A.D. 7월 18일 밤에 로마

제11구에 있는 대 경기장 관람석 밑의 상가에서 불이 일어났는데 때마침 불어온 강풍을 타고 삽시간에 불이 번졌다. 로마 14개 구(區) 가운데 전소한 구가 3개 구, 반소가 7개 구였다. 유대인이 살고 있던 제14구는 안전했다.

이 화재를 네로의 방화라는 소문이 나돌고 민심이 흉흉하게 되었다. 당시 로마의 종교 상황은 다신교였기 때문에 기독인의 처지에서 보면 우상 숭배이고 하나님 외에 다른 신을 인정할 수 없었다. 로마인의 처지에서 보면 유대인들의 하나님도 그들의 신중의 하나라고 보았다. 그러나 기독교인들에게는 그들의 신을 인정할 수 없었다.

네로는 민중의 적개심을 돌릴만한 대상을 찾게 된다. 그것이 기독교인이었다. 복음이 로마에도 전파되었지만, 그 집단이 그리 크다고는 할 수 없었다. 네로에게는 딱 알맞은 대상이 된 것이다.

이 박해에 문제는 네로의 잔학성이다. 기독교인을 죽이는 방법이 경기장에서

짐승에게 잡아먹히게 하는 방법, 산사람을 밤을 밝히는 초처럼 태워 죽이는 방법, 그리고 그것을 즐기는 로마인들, 참혹한 상황이었다. 이로 인해 로마인 사이에 오히려 기독교인들을 동정하게 되었다. 그리고 네로를 의심하는 로마시민은 줄지 않았다.

이 박해로 바울과 베드로가 순교하였고 이 피는 로마교회를 반석 위에 올려놓게 한다. 지하교회가 생기고, 순교자가 생기고, 변절자가 생기고, 기독교를 변증 하는 사람들이 생긴다.

68 A.D. 네로는 원로원의 탄핵을 받고 자살하게 된다. 하나님을 대항하는 자의 말로일 것이다. 네로의 박해는 로마화재에서 연유되어서인지 그 범위가 로마에 한정되었던 것 같다. 이 당시 기독교는 정치적 이유에서 많이 박해를 받는다.

네로 자살 후 로마는 혼란기를 겪는다. 68 A.D. 갈바 황제, 69 A.D. 오토 황제와 비텔리우스 황제가 1년 사이에 흥망(興亡)하고 66 A.D. 유대전쟁의 사령관이었던 베스파시아누스(Vespasian; 69 A.D.–79 A.D.)가 황제가 되어 플라비우스 왕조(Flavius Vespasian)를 이루게 된다. 베스파시아누스의 아들 티투스(Titus, 디도; 79 A.D.–81 A.D.)는 70년 예루살렘을 훼파하고 예루살렘 성전을 불태워버린 사람이다. 그러나 그는 2년간 제위에 있다가 죽는다. 그리고 그의 동생 도미티아누스(Domitianus; 81 A.D.–96 A.D.)가 황제 위를 계승한다.

도미티아누스가 확실하지는 않지만, 정치적 이유에서 자신에게 오는 시민의 불만을 기독교인들에게 돌려 박해를 하게 된다. 이 박해는 도미티아누스 말년인 것 같다. 95 A.D. 박해가 시작되었고 이때 요한이 밧모섬에 유배되어 요한 계시록을 쓰게 된다. 박해에 대한 기록이 많지 않아서 자세히 알 수 없으나 도미티아누스 말년에 있었던 기독교

수난사라 하여야겠다.

도미티아누스는 97 A.D. 궁중에서 암살당하고 원로원은 그에게 기록말살형(記錄抹殺刑)을 선고하여 그의 치세에 있었던 모든 기록을 공적으로 삭제해 버렸다. 로마 황제에게 주어지는 중벌이다.

네로와 도미티아누스의 박해는 기독교를 위축시키지 못했다. 진리는 퍼져나가고 신도는 날로 늘고 로마의 행정제도를 본받아 교회 조직도 합리적으로 정비되어 나갔다.

2. 2세기 후의 교회에 관한 박해

주후 1세기 이후의 로마의 기독교 박해를 요약하려 한다. 그리고 313 A.D. 기독교공인을 언급하고자 한다.

전술한 바와 같이 기독교를 박해한 집단은 유대교 유대인 집단과 로마 정부일 것이다. 예수를 죽이고 사도들을 핍박한 유대인 집단들이 있었고 세속정부의 핍박은 이미 본 바와 같이 네로나 도미티아누스가 있으나 그 후에도 간헐적으로 박해가 있었다.

박해의 질을 보면 303 A.D. 디오클레티안(Diocletian, 284 A.D.−305 A.D.) 황제 때 국가적 차원에서 박해가 있었던 것은 쇠약해져 가는 로마의 마지막 안간힘이었다. 디오클레티안 황제의 박해 이전은 모두 우상숭배의 문제나 사회적 문제로 기독교를 박해한 것이다.

도미티아누스 후임인 트라야누스 황제(98 A.D.−117 A.D.) 때 이그나티오스 안디옥 교회 감독(35 A.D.−107 A.D.)과 예루살렘 감독이 순교한 일이 있다.

마르쿠스 아우렐리우스(Marcus Aurelius 161 A.D.−180 A.D.) 황제는 국가의 융숭을 비는 로마 신전에 기독교인들이 참석하지 않는 데서 생긴 박해이다. 이 당시 로마의 기독교인은 로마 제14구, 테베레 강 동쪽 로마시의 남쪽에 있는 제12구와 제13구 즉 중심가에서 떨어진 외곽에 살고 있었다.

셉티미우스 세베루스(193 A.D.−211 A.D.) 황제는 그의 집정 후반인 202 A.D. 에 자신의 권위를 세우기 위해서 기독교를 박해했다.

갈레리에누스(253 A.D.−268 A.D.) 황제 때 253년, 257년, 258년에 박해가 있었다는 기록이 있다. 그리고 260년부터 303년까지는 조용했던 모양이다.

디오클레티안(Diocletian; 284 A.D.−305 A.D.) 황제는 303 A.D. 2월 24일 황제칙령에서 국가재건에 관한 것과 기독교 박해에 관한 것이 나타난다. 지금까지의 박해와 다른 점은 전 국가에 선포된 칙령으로 로마의 역량이 미치는 곳에서는 통했다. 그뿐 아니라 철저히 기독교 파괴를 기도한 것으로 보인다. 로마 제국의 동방에서는 303 A.D.와 304 A.D. 이 박해가 극심했고 기독교인의 반발도 극심했던 것 같다. 대 박해이었다. 그가 305 A.D. 퇴위한 후에도 박해의 여파는 309 A.D. 까지 계속되었던 것 같다.

3. 로마의 기독교 공인

예수님이 십자가에 돌아가시고 300년이 안 된 때 지금까지 박해의 대상이었던 기독교를 로마가 공인하게 된다.

1) 밀라노 칙령

당시 로마제국은 동방의 황제가 있었고 서방에도 황제가 있었다. 그리고 정제(正帝) 밑에 부제(副帝)가 한 사람씩 있어서 4두 정치를 하는 때이었다. 313 A.D. 서방의 황제가 된 콘스탄티누스(Constantinus; 306 A.D.–337 A.D.)는 로마의 동방 황제인 리키니우스(Licinius, 308 A.D.–324 A.D.)를 313 A.D. 밀라노(Milan; Mediolanum)에서 만나 기독교를 종교로 인정하는 일종의 공동선언을 발표하게 된다. 이를 밀라노칙령이라 한다.

그뿐 아니라 콘스탄티누스는 황제의 막대한 재산 전체를 기독교에 기증한다. 이는 기독교회 진흥에 크게 이바지하게 된다.

디오클레티안 황제(Diocletian; 284 A.D.–305 A.D.) 박해 시 몰수당한 교회재산을 교회에 돌려주는 조치도 취한다.

2) 니케아 공회의

니케아(Nicaea) 공회의는 325 A.D. 소아시아 서쪽 끝에 있는 니케아에서 콘스탄티누스 황제가 소집한 일종의 교회 감독자들의 회의였다. 에게해와 흑해를 연결하는 마르마라해(Marmara Sea) 아시아 쪽에서 북쪽 흑해에 가까이 위치한 니케아에 모인 종교지도자의 논쟁은 하나님과 예수가 동위(同位)라는 주장과 예수는 하나님은 아니시지만, 인간과는 다른 그 중간의 위(位)라고 하는 상반된 주장들이 있어서 교리가 양분되었다.

후자를 주장한 이집트 알렉산드리아의 사제인 아리우스(Arius)를 그의 상위자이고 성경의 원리에 의해 하나님과 예수님이 동위(同位)임을 주장하는 아타나시우스(Athanasius)가 아리우스를 파문하여 추방한다. 그러나 이 논쟁이 점차 확산함으로 혼란이 일어나고 있음을 해결하기 위하여 콘스탄티누스 황제가 회의를 소집하게 되었고 이 회의에서 하나님과 예수님이 동위(同位)임을 정통교리로 채택하게 된다. 역사상 처음 있는 국제회의였고 황제가 소집한 회의였다.

에필로그

성경을 읽는 일은 생활의 필수요소일 것이다. 그러나 얼마나 효율적으로 또 성경이 지닌 진리에 가까이 다가가는 가는 해결해야 할 문제이다. 성경의 맥락이나 그 배경 그리고 역사전계에서 일어난 하나님의 섭리를 이해하지 못하고 읽는다면 소득이 적을 것이다.

이 책이 추구하는 바는 성경독자에게 이런 길을 안내하는데 목적이 있었다. 소설이나 수필이 아니어서 내용전계를 이해하는데 어려움도 있을 것이고 사전적 내용이 나열되기도 하였다. 이점 필자로서 좀 더 쉽게 독자에게 다가가는 방법을 강구하지 못하였음을 인정한다. 그러나 성경의 바른 이해는 성서 문학의 장르가 전계되는 배경과 역사적 지정학적 독특성을 이해하여야 한다고 보았다.

이런 특성을 이해한 위에 하나님의 섭리를 이해하고 역사의 주관자이신 하나님이 역사를 어떻게 섭리하시고, 인간에게 행복을 주시기 위한 경윤을 어떻게 펴 나아가시는가를 이해 할 때 성경은 독자에게 쉽게 다가간다.

먼저 성경의 전체 윤곽을 이해할 필요가 있어서 성경 개관을 다루었다. 성경의 의미, 전체로 성경을 구분하여 봄으로 성경이 전체 성경에서 갖는 특성을 보았고 성경 역사에 크게 기여한 인물들도 살펴보았다. 이는 성경의 윤곽을 이해하기 위한 것이다. 성경을 읽으면서 필요할 때 찾아보면 좋을 것 같다.

구약시대 성전은 사람과 하나님이 만나는 곳이고, 여기서 속죄함을 받는 곳이고, 성전 중심으로 역사가 전개되었다는 점에서 큰 의미를 갖게 된다. 구약시대는 성전을 중심으로 하나님은 구속역사를 전계하셨고 이스라엘 백성의 삶 자체가 성막과 성전 중심으로 이루 졌다고 볼 수 있다. 성막과 성전은 절기, 제사와 농경, 목축이 모두 연계되었기 때문에 성막과 성전은 성경을 이해하는데 꼭 이해두어야 한다.

신약시대의 성전은 예수님 자신이시고 더 나아가 우리 모두가 성전이 되는 축복을 누리게 되었다. 눈에 보이는 성전은 사라졌지만 모든 사람의 심령에 이루어진 성전은 예수 그리스도로부터 우리에게 주신 은혜일 것이다.

가나안이라고 하는 지리적 공간은 아브라함으로부터 신약시대 초대교회를 형성하는 적어도 2천년이상 성경의 역사가 전계된 땅이다. 그 땅에서 살았던 사람들에 의해 이루어진 성서문학은 그 땅에 살고 있는 사람에게 하나님이 섭리를 펴나가신 과정에서 이루어진 것이다. 그 땅은 우리가 모르는 땅이고 그 사람들도 잘 모른다. 성서의 진수를 이해하려면 그 땅, 그리고 그곳의 농업, 목축업, 기후조건, 지형 등을 이해해야 한다. 왜 성경에서는 무화과와 포도나무가 많이 등장 하는가? 사해는 왜 생겼을까? 요단계곡은 무엇일까? 등, 그러면 예수님이 다니신 길과 비유로 드신 내용을 이해하게 된다.

이스라엘은 그들의 농업과 밀접히 연계된 절기 지킴을 하게 된다. 초실절, 오순절, 나팔절, 초막절 등 모든 절기는 농업과 관계된다. 이 절기들은 제사와 관련이 있다. 레위기 23장은 절기장이다. 레위기 1장에서 7장까지는 제사에 관한 규례를 다룬다. 절기에 관한 용어도 다양하고 제사에 관한 용어도 다양하다. 성경 독자로서는 혼란스러울 것이다. 또 제사를 분명히 이해하지 못하면 성경의 맥락을 이해하기 어렵게 된다. 그래서 절기와 제사에 대한 분명한 개념을 제시하려 노력하였다.

연극에서 무대가 있고, 배우가 있고, 시나리오가 있을 것이다. 성경에서는 가나안을 위시한 주변 지역이 무대가 된다. 배우는 아브라함으로부터 신약 초대교회 사도며 그 많은 사역자들이라 할 수 있다. 시나리오는 하나님의 섭리이다. 역사의 주관자이시고 역사를 운영하시는 분이 하나님이시다. 하나님의 뜻대로 우주는 운행되고 인간은 생사화복 간에 하나님의 뜻에 따라 그 삶을 이어나가게 된다.

나는 이스라엘의 역사를 이 책에서 많이 다루었다. 족장시대부터 초대교회에 이르는 동안 하나님이 사람을 통해 어떤 섭리를 펴나가셨는가가 중요한 과제였다. 나타난 현상의 문제가 아니고 눈에 보이지 않는 하나님의 뜻이 어떻게 이루어져 가느냐를 아는 것이다.

신약의 역사는 아브라함으로부터 면면이 이어져온 역사의 연속선상에서 이해해야한다. 한사람이 기억상실증이 생겼다고 가정하자 그는 우선 자기 자신이 누구인가를 알

수 없다. 따라서 정체성이 없어질 것이다. 자신이 누구인지 모른다면 그는 내일에 대한 비전을 가질 수 없을 것이다. 정신이 황폐화 될 것이다. 구약은 신약과 관계가 없는 것이 아니라 아주 밀접한 관계를 가지고 있다. 구약은 면면히 예수 그리스도에 대한 그림자로 하나님의 크신 구속사적 비전을 보여주고 있다. 신약의 기록자들은 구약성서를 많이 인용하고 있는데 이는 같은 맥락에서 이해하면 된다.

신약시대는 예수님의 공생애와 돌아가심과 부활 그리고 승천, 다시 오시겠다는 약속 등을 중심한 초대교회 형성 이전의 역사와 예수님 승천하신 후의 오순절 성령강림과 초대교회가 탄생하는 그 후기로 나눌 수 있다.

예수님이 가르치신 진리와 생명역사를 초대교회에서 전 세계로 확산하는 과정에서 사도와 교사와 선교사들이 순교를 즐거움으로 받아드리며 복음을 전파한다. 빌립, 베드로, 요한, 바나바, 바울 등 헤아릴 수 없는 많은 제자들은 확신을 갖고 복음을 전파하였다. 진정 이들은 무슨 확신이 있었을까? 오순절 이전과 이후에 제자들에게는 무슨 변화가 있는 것일까? 감람산에서 도망가고 잡혀가는 선생 예수님을 딸아 갈 수 없었던 겁쟁이 제자들이 그 후 어떻게 순교자가 될 수 있었을까?

성경은 우리에게 그 해답을 준다. 제자들은 예수님의 가르침을 받았으니 생명의 진리를 경험하고 알았다고 보아야한다. 그러나 그것은 지식일 것이다. 지적으로 안다는 것과 행위는 일치 할 수 없다. 베드로는 헤르몬산 자락에서 신앙고백도하였다. 진리를 깨달았다고 할 수 있을 것이다. 그러나 그는 아직 비겁자에서 벗어날 수 없었다. 그래도 일말의 양심은 있어서 잡혀가는 예수님을 멀리서 따라가 대제사장 집 뜰에 앉아 있게 된다.

이들이 완전히 바뀐 것은 오순절 성령의 역사로 이루어진다. 변화이다. 진리를 알고, 깨닫고, 더나가서 하나님의 은혜로 변화를 입을 때 비로써 성령이 인도하시는 믿음의 사람이 된다. 두려움도 없고, 세상에 거리낄 것이 없어진다. 자유인이 된다. 그리고 생사를 초탈하게 되고, 삶의 조건에 얽매어 흔들리지 않는다. 순교도 할 수 있는 생명의 삶을 살게 된다.

성경이 이르는 진리는 무엇일까? 예수님은 "내가 길이요, 진리요 생명이니 나로 말미암지 않고는 아버지께로 올 자가 없느니라."(요14:6)고 하셨다. 예수님 자신이 진리이다. 곧 생명이다. 예수님은 유대인들에게 "자신의 말이 진리"이고 "진리를 알지니 진리가 너희를 자유롭게 하리라."(요8:31, 32) 가르치신다. 곧 진리는 생명을 의미하며 그 안에 자유가 있음을 가르치신다.

예수님이 가르치시는 진리는 "믿음"이다. 오순절의 역사는 불신앙의 사람이 믿음의 사람으로 변화되는 생명역사이었다. 세상의 지배를 받던 종속변인에서 내가 세상을 지배하는 독립변인으로 변한 것이다. 하나님은 우리를 세상을 지배하는 역사의 주체로 세워주신 것이다. 이런 사람이 하나님의 섭리를 이루어가게 된다. 하박국 선지자는 "의인은 그 믿음으로 말미암아 살리라"(합2:4하) 라 하였다.

예수님의 말씀이 진리이고 믿음으로 의에 이른다는 것 역시 진리이다. 이런 유는 우리가 지식으로도 알 수 있는 일이다. 예수님은 "내 말을 듣고 깨달으라." 고 하셨다. 마씀을 안다는 것과 그 메시지를 깨닫는 것 모두가 요구된다. 깨달음은 매우 중요하다. 내가 죄인인 것과 예수 그리스도의 피 값으로 만 죄 사함을 받을 수 있다는 확신이 요구된다. 그래서 베드로처럼 신앙고백을 할 수 있게 된다. 신앙고백으로 구원에 이른 것이라 할 수 없다. 참된 구원은 "변화"에서 이루어진다.

예수님의 제자들이 변화를 입은 것은 예수님의 명령(눅24:29)으로 예루살렘을 떠나지 않고 모여서 합심하여 기도할 때 성령이 임하신 일이다. 오순절 성령역사는 예수 그리스도 사역의 결실이다. 이때 제자들이 변화를 입게 되고 믿음에 서게 된다. 성령이 임하는 모습은 급하고 강한 바람 같이, 불의 혀 같이 임하시었다.

성령을 받은 제자들은 모든 나라의 방언으로 말하게 되므로 여러 나라에서 예루살렘을 방문한 순례자들에게 그들이 사는 지방의 방언으로 설교하게 되어 모두 놀랐다(행2:1-13).

이때 비로써 문도들이 믿음에 서게 된다. 그들에게 두려움도, 죽음도 넘어서게 되고 세상의 권력이 지배 할 수 없는 초월자들이 된다. 이때 제자들에게는 말할 수 없는 힘이 발현된다. 세계 어느 곳이나 갈 수 있으며 순교가 두렵지 않게 된다. 변화는 새 생명을 가졌음을 의미하며 이 생명은 영적이며 하나님이 선물로 주신 것이다. 이들에게 새 하늘과 새 땅이 열리며 옛것은 모두 사라져 갔다.

변화는 곧 부활을 의미한다. 죽은 것이 살아나는 것이 부활이 아닌가? 오순절 성령의 강림은 부활의 역사이고 이 때 초실절에 부활하신 예수님을 따라서 제자들이 영적 부활을 한 역사이며 이 부활의 기적이 곧 초대교회의 시작이 된다. 우리가 성경을 읽고 간절히 하나님의 은혜를 구하는 것은 이 부활의 은혜를 받기 위해서 이다.

변화는 새 생명으로의 나타난다. 새 생명을 주신 이유는 새 생명 가운데 살게 하시기 위한 것이다. 로마서 6장 4절에 "우리가 그의 죽으심과 합하여 세례를 받음으로 그와 함께 장사되었나니 이는 아버지의 영광으로 말미암아 그리스도를 죽은 자 가운데서 살리심과 같이 우리로 또한 새 생명 가운데서 행하게 하려 함이라." 하였다. 옛 사람은 죽고 그리스도와 연합하여 새 생명으로 태어나는 놀라운 축복이 우리에게 임한 것이다.

새 생명은 사랑으로 역사하는 믿음이다(갈5:6). 믿음이 내면세계에서 이루어진 변화라면 사랑은 변화가 밖으로 나타난 것이라 해야겠다. 행위의 변화라 할 수 있다. 새 생명 가운데 행하는 사람은 사랑으로 실현 한다. 성화의 과정은 믿음에서 사랑으로 이루어진다. 오늘교회가 개교회도 강조하고 예배도 강조하고 헌신도 강조하지만 진정한 새 생명의 행함은 무엇일까? 그 행함이 교회 안에 머물러 있다면 주님은 기뻐하실까? 새 생명을 가진 성도는 세상으로 나아가야 할 것이다. 학교에서, 직장에서, 사회에서, 공원에서, 길거리에서, 지하철에서, 버스에서, 이웃에 대해 새 생명의 삶을 살아야 할 것이다.

우리는 가족의 눈에 어떻게 비추어질까? 나와 이웃한 사람들의 눈에 어떻게 보일까? 직장동료에게는 어찌 인식되어 있을까? 그들이 우리를 살아 있다고 느낄까?

새 생명을 받은 사람은 이 사회를 변화시킬 원동력을 가진 사람이다. 그가 가는 곳마다 변화를 일으킨다. 그 가족에게서, 그의 직장에서, 학교에서, 이웃에게, 그가 있는 곳 어디서라도 변화를 일으키고 기적을 일으키게 된다. 하나님이 우리에게 원하시는 것은 하나님을 위해서가 아니라 바로 우리 자신이 빛나게 살므로 그 속에 행복이 있고 그로써 진정 하나님의 자녀임을 나타내는 사람, 하나님께 영광을 올려드리는 사람일 것이다.

바울 사도는 아테네에서 하나님은 사람의 손으로 지은 전에 계시지 않으며 또 무슨 부족한 것이 있어서 사람의 손으로 섬김을 받으시는 분이 아니라 만민에게 생명과 호흡과 만물을 친히 주시는 분임을 갈파한다(행17:24, 25). 진리는 우리에게 행복과 평안을 주시고 우리로 빛나는 삶을 살게 하시는 것이다. 우리의 빛나는 삶이 하나님께 무한한 영광으로 올려드릴 것이다.

성경의 연대기

2166 B.C.	· 아브라함이 출생하다.
2066 B.C.	· 이삭이 출생하다.
2006 B.C.	· 야곱이 출생하다.
1915 B.C.	· 요셉이 출생하다.
1898 B.C.	· 요셉 이집트로 팔려가다.
1885 B.C.	· 요셉이 이집트 총리가 되다.
1876 B.C.	· 야곱이 이집트로 이주하다.
1859 B.C.	· 야곱이 이집트에서 147세에 죽다.
1805 B.C.	· 요셉이 이집트에서 110세에 죽다.
1526 B.C.	· 모세가 이집트에서 출생하다.
1446 B.C.	· 이집트에서 이스라엘 백성이 나오다. 야곱의 이집트이주 430년 후이다.
1445 B.C.	· 모세 시내 산에서 십계명을 받다. 광야에서 성막을 봉헌하고 인구 조사하다.
1406 B.C.	· 이스라엘 백성이 가나안땅에 들어가다. 출애굽으로부터 40년 후이다. · 모세가 모압 땅 느보 산에서 120세에 죽다.

1390 B.C.	· 여호수아 가나안에서 110세에 죽다.
1375 B.C.	· 사사제도(師士 制度)가 시작되다. · 1375 B.C.–1050 B.C. 사이가 사사 시대이다.
1367 B.C. – 1327 B.C.	· 옷니엘이 1대 사사로 치리(治理)하다.
1309 B.C. – 1229 B.C.	· 에훗이 사사로 치리(治理)하다.
1209 B.C. – 1169 B.C.	· 드보라가 사사로 치리(治理)하다.
1162 B.C. – 1122 B.C.	· 기드온이 사사로 치리(治理)하다.
1075 B.C. – 1055 B.C.	· 삼손이 사사로 지내다.
1075 B.C.	· 엘리 대제사장 말기 블레셋과의 전쟁에서 법궤를 빼앗기다. · 사무엘 사사가 되다.
1050 B.C.	· 왕정(王政)이 시작되다. 사울이 이스라엘 초대 왕이 되다.
1010 B.C.	· 사울 왕과 세 아들이 블레셋과 길보아 전투에서 죽다. · 다윗이 유다의 왕이 되다.
1005 B.C.	· 사울의 4자 이스보셋이 길르앗 마하나임에서 왕이 되다.
1003 B.C.	· 다윗이 유다, 이스라엘 열두 지파의 통일왕국 왕이 되다.
970 B.C.	· 솔로몬이 이스라엘 통일왕국의 왕이 되다.
966 B.C. – 959 B.C.	· 솔로몬 성전 건축 시작하여 959 B.C.에 완공하였다.
930 B.C.	· 르호보암이 분열 후 남조(南朝) 유다 초대 왕(930 B.C.–913 B.C.)이 되다. (왕상 11:43–14:31; 대하 9:31–12:16) · 여로보암이 분열 후 북조(北朝) 이스라엘 초대 왕(930 B.C.–909 B.C.)이 되다. (왕상11:26–14:20; 대하10:12–13:20)
913 B.C.	· 아비얌 유다 2대 왕(913 B.C.–910 B.C.)이 되다. (왕상14:31–15:8; 대하13:1–14:1)
911 B.C.	· 아사 유다 3대 왕(911 B.C.–869 B.C.)이 되다. (왕상15:8–24; 대하 14:1–16:14)

909 B.C.	· 나답 이스라엘 2대 왕(909 B.C.–908 B.C.)이 되다. (왕상14:20; 15:25–28)
908 B.C.	· 바아사가 이스라엘 3대 왕(908 B.C.–886 B.C.)이 되다. (왕상15:27–16:7;대하 16:1–6)
886 B.C.	· 엘라 이스라엘 4대 왕(886 B.C.–885 B.C.)이 되다. (왕상 16:6–14)
885 B.C.	· 시므리가 엘라왕을 죽이고 7일간 왕 노릇 하다. (왕상16:9–20) · 오므리 이스라엘 5대 왕(885 B.C.–874 B.C.)이 되다. (왕상16:16–28)
874 B.C.	· 아합이 이스라엘 6대 왕(874 B.C.–853 B.C.)이 되다. (왕상16:29)
872 B.C.	· 여호사밧 유다 4대 왕(872 B.C.–853 B.C.)이 되다. (대하20:31–34)
853 B.C.	· 아하시아 이스라엘 7대 왕(853 B.C.–852 B.C.)이 되다. (왕상22:40–왕하1:18;대하20:35–37). · 여호람이 유다 5대 왕(853 B.C.–841 B.C.)이 되다.
852 B.C.	· 여호람이 이스라엘 8대 왕(852 B.C.–841 B.C.)이 되어 12년 간 치세하다.
841 B.C.	· 아하시아가 유다 6대 왕(841 B.C.)이 되다. · 아하시아의 어머니 아달랴가 왕의 자손을 다 죽이고 · 유다 7대 왕(841 B.C.–835 B.C.)이 되다. · 예후 이스라엘 9대 왕(841 B.C.–814 B.C.)이 되다.
835 B.C.	· 요아스가 유다 8대 왕(835 B.C.–796 B.C.)이 되다.
814 B.C.	· 여호아하스 이스라엘 10대 왕(814 B.C.–798 B.C.)이 되다.
798 B.C.	· 요아스 이스라엘 11대 왕(798 B.C.–782 B.C.)이 되다.
796 B.C.	· 아마샤가 유다 9대 왕(796 B.C.–767 B.C.)이 되다.

793 B.C.	· 이스라엘 12대 왕 여로보암 2세(793 B.C.-753 B.C.)가 통치하다.
792 B.C.	· 웃시아(아사랴)가 유다 10대 왕(792 B.C.-740 B.C.)이 되다.
771 B.C. - 754 B.C.	· 요나의 활동 시기로 이스라엘 여로보암 2세 치세 시기이다.
760 B.C. - 753 B.C.	· 아모스 선지자 활동 시기이다.
753 B.C.	· 이스라엘 13대 왕 스가랴(753 B.C.-752 B.C.)가 통치하다.
752 B.C.	· 이스라엘 14대 왕 살룸(752 B.C.)이 등극하다. · 이스라엘 15대 왕 므나헴(752 B.C.-742 B.C.)이 통치하다.
750 B.C.	· 요담이 유다 11대 왕(750 B.C.-732 B.C.)이 되다.
742 B.C.	· 이스라엘 16대 왕 브가히야(742 B.C.-740 B.C.)가 통치하다.
740 B.C.	· 이스라엘 17대 왕 베가(740 B.C.-732 B.C.)가 통치하다.
- 680 B.C.	· 이사야 선지자가 예언 활동을 한 기간이다.
735 B.C.	· 유다 12대 왕 아하스(735 B.C.-715 B.C.)가 통치하다.
732 B.C.	· 이스라엘 18대 왕 호세아(732 B.C.-722 B.C.)가 통치하다.
728 B.C. - 697 B.C.	· 미가 선지자 활동한 기간이다.
722 B.C.	· 아시리아에 의해 북조 이스라엘이 멸망하였다.
715 B.C.	· 유다 13대 왕 히스기야(715 B.C.-686 B.C.)가 통치하다.
696 B.C.	· 유다 14대 왕 므낫세(696 B.C.-642 B.C.)가 통치하다.
663 B.C. - 609 B.C.	· 나훔 선지자 활동시기이다. 유다 왕 요시야 때이다.
642 B.C.	· 유다 15대 왕 아몬(642 B.C.-640 B.C.)이 통치하다.
640 B.C.	· 유다 16대 왕 요시아(640 B.C.-609 B.C.)가 통치하다.
- 621 B.C.	· 스바냐 선지자의 활동시기이다.

627 B.C. – 586 B.C.	· 예레미야의 예언 활동은 유다 멸망 후에도 계속되었다.
612 B.C. – 588 B.C.	· 하박국 선지자 활동시기이다.
609 B.C.	· 유다 17대 왕 여호아하스(609 B.C.)가 3개월간 통치하다. · 유다 18대 왕 여호야김(609 B.C.–598 B.C.)이 통치하다.
605 B.C.	· 바빌로니아 1차 침략과 1차 포수 되어가다. 다니엘 포수 되어가다.
597 B.C.	· 유다 19대 왕 여호야긴(597 B.C.)이 통치하다. · 바빌로니아 2차 침략과 2차 포수 되어가다. · 유다 20대 왕 시드기야(597 B.C.–586 B.C.)가 통치하다. 유다의 마지막 왕이다.
593 B.C.	· 에스겔이 사역을 시작하다. · 에스겔의 사역 기간(593 B.C.–570 B.C.)은 23년간이다.
588 B.C.	· 바빌로니아 3차 침략, 예루살렘 포위(18개월간)되다.
586 B.C.	· 바빌로니아에 의한 남조 유다왕국의 멸망(예루살렘 함락)과 3차 포수 되어가다. · 5월 7일 예루살렘의 솔로몬 성전이 바빌로니아에 의해 불타다. · 유다 총독에 그달랴가 임명되다.
585 B.C.	· 그달랴 피살 후 요하난이 이어 받다.
539 B.C.	· 바빌로니아 왕국이 페르시아(바사)에 의해 멸망하다.
538 B.C. – 515 B.C.	· 페르시아가 유다 포로를 제1차 예루살렘으로 귀환시키다.
536 B.C.	· 제2 성전(스룹바벨 성전) 건축을 시작하다.
530 B.C.	· 제2 성전(스룹바벨 성전) 건축이 중단되다.
520 B.C.	· 학개와 스가랴 선지자가 되다. 성전 재건을 촉구하다. · 제2 성전(스룹바벨 성전) 건축을 재개하다.

516 B.C.	· 제2 성전(스룹바벨 성전) 건축이 끝나다.
483 B.C. – 473 B.C.	· 에스더가 페르시아 아하수에로 왕(키루스 1세)의 왕비로 재위하다.
458 B.C.	· 에스라 예루살렘으로 귀환하다.
457 B.C.	· 제2차 포로가 귀환하다.
445 B.C.	· 느헤미야 예루살렘으로 귀환하다.
444 B.C. – 425 B.C.	· 제3차 포로 귀환하다.
430 B.C.	· 말라기 선지자가 되다.
320 B.C. – 198 B.C.	· 유다가 이집트에 근거를 둔 프톨레마이오스왕조의 지배를 받다.
198 B.C. – 142 B.C.	· 유다가 시리아에 근거를 둔 셀레우코스왕조의 지배를 받다.
166 B.C. – 142 B.C.	· 셀레우코스왕조 안티오쿠스 IV에 대항하는 마카비 항전이 있었다.
142 B.C. – 63 B.C.	· 유다 독립왕국 하스몬 왕조가 이스라엘을 통치했다.
63 B.C.	· 유다가 로마에 예속된다.
37 B.C. – 4 B.C.	· 헤롯대왕(헤롯은 로마가 세운 왕이다.)의 치세이다. · 헤롯이 스룹바벨의 성전을 완전히 개조하는 헤롯 성전을 건축한다(20 B.C.–)
8 B.C.	· 세례 요한 출생 예고(눅1:5–25)
7 B.C.	· 예수 출생 예고(눅1:26–38)
6 B.C.	· 혹은 4년에 예수 탄생하시다. · 예수님 탄생 연도는 기원전 4 B.C. 설과 6년 설이 있고 자료마다 다르게 진술한다. · 헤롯 대왕의 죽음이 4 B.C.인 것으로 미루어보아 그 이전일 것이다.

4 B.C. –	39 A.D.	· 헤롯 안티파스(Antipas; 안디바) 갈릴리와 베레아 지방의 왕
–	6 A.D.	· 헤롯 아켈라오 유대와 사마리아 지방의 왕으로 10년간 다스렸다.
6 A.D.		· 예수 예루살렘 성전 방문(눅2:41–52)하시다.
18 A.D. –	36 A.D.	· 대제사장에 가야바(Caiaphas)
26 A.D. –	36 A.D.	· 로마의 유대 총독 폰티우스 필라테(Pontius Pilate; 빌라도)의 통치
27 A.D.		· 세례 요한의 사역(마3:10–12; 막1:1–8; 눅3:1–18; 요1:19–28)
28 A.D.		· 예수의 첫 네 제자 갈릴리해변에서 부르셨다(마4:18–22; 눅5:1–11). 베드로와 그 형제 안드레, 야고보와 그 형제 요한이다. · 예루살렘을 중심으로 사역하셨다(마4:12; 막1:14; 눅3:19–20; 요2:13–4:3). · 사마리아에서 사역하셨다(요4:4–42).
29 A.D.		· 예수님 제1차 갈릴리 사역(마4:12–8:4, 8:14–9:17, 12:1–21; 막1:15–3:19; 눅4:14–6:49;요4:43–5:47) · 예수님 제2차 갈릴리 사역(마8:5–13, 11:1–15:20; 막7:1–35, 3:20–7:23; 눅4:16–30, 눅7:36–9:17, 11:14–32; 요6:1–71) · 예수님 갈릴리 지역 밖의 사역(마15:21–39; 막7:24–8:10) · 예수님 열두 제자를 세우셨다(마10:2–4; 막3:13–19; 눅6:12–16). · 산상설교(마5:1–8:1), 평지설교(눅6:17–49)를 하셨다. · 세례 요한 갈릴리 왕 안티파스에게 체포되어 순교하였다.
30 A.D.		· 열두 제자를 파송하셨다(마10:1–15; 막6:6–13; 눅9:1–6). · 제3차 갈릴리 사역(마16:1–18:35; 막8:11–9:50; 눅9:18–50; 요7:1–9)

	· 예루살렘을 향해 가심(마18:18-22, 19:1-20:34, 23:37-39, 26:6-13; 막10:1-52, 14:3-9; 눅9:51-19:27; 요7:10-12:11) · 예루살렘 사역(마21:1-25:46; 막11:1-13:37; 눅19:28-21:38; 요12:12-50) · 예수의 죽음과 부활과 승천(마26:1-28:20; 막14:1-16:18; 눅22:1-24:49;요13:1-21:25) · 성령강림(30 A.D., 행2:1-4)으로 초대교회가 탄생된다.
34 A.D.	· 빌립의 전도사역(행8:5-13)
35 A.D.	· 사울의 회심(행9:1-19), 스데반 순교(행4:37)
37 A.D.	· 베드로와 요한 사마리아 방문(행8:14-25)
38 A.D.	· 사울(바울)의 첫 번째 예루살렘 방문
42 A.D.	· 세베대의 아들 사도 대(大) 야고보의 순교, 제자 중 최초의 순교자(마4:21; 17:1; 26:37; 눅8:51; 행12:1, 2)이다.
46 A.D.	· 클라우디우스(글라우디오) 시대의 기근, 바울의 두 번째 예루살렘 방문
47 A.D. – 49 A.D.	· 바울과 바나바의 제1차 전도여행(행13:1-14:28)
49 A.D.	· 예루살렘 종교회의, 바울의 세 번째 예루살렘 방문
49 A.D. – 52 A.D.	· 바울의 제2차 전도여행(행15:36-18:22)
53 A.D. – 57 A.D.	· 바울의 제3차 전도여행(행18:23-21:36)
58 A.D.	· 바울이 예루살렘에서 체포되어 카이사레아에 구금된다(행21:27-36).
60 A.D. – 62 A.D.	· 바울 로마 감옥에 구금됨(행28:16-31), 바울 석방됨(62 A.D.-64 A.D.)
62 A.D.	· 예수님의 형제 야고보의 순교
64 A.D. – 64 A.D.	· 로마 대화재와 네로의 기독교 박해

67 A.D.	· 바울의 순교
68 A.D.	· 베드로의 순교
69 A.D.	· 로마 장군 베스파니우스의 예루살렘 침공
70 A.D.	· 로마 장군 티투스 침공으로 예루살렘 성 훼파되고 성전이 불타 버린다. · 유대전쟁은 63 A.D.-73 A.D. 사이에 있었다.
81 A.D.	· 로마 도미티아누스 황제(81 A.D.-96 A.D.)의 기독교 박해
95 A.D.	· 이후 사도 요한 밧모 섬에 유배되어 계시록을 기록함
100 A.D.	· 사도 요한 에베소에서 죽음. · 로마 트라야누스 황제 기독교 박해

김정권(2016). 통독성경: 맛있는 1189, 행복한 298. CD. 성경별 서두 연대 참조.
CLASB(2004): *Chronological Life Application Study Bible*: New Living Translation 2nd Ed. Carol Stream, Ill: Tyndale House Pub. Inc. pp. 1254-1255의 자료를 기반으로 하였고
Brisco, Thomas V.(1998). *A Complete Guide to the Expansive Geography of Biblical History.* Nashville, Te. pp. 207, 210

진리를 알지니

진리가 너희를 자유롭게 하리라.

(요한복음 8:32)

καὶ γνώσεσθε τὴν ἀλήθειαν,

καὶ ἡ ἀλήθεια ἐλευθερώσει ὑμᾶς.

(Κατὰ Ἰωάννην 8:32)

참고 문헌

강병도 편(2008). **톰슨 II 성경주석; 개역개정판.** 서울: 기독지혜사.

권성달 역(2015). **성서 속의 식물들.** 서울: 대한성서공회.

Koops, R.(2012). *Each according to It's kind: Plants and trees in the Bible.* United Bible Societies.

김석희 역, 시오노 나나미(2004). **로마인 이야기;** 7권-13권. 서울: 한길사.

김정권(2016). **통독성경: 맛있는 1189, 행복한 298(CD).** 목양

류모세(2010). **열린다 성경.** 서울: 두란노.

서희연 역(2011). **성경의 탄생.** 서울: 옥당. Drane, J.(2009). *The world of the bible.* Oxford, England: Lion Hudson.

이용중 역(2009). **손에 잡히는 성경 지도.** 서울: 부흥과 개혁사.

Wright, P. H.(2005). *Bible atlas with charts and biblical reconstructions.*

이원희(2006). **성서속의 도시 이야기.** 서울: 주은미디어-민영사.

한정건, 신득일 역(1999). **성경지리개론.** 기독교문서선교회.

Vos, H. W. (1983). *An introduction to bible geography.*

Beitzel, B.(ed). *Biblica the bible atlas: A social and historical journey through the land of the bible.* Hauppauge, NY: Barrons Educational Series, Inc.

Brenton, L.(2011). *The Septuagint with Apocrypha: Greek and English.* London: Samuel Bagster & Sons, Ltd.

Brisco, T. V.(1998). *A complete guide expansive geography of bible history: Holman Bible Atlas.* Nashville, Te.: B & H Publishing Group.

CLASB(2004). *Chronological Life Application Study Bible.* New Living Translation. Carol Stream, Il: Tyndale House Pub. Inc.

Douglas, J. D.(1990). *Greek English Interlinear New Testament.* Carol Stream, Il: Tyndale House Pub. Inc.

Rogerson, J.(1999). *Chronicle of the Old Testament Kings: The reign by reign record of the ruler of ancient Israel.* New York, NY: Thames & Hudson.

Rose books(2005). *Rose book of bible charts, maps, and time line.* Torrance, Ca.: Rose Publishing, Inc.

Rose books(2008). *Rose book to the tabernacle.* Torrance, Ca.: Rose Publishing, Inc.

Wright, P. H.(2005). *Bible atlas with charts and biblical reconstructions:* Holman quick source. Nashville, Te.: Holman Bible Publisher.